# 义工培训通识教程

YIGONG PEIXUN TONGSHI JIAOCHENG

徐若兰　广　普　编著

中国社会出版社
国家一级出版社·全国百佳图书出版单位

**图书在版编目（CIP）数据**

义工培训通识教程／徐若兰，广普编著．—北京：中国社会出版社，2016.10

ISBN 978－7－5087－5416－1

Ⅰ.①义…　Ⅱ.①徐…　②广…　Ⅲ.①志愿者—培训—中国—教材　Ⅳ.①D669.3

中国版本图书馆 CIP 数据核字（2016）第 215347 号

---

**书　　名**：义工培训通识教程
**编　　著**：徐若兰　广 普

---

**出 版 人**：浦善新
**终 审 人**：李　浩
**责任编辑**：朱赛亮　　**责任校对**：刘　帅

---

**出版发行**：中国社会出版社　邮政编码：100032
**通联方法**：北京市西城区二龙路甲 33 号
**电　　话**：编辑室：（010）58124839
销售部：（010）58124841
（010）58124842
**网　　址**：www.shcbs.com.cn
shcbs.mca.gov.cn
**经　　销**：各地新华书店

中国社会出版社天猫旗舰店

---

**印刷装订**：中国电影出版社印刷厂
**开　　本**：170mm×240mm　1/16
**印　　张**：21
**字　　数**：320 千字
**版　　次**：2016 年 10 月第 1 版
**印　　次**：2017 年 6 月第 2 次印刷
**定　　价**：48.00 元

中国社会出版社微信公众号

# 序

**缘起**

现代社会文明的发展促进了各个公益组织的蓬勃发展，各大企业为了鼓励公司同仁回馈社会，也积极组建义工团队。根据基金会中心网数据统计，截至2015年11月25日，全国社会组织数量已超过60万家，其中慈善基金会数量已达4696家。另据2015年慈善蓝皮书《中国慈善发展报告》显示，2014年度登记与未登记的志愿服务组织约220.3万家，登记志愿者为6710万人，未登记志愿者4200万人。其中，参与志愿活动的1.091亿人，占全国人口总数的8%，志愿服务约14.82亿小时，折算价值535.9亿元。

截至2014年底，我国慈善基金会行业净资产已超过1000亿元，当年公益支出超过300亿元。由此可见，公益行业的重要性在社会发展、国际交往中越来越凸显，推动良好的公益慈善生态系统建设成为实现国家2020发展目标的重要一步。

经历长达10年的调研和起草后，被喻为“开门立法”典范的《中华人民共和国慈善法》立法工作一朝提速，于2016年3月16日第十二届全国人民代表大会第四次会议通过，2016年9月1日开始施行。

其中，在慈善法第七章第六十一条定义了慈善服务，是指慈善组织和其他组织以及个人基于慈善目的，向社会或者他人提供的志愿无偿服务以及其他非营利服务。

针对社会分工细化、慈善活动领域不断细分、专业化要求越来越高的现状，提出了慈善组织开展慈善服务方式：可以自己提供或者招募志愿者提供，也可以委托有服务专长的其他组织提供。

在第六十三条规定中，就专业慈善服务提出要求：慈善组织招募志愿者参与慈善服务，需要专门技能的，应当对志愿者开展相关培训。

义工在这样的时代背景下也成了时尚与潮流的专有名词。然而，义工队伍在发展的过程中也存在诸多的问题：什么是义工，如何成为一名优秀的义工，怎样组建一支高效的义工团队，成为大家关注的话题，更需要认真去面对。

“同心”经过十年的义工实践与经验累积，借鉴国内外各大义工组织的教案资料，编写了一套完整的、备受各大企业及公益组织青睐的义工培训课程教材。一直以来，这套教材仅限于“同心”内部资料使用，并未正式编撰成书。

随着公益组织及志愿者团队的快速发展，同心人深刻地了解到有爱心还要有方法，有方法还要有好的心态，在义工实践中显得尤为重要。同心希望在国内有一套真正适用于本土的教材，帮助更多人了解什么是义工，为什么做义工，做义工对自身及社会的意义和价值；同时也帮助更多公益组织了解如何组建一支高效的义工团队，如何树立正确的义工服务理念，等等。于是，同心总结了这十多年来的义工服务经验，编撰成书，与大家一起分享。

**定位**

本教材主要介绍义工服务工作的基本概念，使义工明白参与服务的正确观念及价值意义。协助参与者了解义工应有的态度及责任，可认真地装备自己去面对义工服务工作的期望和要求。提高对社会问题和社会资源的认识；让义工在通过组织机构整合社会资源来解决社会问题过程中，了解自己所承担的功能和角色。提供基本服务技巧的训练，加强义工参与服务的信心，提升义工的服务品质。

**特色**

本教材有别于其他教材类书籍的特色之处：在于它对义工整体建设的完整性。

第一，浅近基本，实务导向。本教材内容都经同心义工实践且可行高效，教材案例也都为同心义工服务个案真实案例。可为义工们在实际操作时提供实用操作导向。

第二，心理建设在前，义工实践在后。同心一直强调“心灵的慈善、文化的慈善”，以“感恩、尊重、及时、务实、服务”的义工工作信条为准绳做义工服务。为什么不直接去帮助案主而要学习义工课程呢？因为初级义工难免会带着我是来奉献的心态参与其中，认为那些案主都是弱者。带着救世主的心态来做服务，将个人的价值观、人生观强加给案主，可能会造成让案主备受伤害甚至以更为自卑消极的心态，面对自己的苦难或较偏激的行为回馈义工的帮助，导致双方受伤。殊不知此时的案主最需要的是我们以同理的心去感受他的苦难，以陪伴的心携同他驱散人生的阴霾。义工没有建设好心态，没有做好心理准备，在服务时容易出现失落的期待，甚至受到伤害。

第三，CORPS精神。我们以CORPS模式来概述关于团队建设的观念。简言之，CORPS即是将公益组织的几个重要因素——服务对象、机构、社会资源、义工、服务等——组合成一个整体的概念：义工通过慈善公益机构整合自己和社会的资源来服务社会上需要服务的人。

第四，实践本土化。所有内容皆来自同心十多年来的义工服务经验的累积与分享，且这些经验都来自于同心在全国各地开展的义工活动中所提取的精华，适用于全国性义工组织参考学习。

**义工课程教学方法**

以讨论式、体验式、案例分析式、角色扮演式的教学方法为主。

# 目　录

## 第一章　认识“同心”



## 第二章　认识义工

## 第三章 义工服务

## 第四章　义工管理

## 第五章　团队建设

## 第六章　风险管理

## 附录　义工管理与服务相关资料

# 第一章　认识“同心”

**【安心小语】** 最幸福莫过于做自己喜欢的、想做的事，并且为之努力、为之奋斗。所以，认清自己真正想要的是什么很重要，不要让自己骗了自己的心。

**【引　言】** 1999 年，7 位来自各行各业却有相同爱心和热情的年轻人相聚在一起，成立了“小蚂蚁爱心小组”，凭借着微薄之力做着力所能及的公益。10 多年来，7 个人爱心小团队不断地发展，现已成为拥有 8 家独立注册公益机构的社会服务组织，简称“同心志业”。

目前同心服务群体涵盖儿童、青少年、义工、癌症患者、老人、社区居民及公益从业人员等。

**【学习目标】** 本章主要了解“同心”的起源、现有的社会服务业态组成，慈善与公益、慈善服务与社工服务的起源、区别与联系等。通过学习了解爱心、慈善、公益和社会服务基本内容等，对当前社会治理创新中社会组织参与服务有进一步的认识。

## 第一节　同心志业

**【安心小语】** 志工“以己志为明灯”，意味着了解自己的志向，并且坚持自己的志向，让这个志向作为人生的一盏明灯，照耀前行的路，跨过自己内心的种种障碍，掌握解决困难的方法，完成人生的使命。

**【案例】**

## 救人需救心——离开智慧没有慈悲

两个义工去藏区见小孩就发笔，发糖，发钱，导致今天的小孩很多公然站在路上拦车要钱的后果。有时候简单、粗暴的所谓行善，会带来更坏的后果。慈善需要智慧！

卢旺达的贫困境况，于一般人是难以想象的。义工A（义工即志愿者）下了卡车以后，看到一位瘦骨嶙峋、衣不蔽体的黑人男孩朝他们跑来。那个男孩很少看到这样的大卡车。

顿时，义工A动了怜悯之心，转身就去拿了车上的物品，向小男孩走去。

“你要干什么?”义工B大声呵斥，“放下!”

义工A愣住了。他不知道这是怎么了，我们不是要来做慈善工作的吗?

义工B朝小男孩俯下身子，“你好，我们从很远的地方来，车上有很多东西，你能帮我们搬下来吗？我们会付报酬的。”小男孩有些迟疑，这时又有不少孩子跑来，义工B又对他们说了一遍相同的话。

有个孩子就尝试从车上往下搬了一桶饼干。义工B拿起一床棉被和一桶饼干递给他，说：“非常感谢你，这是奖励你的。其他人愿意一起帮忙吗?”其他孩子也都劲头十足，一拥而上，没多久就卸货完毕，义工B给每个孩子一份救济物品。

这时又来了一个孩子，看到卡车上已经没有货物可以帮忙搬了，觉得十分失望。义工B对他说：“你看，大家都干累了，你可以为我们唱首歌吗？你的歌声会让我们快乐!”孩子唱了首当地的歌，义工B照样也给了他一份物品：“谢谢，你的歌声很美妙。”义工A看着这些，若有所思。

晚上，义工B对义工A说：“对不起，我为早上的态度向你道歉，我不该那么大声对你说话。但你知道吗？这里的孩子陷在贫穷里，不是他们的过错。可如果因为你轻而易举就把东西给他们，让他们以为贫穷可以成为不劳而获的谋生手段，因而更加贫穷，这就是你的错!”上天把恩典和爱白白给我们，但要求我们不懈地奔跑。

## 一、认识彼此

**破冰游戏**

破冰游戏是一种非常有效的手段，集中学员注意力，消除学员间陌生感，使完全陌生的人群建立起凝聚力，可以使大型的团体更加融洽；鼓励内向的人更多地参与，打破僵局，让学员有归属感，活跃团队课堂气氛；了解学员，为开始培训做铺垫。

**破冰游戏——爱的访问**

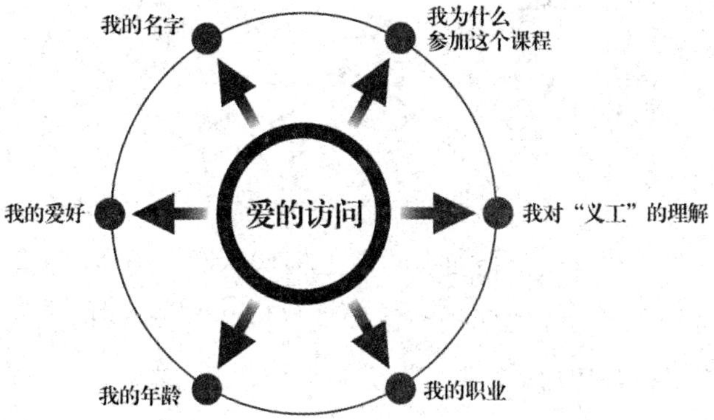


游戏日标：推动班级成员相互认识

游戏时间：20 分钟

游戏规则：请每个同学报数 1、2，1、2……1 号同学请围成一内圈，2 号同学围成一外圈，排成两个同心圆，外圈的同学面朝圆心，内圈的同学面朝外圈，播放背景音乐的同时同心圆开始转动（内圈的人顺时针转动，外圈的人逆时针转动）；面对面的两人要相互自我介绍，包括姓名、爱好、职业等信息，并请记住进行交流的同学的脸和名字。如此持续 3 ~5 轮，达到班级成员相互认识的目的。

分享环节：讲师首先肯定学员们在游戏中的积极参与，并鼓励大家主动举手分享自己认识到的同学，并向大家介绍所认识的同学的基本信息。

注意事项：

1. 班级成员要排成相对的两个同心圆，边唱边转，内外圈的旋转方向相反。

2. 歌声告一段落时停止转动，面对面的人彼此握手并相互自我介绍，歌声再起时，游戏继续进行。

3. 如果人数超过 40 人，则分成两个团体，一个团体里面再分成两圈，这样可以增加相互认识的机会。

启示：该游戏有助于新加入的义工相互熟悉，减少陌生与尴尬，使其很快能感受到义工团体的轻松和温馨的氛围。可以在迎接新义工时应用，虽简单，但可以很快地活跃起气氛来。

## 二、同心的足迹

### （一）“小蚂蚁岁月”

很多时候面对行乞的人，心中有那么一丝怀疑，怀疑自己的善念是否助长了对方的恶行；很多时候不满于现在的自我，总希望有个平台促进自我的成长，总希望自己的人生更加有意义，而不仅仅是朝九晚五地活着。

带着这样那样的疑惑、需求，几个志同道合的年轻人在 1999 年成立了一个慈善社团，期望在这个社团里能以心灵的慈善和文化的慈善，创建一方属于自己心灵空间的安心家园。这就是同心慈善会的前身——“小蚂蚁爱心小组”。

### （二）寻觅发展

1999 年，7 名来自“草根阶层”的青年成立了“小蚂蚁爱心小组”。2002 年，这群“小蚂蚁”得到了社会和政府的认可，获准成为一个合法的社团法人，并且有了一个自己的名字——“厦门市同安区同心慈善会”（以下简称“同心”）。

同心，“人同此心，心同此理”，时刻提醒自己以“同理心”感同身受对方的需要，以感恩、尊重、务实的心面对身边人、事、境，开展各项慈善工作。

为了适应社会的进步和多元化，“同心人”的工作形态不断丰富，本着“养护心灵，关怀生命”的理念，开展“心灵慈善与文化慈善”具有温馨厦门特色的慈善服务。

2004 年 6 月，同心全资创办了厦门市翔安区同心儿童院。这是在厦门市翔安区民政局登记成立的厦门市第一家民间儿童福利机构。

2007 年 7 月，同心全资创办了厦门市同心义工服务中心。这是在厦门市民政局登记成立的福建省第一家以发展、培训、管理、输出志愿者服务的专业性非营利机构，标志着厦门的义工服务迈向全国的前列。

本着“与人为善、同心协力、共创安心家园”的宗旨，同心在厦门市区创建了心灵养护中心，开展癌友关怀、都市佛学班、经络养生班、健康咨询等各种公益培训课程和咨询服务；还在同安区城南工业区设立了一个多功能图书馆，志在服务外来工，协助外来工更好地融入社区，免费为外来务工人员及其子女提供图书借阅、电脑、文秘、外语等培训，协助提升外来人口综合素质；发动同心会员和义工进行环保与资源再利用、长者关怀等非传统慈善服务，引起了社会广泛关注。

2013 年 3 月，同心通过 10 年的公益慈善，致力于公益慈善专业化进程，在福建省民政厅注册登记成立了福建省同心慈善基金会，通过心灵滋养与专业支持，协助爱心人士更好地服务社会，让有爱的人更懂爱。

来自“草根阶层”的“同心人”深深体悟到，“心灵的慈善、文化的慈善”远比“物质的慈善”更为重要。因此，“同心人”所做的不只是单纯的物质救助，而是提升到辅以深入的心灵建设；不只重视救济援助的成效，更重要的是让无助者懂得求助，受助后能自助，自助后转而助他的自我成长。“同心人”一群普通人，用普通的手，接受爱，表达爱，传授爱，传递爱，一起共建安心家园！

## 三、同心的特点

善款全部来自社会各界爱心单位和爱心人士的捐赠；注重心灵的慈善、文化的慈善和专业社工服务的有机结合是同心的特点。

## 四、同心四大志业

### （一）儿童青少年服务

该项主要指针对困境儿少、留守儿童、流动儿童及贫困儿少所提供的服务。服务提供及开展主要以机构所在地域需求调研后所指向的目标人群为主。以当前同心机构地域分布来看，困境儿少主要提供机构为同心儿童院、同心长汀学校；留守儿童主要提供机构为同心长汀学校；同安同心社会工作服务中心则以流动儿童（外来务工人员子女）为主。

### （二）癌友关怀服务

癌症病发率的增长，癌症患者增多，针对癌症患者服务的非医疗机构却寥寥无几。患者除在医疗方面的需求外，心理及心灵方面的关怀及支持，可为患者及其家属的生活品质带来改善。从引导癌症患者认识疾病到认识生命的过程，可减缓癌症患者对病魔、死亡的恐惧，增强对生命的热爱，及在困境中的抗逆力。该服务主要由同心慈善会提供服务，思明区同心社会工作服务中心提供社工专业实务引导。

### （三）义工服务

提供义工成长系统化服务，从招募—培训—服务—成长等不同阶段，为义工提供相应的服务及平台。义工服务，不仅在义工的自身培育，也注重义工与社工服务的紧密配合与支持。该服务以义工培育为主，用业余的时间，配合专业社工，为服务对象提供有效优质的服务。主要由同心义工服务中心为该服务的主要运营机构。

### （四）公益同行支持

该服务主要指为公益同行提供专业、心理及心灵支持。以当前基金会所开办的项目为例：文化与公益慈善管理研究 EMCP 班，为公益人搭建跨行业沟通平台，提供社会服务管理人才所需的理论及实践课程；幸福导师班，针对公益人职业倦怠问题，为服务经验丰富的公益人提供心理及心灵支持。

## 五、同心人员构成

在同心，无论年长年幼，无论身份背景，无论职位高低，都称呼男生为师兄，称呼女生为师姐。在这里，只有一个共同的身份，就是参与公益慈善的服务员；在这里，每个人都是平等的。

“师”字，有师法、学习的意思。三人行，必有我师，人人皆我师，处处有学问。诸上善人聚会一处，见贤思齐，互相学习，即能进步、成长。当我们称呼别人“师兄、师姐”时，我们的内心油然升起一份谦卑和恭敬，放下自己的社会角色定位，安住在当下的慈善服务中。当我们被称呼为“师兄、师姐”时，我们放下所有的身份背景，知道自己来到这里就是为了做慈善，同时也在去除贡高我慢。

以师为名，我们彼此尊重、相互恭敬，带着一颗谦卑的心、好学的心、进取的心，在义工服务中彼此陪伴、相互学习、共同成长。

同心经过十几年的发展已成为集会员、志工、义工和社工为一体的综合性公益组织的人员构成体系。

### （一）会员

会员由个人会员、家庭会员、团体会员组成，是同心的基础；赞同同心宗旨，遵守同心章程，履行会员义务，热心支持同心活动的个人和团体；有选举权、被选举权，通过会员代表大会决定同心的重大事件。

### （二）志工

视同心的慈善事业为自己的人生志向，长期服务于同心的人，是脚踏实地的实际工作者，也是同心的长期会员。

### （三）义工

接受义工培训，取得义工服务资格的志愿者。

同心有一个星级义工的设置，所有的义工根据服务水平分成五个等级，大家刚进来就是基础义工，能力不断提升，最高级别的义工就是五星义工。

### （四）社工

遵循专业伦理规范，坚持“助人自助”宗旨，认同同心价值观，接受社工专业教育和培训，持有全国社会工作者职业水平证书的同心受薪人员。

**★ 互动分享环节**

**认识公益组织**

一、现场发言：讨论你对公益组织的理解。

二、写下你认识的公益机构名称以及你所了解的他们的业务。

三、这些公益机构对社会有什么样的贡献？

公益慈善机构是一个连接弱势群体与社会爱心资源的平台，让社会资源有机会进入对弱势群体的帮助环节中，有些是直接帮助于受助者，有些是通过支持慈善机构的运作发展进而更好地服务社会服务弱势群体。

结论：公益机构是个社会服务组织，经营着这个社会中人与人之间纯朴的信任与温暖，用行动激发每个人与生俱来的爱心与慈悲。

同心人是一群普通人，用普通的手做着普通的事，用人与人之间最朴素的情怀传递着人类那份简单的爱与关怀。

## 第二节　同心理念

**【安心小语】**把公益事业当做自己人生志向的人，要以慈善情怀而非以慈善情绪做事。

【案例】

## 跪在床边按摩开导癌友

做义工近10年，黄妙璇成为不少癌友的“恩人”。

在癌友关怀中心，40多名新癌友正在“百日筑基”练习，他们是通过前几天在新生命体验营认识的。而这一切要归功于“推手”黄妙璇。

黄妙璇曾是一名癌症患者，在癌友关怀中心做义工近10年，为成百上千的癌友服务。很多人在她的鼓励下，坚持运动，调整心态，最终战胜病魔重获新生。癌友黄石雄坦言，黄妙璇是他的“恩人”。

昨日，黄妙璇在接受记者采访时说，希望更多的癌症患者能有勇气走到癌友关怀中心的怀抱，癌友们相互鼓励，共同开启新的生命历程。

**患者及家属双重身份　让她对癌症家庭感同身受**

2006年年初，黄妙璇第一次走进同心癌友关怀中心。当时她已经做过两次手术4次化疗，身心俱疲，体质很差。癌友们让她敞开心扉，和他们一起运动锻炼身体。黄妙璇发现，在这里，癌友们都以诚相待，互相帮助。黄妙璇慢慢地融入这个群体，同时她的身体也慢慢恢复了健康。走进癌友关怀中心至今，她的乳腺癌再也没有复发过。

在癌友关怀中心，黄妙璇有些特别。她的丈夫1999年因癌症去世，2004年自己又被确诊为乳腺癌。两年后，父亲又患胃癌去世。黄妙璇说，因为自己是癌友同时也是癌友家属，所以对癌症家庭成员更能感同身受。有的癌友来癌友关怀中心遭到家属的反对，他们认为癌症患者本来身体就虚弱，并不适合运动。黄妙璇说，她最初也有这种想法，但是自己亲身体验后发现，适当的运动可以对癌友恢复健康起到很好的作用。面对反对的癌友家属，她会耐心地解释，并在癌友运动的时候做陪伴，保证癌友在运动中的安全。

**组织成立重生艺术团　还带领癌友跑马拉松**

2006年，黄妙璇的父亲进行了胃癌手术。手术前，她的父亲非常恐惧，癌友关怀中心的癌友们就守在他的床边，给他心理上的支持。

手术后老人变得非常坚强，甚至去开导隔壁床一位患胃癌的30多岁的小伙子。她的父亲出院后，也来癌友关怀中心，和她一起参加运动，每天都很开心。虽然没到一年老人还是走了，但是黄妙璇说，在父亲人生中最后的阶段，是癌友们给了他信心和勇气，让他可以笑对人生。黄妙璇说，她仍然会一直留在癌友关怀中心，去帮助那些像她父亲一样的癌友，这也是对癌友们的一种回报。

一年多以前，黄妙璇还组织癌友成立了重生艺术团，她带领团员们走进养老院，慰问孤寡老人，积极参加各种社会活动。黄妙璇还穿上旗袍，在舞台上走台步。连续两年，她还带领癌友们参加厦门国际马拉松5公里的赛程。黄妙璇说，癌症让她变得更坚强更有爱心，她希望和癌友们一起面对，相互陪伴，创造奇迹，活出精彩的自己。

**跪在癌友床边一个小时　陪她走完人生最后阶段**

做了近10年的义工，黄妙璇曾陪伴多位癌友走完他们人生的最后旅程。

一位癌友2006年患乳腺癌晚期，当时医生说她只能活一年。她来到癌友关怀中心，在大家爱的包围下，坚持运动，调整心态，又多为自己争取到了8年的生命。2014年1月，这位癌友癌细胞转移后复发离开人世。在她生命的最后两三个月里，因为丈夫每天要上班，儿子又在国外没办法回来，黄妙璇就组织癌友轮流照顾她，每天从早到晚地陪护安慰，为她一日三餐喂饭，为她按摩缓解疼痛。

黄妙璇说，她早已把癌友当成自己的兄弟姐妹，送他们走最后一程是她的心愿。

还有一次，一位朋友打来求助电话，说有一位癌友快不行了，想让黄妙璇去安慰一下。黄妙璇二话没说就来到这位素不相识的癌友家。当时这位癌友已经奄奄一息，黄妙璇跪在她的床边，边为她按摩边开导她，整整一个小时没有间断。虽然这位癌友还是走了，但是黄妙璇说："能在她人生中最后的时刻给她支持和鼓励，我觉得自己的付出很有意义。"

同心以"通过心灵滋养与专业支持协助爱心人士更好地服务社会"为使命，以"让有爱的人更懂爱"为愿景，以"养护心灵，关怀生命"的理念，开展心灵慈善和文化慈善的公益行动。同时也把这种理念浸透到了组织的文化之中，形成了独具特色的组织文化。

## 一、注重养护心灵

“同心”的理念是养护心灵、关怀生命，其间包含了以养护心灵为主要原则的组织发展特色、组织标识和组织文化。

### （一）对智慧与慈悲的理解

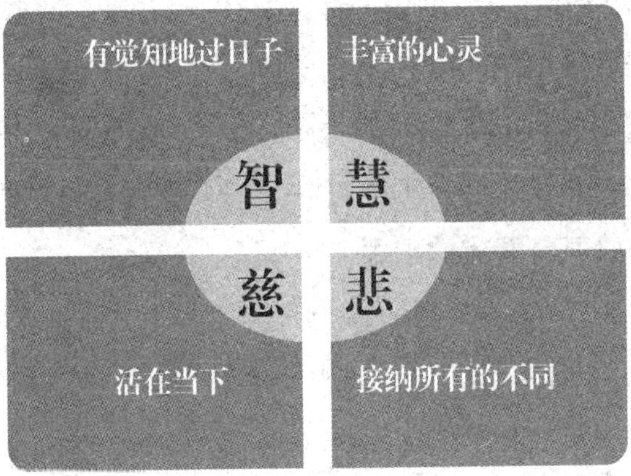


智：“知” + “日”，有觉知地过日子，知道每天在做什么，有什么样的意义和价值。有觉知：不是带着情绪、不是带着恐惧，不是在“讨爱”，而是带着满满的爱、庄严的承诺和对人生的使命感讨好每一天。

慧：代表有一颗丰富的心灵，有一双欣赏的眼睛——慧眼。这意味着要用优势视角发现自己的好，去看到别人的好，用丰富的心灵，去感同身受，感受每件事情背后的情绪、情感、情理，回应到每件事背后的情，体恤体谅到每件事背后的情。

慈：“兹” + “心”，心上有兹，活在当下，感受你的感受。当下定律：你的生命其实只能活在当下时刻，其他的都是头脑里的幻境！人不能控制过去，也不能控制将来，人能控制的只是此时此刻的心念、语言和行为。过去和未来都不存在，只有当下此刻是真实的。

如果人们总是悼念过去，就会被内疚和后悔牢牢套在想改变的旧现实中无法解脱；如果人们总是担心将来，担心就像诅咒，会把人们不想发生的情况吸引进现实中来。没有活在当下，就不会和自己在一起，就会和事情、情绪在一起。学会和自己的感觉在一起，学会感悟自己，感悟他人，感悟身边的事物。

悲："非"+"心"，接纳所有的不同。每个人成长的环境不同，每个人自身的天赋、价值观不同，自然每个人的优点、缺点也就不同，所以大家的生活方式也不同，我们没有办法改变别人（甚至我们的孩子），正像他们没有办法改变我们一样。

我们能够从欣赏角度去理解和尊重他们，接纳他们的不同，尊重他们也是一个"完整的、拥有自我选择权利的人"。不同的立场，所看见的方向就会不同，你用自己的立场来看待整件事情，那你只会看见专属于你的那扇窗外的美景，然而你失去的却是更多不同的窗户还有更多不同的美景。

### （二）对感恩与尊重的理解

感恩、尊重、及时、务实、服务是同心一贯坚持的服务操守。

1. 感恩

（1）感恩服务对象

①苦难也是一种隐私，如果没有服务对象勇敢地求助，将苦难呈现，义工就没有服务机会，他们用生命的苦难成就我们的爱心。

②有受才有接，如果没有服务对象的接受，义务工作就无从做起。

（2）感恩机构

这个世界缺的不是爱心，缺的是让人放心的爱心平台，同心跟所有的慈善机构一样，为社会提供献爱心的平台。

（3）感恩社会资源

所有的善行需要各种资源，因为有大家提供的各种社会资源，才有可能很好地开展服务。

（4）感恩义工伙伴

爱心的路上，因为有大家的陪伴而更加精彩和坚定，感恩同行的路上大家互相的帮助和鼓励，使义工的行动更有效率，更有意义。

（5）感恩服务

有参与才有收获，能服务说明自己是有用的，服务使人进步。

我们要感恩：

①父母、慈善机构平台、义工伙伴；

②和别人相遇的缘分；

③过去的自己，它使得现在的自己变得更加强大；

④以前遇到的困难，它让我们更加明确自己的目标；

⑤自己健康的身心，是它的陪伴让我们更加坚强。

2. 尊重

（1）尊重——组织

①认同机构的理念和宗旨，有义务实现机构的使命；

②遵守机构的服务模式、工作指引；

③主动与机构保持联系，接收机构的指导，不擅自扩大服务项目，不超越机构授权的服务范围。

（2）尊重——工作

①清楚工作的性质；

②重承诺、守时、持久以恒（心中要有信念，有毅力和追求，以己志为明灯，有如夸父追日、精卫填海、愚公移山等坚定不移的行为志向，没有什么是不能坚持的）；

③谨守“没有参与就没有发言权”原则。

（3）尊重——服务对象

①尊重服务对象及其家人的隐私权；

②尊重服务对象的价值观念、生活方式以及习惯，尊重他人的人格、个性和风俗习惯，交往中不侮辱他人、不伤害他人；学会倾听、沉着冷静，感同身受地了解服务对象的真实需要；

③不与服务对象产生金钱和情感关系；

④无条件的接纳（包容心），海之所以能纳百川因为它处于下位。

总之，态度上、礼仪上、心理上尊重对方，注意场合，了解对方的年龄、身份、语言习惯等。

3. 务实

（1）实事求是，不因义工服务影响家庭、工作。

（2）随份随力，义工不是万能的上帝，订立可实现的目标。

（3）做好服务对象的需求评估，不扩大服务对象的需要也不夸大机构的服务能力。

(4) 执行机构服务范围与标准，不擅自扩大机构服务范围，守护自己的界限。

4. 及时

(1) 行善不能等，等待有时机会就永不再来，等待有时也是一种伤害。

(2) 及时进入状态，及时反馈信息，及时扩展社会资源。

5. 服务

做好事不等于把事做好，只有一腔热情，满怀奉献精神是不够的，良好的体制与个人心理素质，严格的管理，缜密的筹划，合理的分工，以及充分的协作精神才能把“好事”真正做好。

## 二、注重服务成长

同心人将理念内化到直接的服务之中。同心人要时刻提醒自己以“同理心”感受对方的需要，以感恩、尊重、务实的心态去面对身边的人和事，不只做单纯的物质救助，而是要辅以深入的心灵关怀，让无助者懂得如何去求助，当接受到救助之后又能够自我成长、实现自助，当有能力自助后，又能够转化为去帮助他人。

在帮助受助者的过程中会发现，义工也得到受助者的帮助，这其实是受助者和义工相互帮助、共同成长的过程。义工并不是一个高高在上的施助者，而是在助人中获得学习、认识和情感的升华。这是因为每一个人包括那些希望被帮助的人，都不愿意受到同情的压力。没有人需要同情，每个人都有生命的困境，如生存困境和成长困境。有的时候是因为我们的身体陷入困境，譬如说生病；有的时候是我们的心灵陷入了困境，譬如说被深爱的人抛弃。不管我们的人生面临着多大的困境，这个困境都是暂时的。在别人陷入困境的时候，我们伸出援手，但不是高高在上的助人者心态，别人才能心情愉悦地接受，我们才能真正实现帮助别人的愿望。

有这样一个故事：一个视钱如命的商人不幸掉进水中，大声呼救。这时候，岸上有人大叫：“快点把手给我，我拉你上来。”但此刻，这个在水中的商人却赶紧把手缩了回去，拒绝接受人们对他的帮助。他不愿意把他的手伸出来给别人，因此，也拒绝了帮助。有一个人看到这个情景，灵机一动，冲这个商人喊：“把我的手给你，快点抓住吧！”商人马上抓住这个人的手，被拉上岸来。

这个故事的启示是：我们和别人交往的过程中，即使在帮助别人的过程中，我们要养护别人的心灵，给它留出一个最美好的空间。如果心灵得不到滋养，得不到养护，就会被封锁起来，难以接收外界的信息，甚至不能接受外界的善意。在帮助别人的过程中，我们也要懂得养护自己的心灵，让自己变得成熟、强大、广博。只有这样，我们才得以开放的心态去与他人互动、交往，去理解他人、接纳他人和帮助他人。否则，如果我们在帮助他人的时候，却因为引起他人的不快而被拒绝，我们怎么能够帮助他人摆脱困境呢？如果我们帮助他人的时候却让他人感受到巨大的压力和痛苦，这样是否就把他人推进另外一个困境中，也未可知。

## 三、注重组织文化

### （一）“同心”的会徽

同心的会徽是由初升的太阳、两颗心和海鸥型的路融合形成一个完美的圆。

旭日就是早晨初升的太阳。同心如同旭日，虽然刚刚初生，但是必定喷薄而出，必将当空照耀，散发出它应有的光芒和热量，养护着世界上的生命，给予弱者以勃勃生机。一轮冉冉升起的旭日象征着不求回报的行善付出，给人类带来信心、希望、光明和与人为善。

旭日表示同心的存在也像太阳一样只是纯粹地放出自己的光和热，没有索取、不计回报，在辉煌地表达自身的同时，照亮着能够触及到或者辐射到的困境人群。

海鸥的两翼代表着“养护心灵”和“关怀生命”的同心理念，代表着同心的服务特色是“心灵的慈善”和“文化的慈善”。心灵的慈善和文化的慈善是同心的两只脚也是同心的两个翅膀，同心人在所有的服务中立足于心灵与文化的慈善基础，展开这两个翅膀，爱心的慈善事业才能够高空翱翔，鹏程万里。

同心的会徽被两个翅膀分成上下两颗心，两颗心象征着“人同此心、同心协力”。我们要带着同理心去做事，同时我们也相信自己，每一个同心人都是一个太阳，都有如此的两颗心，用爱的力量，发光发热。我们不需要再加以任何的包装，我们原本就是普普通通的人。我们也不需要刻意地去逢迎他人，我们知道我们只是在做我们想要做的事情。我们也不需要别人的表扬，我们只是做自己。我们用太阳做会徽，是希望用太阳的炽热来激励我们自己，同心的存在就像太阳一样，只是纯粹地发出自己的光和热，没有索取、没有回报，照亮能够照亮的地方。

白色的路象征着同心人脚踏实地，以成就他人、成就自己的纯粹之心行走在公益慈善的道路上。路漫漫其修远兮，同心人将持之以恒，以智慧慈悲之心，勇敢地追求真理、探索未知，创造人与人之间和谐的安心家园。

当我们成为同心一员时，我们就成为脚踏实地、和谐安心的爱的使者。

旭日的会标，意味着付出爱：

无需包装，光芒万丈；

无需赞美，普照四方；

无需表扬，恩泽万物；

无需鼓励，持续放光。

**（二）“同心”之歌**

《同心义工之歌》

## 同心之歌

作曲：江平 作词：传乐法师

用欢喜感恩化解所有的苦
当作生命的礼物
用智慧慈悲接纳所有的不同
心就更加宽广从容
我们坚信快乐来自无所求的付出
我们践行快乐来自无所求的付出
爱的付出

### ★ 互动分享环节

**团体疗愈体验——接纳尊重带来的感受**

1. 小组围坐一圈，膝盖碰膝盖，拿出白纸对折两半，左边写下自己无法容忍的缺点，右边写上自己的优点。

2. 小组成员依次朗读自己的缺点时，大家关注发言者，当他每说出一个自己的缺点时，所有关注者看着他，齐声地说："你可以的"。

3. 每个小组成员依次朗读自己的优点时，大家关注着发言者，当他每说出自己的一个的优点时，所有成员看着他，齐声地说："是的，你是这样的。"

4. 说完后，集体静默，把手中的纸片折好放进自己的口袋，接纳全然的自己，感受自己的感受，直到音乐结束。

珍惜：

做义工是在为自己种福田，为自己的人生惜福，人生如电，转瞬即逝，珍惜。

毁灭一个人只要一句话，培养一个人却要千句话。

视频：编织人生

"红尘世事去更还，风来雨去又一年。梦里花落春已尽，暗香浮动月黄昏。忍辱柔和结善缘，莫等寿终话遗憾。活在当下日日新，天上天下等闲为。”学会珍视自己，便会逐渐懂得尊重自己与他人，学会珍惜自我价值。

任何义工服务中，都能碰到各种各样不如意的事，因为珍惜，所以理解和包容，而面对案主的各种不理解，唯有真诚，我们唯一能给的就是真诚，珍惜这一念善，珍惜这样的机会，珍惜这一阅读生命的机会。

珍惜：服务对象，用心倾听人生，深刻而温柔地留意不被喜爱受忽略受伤的故事，进而走出自己生命的阴霾，让自己生活变得更加有意义。

机构：机构给了这样的机会，就要爱护机构，提建议而不是提意见，福田心耕，机构提供了平台，让自己有机会种福田、培福，就要珍惜机构的一切物命资源。

人生的每个阶段都需要伙伴，在人与人相处中要彼此珍惜。

体验练习：完全投入地带着珍惜的心，双手合十，眼睛看着对方，带着珍惜的心慢慢地感受伙伴向他们鞠躬致谢，慢慢起身时带着珍惜的心看着对方慢慢地离开，直到遇到下一个伙伴，继续完全投入地，满怀珍惜地向对方致敬。当音乐停止时，活动结束。

**★互动分享环节：认识自己**

一项调查显示，2%的人明确知道自己的需求，并且知道怎么努力获得；3%的人知道自己的需求，但是却不知道该怎么努力获得；大约95%的人不知道自己需要什么，更不知道该怎么努力获得自己需要的。

参考这个调查的结果，我们大多数人几乎都是在浑浑噩噩中度过。活得明白的人，是少数，也就成为了大众敬仰和学习的榜样——他们是生活中成功者。

认真地分析一下，这些活得明白的人，这些成功者，具有什么样的智慧，对我们大有裨益。

## 第三节　慈善与公益同行

**【安心小语】**在公益慈善与社工的助人工作中，如果欠缺理性的思维和用心的感同身受，只是基于怜悯、同情求得心安，或一时的义气，或只是想证明自我的专业能力，那无疑都是在消费服务对象（案主）。

【案例】

### 专业义工服务助力公益组织提升

美国 Ta proot 基金会开发了一种新型的义工服务模式：通过向公益组织派遣企业专业人员无偿提供咨询和技术援助，来链接不同文化模式和跨界合作。基金会每年招募500 名具有商业管理专业知识和经验的企业义工，派遣到100 家公益组织中去，为每个组织提供为期6 个月200 小时的免费专业管理咨询和培训，去帮助公益组织解决战略规划、营销和筹资、人力资源管理、信息技术、市场调研和开发等管理问题。10 年来，Ta proot 基金会为1100 多家公益组织提供了价值1.2 亿美元的专业义工服务，提升了公益组织的管理绩效，也提升了企业义工领导力和社会责任，为企业人力资源注入可持续发展的动力。这项社会创新也得到了当地政府的认可，并且出台了相关政策，鼓励专业人士为公益组织服务。

慈善与公益组织在服务大众中，特别是弱势群体中发挥了各自的重要角色和作用，两者各有侧重，又各具特色，前者更侧重于民间的行善与慈悲，后者则侧重于具有社会发展中以组织形式出现的慈善服务行为。同心把慈善与公益组织作了链接，又将慈善与公益进行了有效的整合、运用和发扬光大。

**同心慈善会：用爱心养护心灵**

2010 年7 月23 日，中国民族报社主办的中国民族宗教网上刊发了一篇关于同心慈善会的文章（作者王辉、吴艳）。

在厦门，有这样一个慈善组织，它的发起者是佛门弟子，而组织本身却不带任何宗教色彩。在成立之初，它只是一个7 个人的“小蚂蚁爱心小组”，只有每人交出的100 元会费和发起者广普法师1820 元的生活费，每人身上背着的书包就是他们的办公室。这个慈善组织不仅为那些需要帮助的人提供物质上的帮助，还为他们提供心灵的养护，这就是同心慈善会。

1999年，广普法师和其他6位年轻人，为了践行佛法的基本教义——智慧、慈悲，组成了“小蚂蚁爱心小组”，决定通过做义工来服务社会。8年过去了，曾经的7人已经发展到1500多人，“小蚂蚁爱心小组”也发展成为政府批准的非营利性社团组织。多年来，他们默默地帮着社会上需要帮助的人，用自己的爱心养护着那些曾经受伤的心灵，用自己的智慧关爱着那些需要阳光的生命。

**“让更多人获得心灵上的抚慰”**

当人们在阳光下尽情享受生活时，却有这样一个人，面目全非，她没有鼻子、眼睑，甚至面部全是紫红的疤痕，她几乎失去了社交、工作、爱情的权利。然而，幸运的是在人生陷入绝境之际，她走进了同心慈善会，由同心的一名受助者成为助人者，借由自己的生命故事给予他人活下去的勇气和力量，她就是小杨。

3岁的时候，小杨的面部被火严重烧伤，虽然捡回了性命，但相貌已非人样。妈妈狠心抛下了她，爸爸坚强地陪伴小杨渡过难关，并把她抚养长大。然而，因为小杨过于丑陋甚至令人毛骨悚然的外貌，很难有正常的社会交往。爸爸最终决定将她嫁给一个精神病患者。虽然没有正常的外表，但小杨却有正常的思想。她不甘把自己的下半生交给这个精神病患者，于是毅然决定远赴厦门打工。然而，面对这样的外貌，没有任何一家单位敢聘用她。在万般无奈、心灰意冷之时，小杨不愿再苟且偷生，宁愿选择放弃自己的生命。然而，在面对生死抉择时，她想到了同心的一位义工，便与他进行联系，却不曾想这位义工火速骑着摩托车从同安来到了她的家里，把她带到了慈善会。从此，她的生命开始有了转机。

当听到小杨唯一的愿望就是靠自己的力量赚钱、通过手术让自己有一张相对正常的脸、过上相对正常的生活时，同心人震动了。他们开始积极帮助小杨募集手术费，四处联系美容整形医院，希望有家医院可以帮助这位不幸的求助者。然而，来了解情况的医院很多，大都看完后都因种种原因而没有接手此事。终于，一家福州的美容院愿意尝试，把小杨接到了福州总部进行治疗。

幸运的是，整形手术成功，小杨的相貌也较好地恢复。日渐康复的小杨重新燃起了生命的希望，从同心受助者转向成为助人者，她常常到医院为病人或者一时想不开而自寻短见的人做心理辅导，与他们分享自己的故事，帮助那些绝望的人们重获希望和勇气。

小杨就像安徒生笔下的那只“丑小鸭”，接受了无数嘲笑的洗礼，却因一群有爱的同心人给予的心灵抚慰，勇敢地蜕去了“丑小鸭”的外衣，华丽转身为一只美丽的“白天鹅”，为困厄中的人们带去爱和勇气。

**“心灵的慈善远比物质的慈善重要”**

小杨的故事只是同心慈善会所做工作的成功案例之一，各种类型的事例还有很多。在同心的服务项目中，有一个特殊的同心图书馆，它是专为进城务工人员创办的图书馆。

广普法师说：“外来务工人员为厦门的建设作出了巨大贡献，而他们在社会上却往往受到不公正的待遇。事实上，他们也需要受到尊重，需要精神生活，需要不断学习新的知识。”有了这个想法，同心慈善会得到了厦门大学的支持，同心图书馆也便应运而生。外来务工人员在这里可以借阅图书、听讲座，图书馆还举办电脑培训，办影评活动等丰富多彩的活动。同心图书馆成为厦门的“工友之家”。不仅外来务工人员有了学习的地方，慈善会还为他们的子女提供服务，有义工定时来为他们的孩子做课业辅导，让他们不仅学到更多的知识，还体会到社会的温暖。

说到这里，也许有人会想，做这么多慈善工作需要大量资金，他们的钱是从何而来呢？

广普法师的回答让记者很吃惊：“钱不是重点。”

但是，没有钱，如何做那么多慈善工作呢？

“没错，很多时候帮助别人一定需要钱，但是，仅仅给了物质上的帮助，是不是就真的帮到位了？不是的。如果单纯给钱，很可能使需要帮助的人丧失尊严，甚至使他们痛恨社会。所以，对需要帮助的人，我们更应该关注的是他们的心灵，是他们的生命。心灵的慈善和文化的慈善远比物质的慈善重要。文化的慈善可以提高他们的素质，心灵的慈善可以让他们懂得感恩、尊重、接纳、包容，甚至让他们今后有一个积极的人生观，能够正确地面对人生起落。做好心灵和文化的慈善工作，自然会有更多的人主动来帮助那些需要帮助的人。”

当然，同心慈善会能得到那么多人的信任来主动捐款捐物，还因为同心慈善会公开透明的财务制度。同心人认为：高度透明的财务制度是慈善组织的生命。在慈善会，大到几万元小到2.5元甚至一支铅笔的捐赠，都会在他们的会刊和网站上公布，而他们的财政支出，每一分钱都会在网站和会刊上交代清楚去向。正是有了这样透明的财务制度，同心慈善会几乎不会为了募集钱财而到处奔走，来捐款捐物的人都是通过各种渠道听说他们的情况后主动过来的。

**“真正需要感恩的应该是我们”**

在从事慈善事业的过程中，同心发现目前我国的慈善界有一些值得反思的问题，慈善团体带有太鲜明的目的就是其一，这是非常不好的。比如通过做慈善工作为自己争得好的名声；或者宗教人士做慈善工作，就希望那些获得帮助的人能够加入这个教派，这些都违背了做慈善工作的初衷。此外，个别慈善机构存在一种错误的思想，就是“要受助者感恩”。然而，同心认为，“真正应该感恩的应该是我们做慈善工作的人，而不是要求受助者感恩。”

“你想想，有多少人对自己的妈妈郑重地说过‘妈妈我爱你，感谢你这么多年对我的抚育’，然而，没说过的人就不爱自己的妈妈吗？就不知道感激妈妈多年来的抚育之恩吗？所以，受助者的心灵有没有受到养护，他们是否感激帮助过他们的人，不是需要他们用口讲出来的。同时我们还应该认识到一点，没有这些受助者，也就没有我们今天的工作；没有他们，我们筹来的钱就没有作用、没有意义，所以，真正需要感恩的应该是我们。”

慈善在同心的解释是：“慈”，心在兹下，也就是把自己放在最下面；“善”，口在美下，也就是要用能够发现美的眼睛去观察，并通过自己的口讲出来，进而做出美的事情，把感动留给别人。

“人生最伟大的价值不是在那神圣庄严的寺庙或教堂里，不是在那浩瀚如海的经典当中，而是在我们和身边的人那种最简单、最平凡无奇的爱中。”同心慈善会的全体同仁们就是在那些最简单、最平凡无奇的小事中，默默地奉献着自己的爱心，养护着那些曾经受伤的心灵，关爱着那些需要阳光的生命。

## 一、慈善组织

《现代汉语词典》对“慈善”的解释：“对人关怀，富有同情心。”“慈善”的英文，对应两个单词：一是“charity”，意指“对有需要的人或贫困的人行善和慷慨施舍”；二是“philanthropy”，意指“对人的爱”。正如加里·S. 贝克尔（美国经济学家）所说的：如果将时间与产品转移给没有利益关系的人或组织，那么这种行为就被称为“慈善”或“博爱”。

慈善法把慈善组织作为规范的最重要主体，并没有忽视或排斥其他主体从事和参加慈善活动的权利。国际上慈善组织的注册和资格认定主要有两种类型：一种以英国为代表，符合条件的慈善组织需要在慈善委员会进行强制性的注册，注册后同时获得免税资格。另一种以美国为代表，慈善组织需要先在州政府注册为非营利法人，再到联邦税务部门申请认定为慈善组织并获得免税资格。

在我国慈善法里，慈善组织不是独立的法人类型，不是与基金会、社团、社会服务机构（民办非企业单位）并列的第四类社会组织，基金会、社团、社会服务机构（民办非企业单位）是组织形态，而慈善组织是其组织属性。换句话说，慈善组织必须依托基金会、社团、社会服务机构（民办非企业单位）而存在。慈善法在第二十条作了如下授权：“慈善组织的组织形式、登记管理的具体办法由国务院制定。”可以预言，基金会基本都能纳入慈善组织；社团中以公益性而非互益性为使命的能够纳入慈善组织；而民办非企业单位在厘清产权关系，并明确公益性宗旨的能够纳入慈善组织范畴。

慈善组织可分为两类：一类是募集款物并分配的慈善组织，主要活动是从私人或企业募集慈善款物，然后根据慈善宗旨将慈善款物分配资助给提供服务的慈善组织，用于开展慈善活动，或直接拨付给受益人。另一类是募集组织人力资源即志愿者，并开展服务的慈善组织，主要活动是面向社会招募自愿无偿提供自己的时间，为他人和社会服务的志愿者开展有计划、有目标志愿服务。这后一类组织就是志愿服务组织。

## 二、公益组织

根据《公益事业捐赠法》第二条和第十条规定，公益组织主要包括依法成立的两类组织。

1. 公益性社会团体

公益性社会团体是指依法成立的，以发展公益事业为宗旨的基金会、慈善组织等社会团体。

2. 公益性非营利事业单位

公益性非营利事业单位是指依法成立的，从事公益性事业的不以营利为目的的教育机构、科学研究机构、医疗卫生机构、社会公共文化机构、社会公共体育机构和社会福利机构等。

同心公益性社会团体有厦门市同安区同心慈善会和公益性非营利社会服务机构，其中包括厦门市同心义工服务中心、翔安区同心儿童院，长汀县同心学校，思明区、翔安区、同安区社会工作服务中心，还有推动慈善行业公益人才培养的福建省同心慈善基金会。

在这里，公益组织渗透了慈善服务，而慈善服务又融入了义工服务，义工服务又结合了社工服务。同心实现了社区依托社团提供社会服务，社会服务立足社区回馈社团成长的互动模式：社工带动义工，义工保障社会服务的人力资源，社工保障社会服务的服务品质，基金会保障社团社会服务机构顺利开展社会工作服务。

## 三、与社会工作的关系

慈善是滚滚历史长河中一个永不褪色的主题。古往今来，慈善引领人们聚集在爱心和信仰的旗帜下，奉献社会、服务他人、关爱民生。在构建社会主义和谐的今天，慈善组织必将在以改善民生为重点的社会建设中扮演愈发重要的角色。西方社会具有成熟的慈善文化，注重对弱势人群人性价值的终极关怀。社会工作就是从西方慈善救助中发展起来的制度体系，与慈善事业有着重要的渊源。

1. 社会工作起源于慈善组织的服务

17 世纪法国“慈善夫人社”、“慈善女儿社”，作为早期从事志愿工作服务的机构，其助人知识和技巧主要依靠实践经验，其服务的志愿性质也说明此时的社会工作还没有成为一项专业服务。友善访问员不仅向贫民提供物质帮助，还给贫民的生活方式提出建议。

慈善组织会社19世纪末20世纪初盛行于英美。1868年英国的亨利索里牧师建议成立一个组织以协调政府与民间各种慈善组织的活动。1869年第一个慈善组织会社正式诞生，该会社接受托马斯查默斯的理论，认为个人应对其贫困负责。

慈善组织会社的基本工作方法：成立一个中央管理与联系机构，并将伦敦分成若干区，每个区成立一个分支机构，每区有志愿委员会，主持救济物资的分配工作；各区办理区内所有救济机构受理救济案件的总登记，另设咨询部，供济贫法监护人、各慈善组织及个别慈善家搜集申请救济者的资料。各区派人对提出申请的人进行调查；提高救济款物的配额，使之足够申请人生活所需。

慈善组织会社的意义：对社会工作的专业化进程发挥了很大的作用，积累了实践经验，促进了社会工作者的专门化进程。随着社会个案工作的开端，为社会行政和社区组织的发展中做出了贡献；慈善组织会社运用统一的理念协调组织慈善救济事业，为形成具有共同价值体系的社会工作专业体系创造了条件。

2. 慈善组织推动社会工作发展

18世纪中期，受宗教理念影响，许多赋闲在家的中产阶级妇女自愿承担起访问贫困家庭的工作，她们被称之为“友善访问员”。这些“友善访问员”不但向贫困家庭提供物质帮助，而且还向他们提供各种建议，包括生计、子女教育、选择经济实惠的住房等方面的劝告。在实践过程中，她们逐步积累起了有关助人的知识和技巧。这些经验性的知识和技巧也为后来社会工作的形成发挥了积极作用。

为了改善社会服务质量，英美等国的慈善组织于19世纪末开始关注对志愿人员和服务人员的训练。1893年，英格兰由济贫院和英国慈善组织会社开设了一个两年制的“慈善训练”学校，开启了社会工作专业培训的历史。通过培训，服务人员在服务方法上有明显的进步，服务的规范性明显增强，服务效果也有明显的改善。1898年，美国的纽约慈善组织会社举办了为期六周的训练课程，训练受薪的“友善访问员”。同时，荷兰的阿姆斯特丹社会工作学院成立，并开设两年制的社会工作教育课程。1904 年，纽约社会工作学院成立，原来六个星期的社会工作训练也拓展为一年课程。1910 年，美国哥伦比亚大学等高等学院开设了社会工作课程。

**★ 互动分享环节**

**访问游戏——我来做“理财师”**

（一）游戏形式：小组讨论

（二）游戏时间：40 分钟

（三）游戏目的：让学员体会到自己是如何分配自己的生命。对自己的人生有新的认识和思考。

（四）游戏过程

1. 讲师展示 PPT 上的问题：“如果给你五千二百六十万元，你会如何花掉它？”

2. 班级成员以小组为单位，由一人控制时间，另外一人做记录，每人两分钟的时间来发表自己的感想，时间控制在 20 分钟左右；

3. 在小组讨论结束后，由每组的记录者向全班同学分享自己所在小组成员的想法；

4. 讲师点题：“假设每个人有100年的生命，每小时60分，每天24小时，一年365天，那么人的一生就有52560000生命元的时间。”提问班级成员在得知讲师用意后的感想。

启发：曾经有人给我们算过一笔账。假设我们能够活到100年，那么，每一年有365天，每天有24小时，每小时有60分钟，这样算来，我们就活了52560000分钟。如同我们有52560000元——生命元，我们将如何管理好这笔财富？实际上，我们绝大多数人活不了100年，这100年里我们还要去掉懵懂无知的童年、莽撞冲动的少年、老态龙钟的老年。这笔账算下来，很多人简直要惊出一身冷汗！原来我们能够支配的生命时间屈指可数。我们虽然没有办法改变生命的长度，但可以拓宽我们生命的宽度和深度。

## 第四节 慈善服务与社工同行

**【安心小语】**慈善，意味着在做慈善工作、在做义工服务、在与人互动时，把自己的心放在最低处，把嘴巴压到最低处，以谦卑的心少说多做。

**【案例】**

### 是法律人，更是公益人

**同心慈善基金会项目主任洪燕英讲述慈善梦**

洪燕英，福建省同心慈善基金会项目主任，这个职务不仅名称很长，一般人还搞不太清楚，这到底是做什么的啊？不过，只要和洪燕英稍微聊聊，你就会明白：“喔，原来这就是公益人。做慈善的，就应该是这样的。”

**从小爱社工 与同心结缘**

儿时的洪燕英喜欢看台湾电视剧，剧里的义工几乎每个星期天都会去孤儿院，“我觉得挺好的，喜欢那样的感觉。”

长大后的洪燕英成了一名律师，一开始时间比较多，她就想着能不能找点有意义的事来做。因为对慈善感兴趣，她上网搜索了“慈善”两字，最终搜到了同心慈善会，于是打了电话过去。

洪燕英说，接电话的工作人员告诉她，他们刚好在瑞景做一个活动，如果有空可以去现场看一看。洪燕英去了，看到了一群人在那里做活动。她觉得那个氛围很温馨，跟工作人员的接触也让她觉得很温暖，她一下就对这个机构充满了好感。

**兼职当义工　有家的感觉**

洪燕英参加了同心慈善会的纳新会，并接受了持续半年的义工培训。

当时同心慈善会的办公室在长青路，有空的时候，作为义工的洪燕英经常会去帮忙。参与了比较多的活动后，洪燕英被邀请去做兼职工作人员，先是在义工中心负责活动的开展，再后来就负责义工培训课程，包括课程的开发、设计、讲授和义工纪律的管理。2009 年之后，洪燕英在同心慈善会的时间比她当律师的时间还多。

“在同心，你会有家的感觉，会有团队的感觉。”洪燕英说，同心做一个活动，是所有人一起讨论、推动。

**一心做慈善　将坚持下去**

洪燕英说，同心慈善基金会是一个支持型的机构，主要是培养公益领袖和社会企业责任人，或是支持其他公益机构成长。

洪燕英现在把大部分时间放在同心慈善会上，她告诉记者，因为基金会做的项目是全国各地的，所以经常要出差。比如 2015 年 11 月份，她在厦门待的时间不超过 10 天。

不过，这就是洪燕英的选择——做自己喜欢的工作。洪燕英说，同心对她来说不只是一份工作，更是一份事业，她愿意一直做下去。

慈善服务主要包括无偿的志愿服务和非营利性服务，当同心在践行无偿的志愿服务时，面对的不仅是单项的需求服务对象，而且还存在着服务对象需求的多元性和复杂性，需要提升服务质量已经成为组织发展的必然趋势。引入专业社工服务理念、技巧和方法成为同心义工服务发展的重要内容。

## 一、志愿服务

有关“志愿”的解释《辞海》中是这样表述的：一是志向和愿望；二是有志于并情愿，自愿。有关“志愿者”（volunteer）《牛津英语辞典》解释包含三个含义：一是没有报酬地从事某项工作的人；二是主动而非被迫做某事的人；三是自己选择而非被迫加入武装部队的人。有关“志愿服务”（volunteer service，volunteering）维基百科是这样说的：通常被认为是一种利他的活动，目的是促进“善”和提高人类的生活质量；作为回报，这项活动能产生自我价值感和受到尊重；个人没有经济上的收益。从内涵分析，志愿服务作为一种不以获得报酬为目的，自愿奉献时间和智力、体力、技能，帮助他人、服务社会的公益行为，本质上是慈善性的，与慈善精神相契合，是捐时间、捐服务的慈善行为。一个行为要成为志愿性质的行为，必须具备的核心特征是：自愿性——出于参与主体的自主选择；无偿性——超越常规的经济交换活动领域，不以获取报酬为目的；公益性——具有社会正效应，以志愿精神为核心价值。

从内涵分析，志愿服务作为一种不以获得报酬为目的，自愿奉献时间和智力、体力、技能，帮助他人、服务社会的公益行为，本质上是慈善性的，与慈善精神相契合，是捐时间、捐服务的慈善行为。从服务领域看，慈善活动与志愿服务基本一致，现代慈善活动领域已从传统的扶贫济困、扶老救孤、灾害救助等领域，扩展到了教育科学、文化体育、卫生环保等诸多领域。志愿服务是承担社会责任的公众参与行为，活动范围覆盖了扶贫济困、帮孤助残、扶老帮幼、支教助学、科技推广、医疗卫生、环境保护、社区服务、大型社会活动、应急救援等推动人类社会发展进步的诸多领域。从活动领域上，志愿服务与现代慈善的覆盖范围已基本一致。

志愿服务具有鲜明的实践特性：人身性——捐赠款物的客体是财产，志愿服务捐赠的是志愿者本人的服务；无形性——捐赠款物属于有形财产，志愿者提供的服务是无形财产；过程性——捐赠款物行为的实施集中地捐赠与发放两个节点，志愿服务需要通过实施完整的服务过程实现慈善目的；风险性——志愿者在提供服务时，由于不可抗力或意外事件等原因，比较容易发生人身伤害或财产损失，具有风险性。

## 二、慈善法中的慈善服务

《中华人民共和国慈善法》已由中华人民共和国第十二届全国人民代表大会第四次会议于2016年3月16日通过，自2016年9月1日起施行。以下简称慈善法。

慈善法第六十一条　慈善服务，是指慈善组织和其他组织以及个人基于慈善目的，向社会或者他人提供的志愿无偿服务以及其他非营利服务。

### （一）慈善服务与志愿服务的区别

慈善法明确了慈善组织开展慈善服务，可以自己提供或者招募志愿者提供，也可以委托有服务专长的其他组织提供。慈善服务的主要特征：基于慈善目的；志愿无偿；非营利性。慈善组织提供的慈善服务 = 志愿无偿服务 + 其他非营利服务。志愿无偿服务：无偿性是志愿服务的基本特征之一，志愿无偿服务指的就是志愿服务。无偿，一是强调的，二是与非营利相对应。其他非营利服务：服务低于市场价或者免费，不得以获取利润为目的。志愿者提供的志愿服务与其他非营利慈善服务主要区别，即在于志愿服务的无偿性。志愿者不以获取报酬为目的，为受益人无偿提供服务，受益人获得服务不需支付相应对价。

### （二）慈善服务提供的方式

慈善法明确了慈善组织开展慈善服务，可以自己提供或者招募志愿者提供，也可以委托有服务专长的其他组织提供。这是针对随着社会经济发展的需要和社会分工细化、慈善活动领域不断细分、专业化要求越来越高的现状提出的。

慈善服务的三种方式：

1. 自己提供。慈善组织自身具有相应能力资质，可以依靠自身的人员自行开展服务。

2. 通过志愿者提供。需要志愿者参与，通过招募，组织志愿者开展服务。

3. 委托有服务专长的其他组织提供。需要专业服务的，可以委托专业的其他组织，提供专业服务。

### （三）慈善服务中的志愿者保护

慈善服务这种慈善活动具有人身性较强的特点，实践中出现了受益人、志愿者等慈善服务参与者隐私泄露等情况。慈善法第六十二条规定，开展慈善服务，应当尊重受益人、志愿者的人格尊严，不得侵害受益人、志愿者的隐私。这里明确了开展慈善服务的三方主体：慈善服务组织者/提供者、志愿者和受益人，因而慈善服务应当尊重受益人、志愿者的人格尊严。人格尊严包括：参与志愿服务中与慈善服务提供者/组织者，受益人的关系是平等，不能有施舍恩赐的心理，受益人接受服务也是有尊严地接受。有关个人隐私包括：个人信息和志愿者本人家庭情况的信息。

慈善组织不依法向捐赠人开具捐赠票据、不依法向志愿者出具志愿服务记录证明；志愿者在参与慈善服务过程中，因慈善组织过错受到损害的，慈善组织依法承担赔偿责任；损害由不可抗力造成的，慈善组织应当给予适当补偿。

### （四）慈善服务中的专业服务

关于专业慈善服务相关要求的规定。慈善法第六十三条：开展医疗康复、教育培训等慈善服务，需要专门技能的，应当执行国家或者行业组织制定的标准和规程。慈善组织招募志愿者参与慈善服务，需要专门技能的，应当对志愿者开展相关培训。

慈善活动涉及许多专业化较强的领域，如残疾康复、应急救援、医疗支教等，实践中，在这些领域出现了专业人员缺乏、服务不规范、服务质量参差不齐的情况。我们不能因慈善服务的非营利性而放松要求，提供的服务必须符合相关标准和规程，这既可以保护受益人的合法权益，也能防范风险避免产生纠纷。关于培训的要求，专业知识技能培训因慈善服务内容不同应当具有针对性，如志愿者参与照护敬老院老年人的慈善服务，应对其开展护理专业知识培训；如志愿者参与应急救援服务，应对其开展急救等专业知识培训；如志愿者参加助残慈善服务，应对其开展盲文、手语、康复器具使用、安全守护、与残疾人交往礼仪等方面专业知识培训，等等。这些都是发展专业志愿服务队伍的必然要求。

### （五）慈善服务中的志愿者招募与服务风险

关于慈善组织招募志愿者时应当履行的公示信息、告知风险义务和慈善组织与志愿者签订协议的规定。慈善法第六十四条：慈善组织招募志愿者参与慈善服务，应当公示与慈善服务有关的全部信息，告知服务过程中可能发生的风险。慈善组织根据需要可以与志愿者签订协议，明确双方权利义务，约定服务的内容、方式和时间等。主要有以下三方面：

1. 公示信息

慈善服务信息包括：开展慈善服务的慈善组织的信息；慈善服务的时间、地点、方式及服务对象信息；需要招募志愿者的岗位、条件、人数、保障条件、风险防范措施等信息（志愿者保险、交通误餐、志愿服装工具、专项培训等）。信息内容要求：真实、准确、完整；要使志愿者对具体的慈善服务内容、资格要求和保障条件有充分了解，从而能够以理性的心态决定是否参与志愿服务。另外，从慈善组织招募参与慈善服务的志愿者来说，也确保能够招募到符合要求的志愿者，以保障服务达到预期效果。

2. 告知风险

风险是指人们从事某种活动或决策的结果的不确定性。慈善服务中，一般是指志愿者在参与慈善服务过程中自身可能遭受的损失以及可能给他人造成的损失。这里，他人是指慈善服务受益人、第三人。损失主要包括人身（身体、人格）和财产损失，

志愿者对风险有全面认识，结合自身条件、风险控制及承受能力，充分行使自主权决定是否参加。与此同时，慈善组织也应履行义务，一旦损害发生有利于保护组织权益，明确各方责任。当志愿者认为公示信息和告知风险不够充分全面，可以要求慈善组织进一步解释说明或者拒绝参加该慈善服务。

3. 签订协议

慈善组织根据需要可以与志愿者签订协议，明确双方权利义务，约定服务的内容、方式和时间等。慈善组织与志愿者之间就慈善服务签订协议，是慈善服务法律关系明确化与规范化的有效方式。

(1) 协议内容：服务时间、内容和地点，当事人权利和义务，安全保

障措施，协议的变更和解除，法律责任及争议解决方式。

（2）协议形式：可以口头协议也可书面协议。口头达成协议比较普遍，这是因为志愿者比较频繁地参与慈善服务，也没有强制性要求或规定可以签订；书面协议，主要针对较特殊的慈善服务，包括人身安全、身心健康有高风险的活动，大型公益活动、连续3个月以上的专职慈善服务以及法律规定应当签订书面协议的活动。

### （六）慈善服务的志愿服务记录

关于慈善组织招募志愿者参与慈善服务时，应当做好实名登记、开展志愿服务记录工作并履行出具证明义务的规定。慈善法第六十五条：慈善组织应当对志愿者实名登记，记录志愿者的服务时间、内容、评价等信息。根据志愿者的要求，慈善组织应当无偿、如实出具志愿服务记录证明。

1. 志愿服务记录

慈善组织依据民政部《志愿服务记录办法》（民函〔2012〕340号）对志愿者的服务时间、内容、评价等信息进行真实记录，推动志愿服务制度化发展的要求。文明委《关于推进志愿服务制度化的意见》：“志愿服务活动结束后，由城乡社区、志愿服务组织、公益慈善类组织、社会服务机构等，根据统一的内容、格式和记录方式，对志愿者的服务进行及时、完整、准确记录”这是回应社会现实需求的举措，是公民的社会责任意识和社会诚信的重要体现。

志愿服务实践工作需要掌握信息、调整政策，合理配置资源，激励回馈、保障权益，激发参与热情。

慈善组织开展志愿服务记录工作，一般应包括五个方面：

（1）严格记录主体：谁组织谁记录；

（2）规范记录内容：个人、服务、培训、奖励、投诉；

（3）统一计算时间：计量单位：小时；

（4）志愿者评价：服务时长、星级认定100，300，600，1000，1500；

（5）记录转移和共享：志愿者流动、记录连续性、完整性。

2. 志愿服务记录证明

慈善法规定：慈善组织应当无偿、如实出具志愿服务记录证明。志愿服务记录证明是志愿服务记录制度的重要组成部分，应当载明当事人的志愿者身份、志愿服务时间和内容。慈善组织出具志愿服务证明应把握以下三个原则：

（1）证明出具主体：谁记录谁证明；

（2）证明格式：全国推荐格式；

（3）证明出具流程：申请、受理、证明、公示。

### （七）慈善组织对志愿者参与服务要求

关于慈善组织应当合理安排志愿者工作内容的规定，即服务内容的安排要人岗相适、适时调整。慈善法第六十六条：慈善组织安排志愿者参与慈善服务，应当与志愿者的年龄、文化程度、技能和身体状况相适应。慈善组织一方面要为具备相应技能和条件的志愿者提供合适的慈善服务岗位，做到志愿者资源优化配置；又要避免一些志愿者凭借一腔热情，不顾自身身心条件参与力不能及的服务活动。另一方面对慈善服务所需要的专项技能、身体年龄、行动能力、中小学生（监护人同意或指导下参与）也做了要求。

### （八）志愿者参与慈善服务的义务

关于志愿者参与慈善组织安排的慈善服务，应当履行义务的规定。慈善法第六十七条：志愿者接受慈善组织安排参与慈善服务的，应当服从管理，接受必要的培训。

1. 服从管理

为了保障慈善服务顺利开展的需要，有利于防范风险，保护志愿者权益免受侵害。慈善组织安排志愿者参与服务，是有组织有计划的慈善活动，有针对性服务计划和风险防范预案。这些需要参与的志愿者按照慈善组织的管理和安排，各司其职，协作配合共同完成。

2. 接受必要培训

志愿者只有在慈善组织安排下，从事时间、地点、对象和内容已经规定了的慈善服务，才能被认定为是该组织的慈善服务，享受相应的权益保障和支持，由此产生的法律上的各种结果才能够被慈善组织认可与接受。

接受培训，与慈善组织招募志愿者参与慈善服务，所需要的专门技能，应当对志愿者开展相关的培训。

3. 提供必要条件

慈善法第六十八条：慈善组织应当为志愿者参与慈善服务提供必要条件，保障志愿者的合法权益。为参与慈善服务的志愿者提供必要条件，通过各种机制和途径保障志愿者合法权益，是激发志愿者热情的关键举措，是慈善组织在安排志愿者开展慈善服务时必须履行的基本义务。慈善组织要根据具体服务内容的不同，必要条件可以包括专门培训、交通通讯、餐饮住宿、服装标识、医疗药品、必备工具、购买保险、安全保障，等等。

### （九）志愿者合法权益的保障

志愿者的合法权益除民事主体所具有的人身权、财产权等基本权利之外，在参与慈善服务时还应当包括：

1. 自主权

志愿者自愿参与慈善服务，有权拒绝提供超出其自身能力或者约定范围的慈善服务。

2. 知情权

志愿者参与慈善服务，有权获得慈善服务真实、准确、完整的信息。

3. 教育权

志愿者参与慈善服务，有权接受慈善服务所需的教育和培训。

4. 人身权

志愿者参与慈善服务，有权获得从事慈善服务必要的条件和安全保障。

5. 求助权

志愿者在提供慈善服务期间遇到的实际困难时，有权请求慈善组织给予帮助解决。

6. 建议权

志愿者参与慈善服务，有权对组织开展慈善服务的慈善组织提出建议和意见。

7. 提供证明

志愿者参与慈善服务，有权要求该慈善组织出具志愿服务记录证明等。

### （十）为志愿者购买人身意外伤害保险

慈善组织为参与可能发生人身危险的慈善服务的志愿者购买人身意外伤害保险，是转嫁、化解志愿者在开展慈善服务过程遭遇的人身伤害、财务损失等风险，打消志愿者后顾之忧的有效措施，是保障志愿者权益的重要机制。

## 三、社工服务

同心从志愿服务起步，实际上也就是慈善组织的慈善服务内容。但是在服务的过程中不仅有了助人自助的服务理念，而且还在服务中不断地渗透了社会工作专业服务的知识和技巧，以提升志愿服务的品质，实现了由自发的、无偿的志愿服务到提供专业化社会工作服务的转变，建立了一支专业化、职业化社会工作者队伍，成为引领义工服务的重要力量。从此，同心开始了主动参与到各级政府向社会组织购买服务之中。

### （一）厦门市翔安区同心社会工作服务中心

厦门市翔安区同心社会工作服务中心，位于翔安区新店镇，成立于2014年3月18日，是翔安区首家民办社工服务机构（组织机构代码：09299534—X）。翔安同心社工中心重点开展儿童青少年服务、社区长者关怀服务、社区发展与文化服务等。其中儿童青少年服务主要依托同心儿童院开展专业服务，积极发挥“社工+义工+已成长服务对象”的特色联动模式，最终实现助人—自助—助他的目标。

### （二）厦门市思明区同心社会工作服务中心

厦门市思明区属于中心城区，各类医疗卫生设施较为完善。当一些身患绝症的人在医疗体系中得到基本是绝望的诊断后，他/她们对自己的生命和未来心灰意冷。鉴于当今癌症发病率的增加，癌症患者数量增多，为服务这群面对死亡考验的人群，思明区同心社会工作服务中心下设癌友关怀部，主要通过专业义工指导癌友学习有关癌症、养生的知识，通过旋转瑜伽、团体支持、“话疗”等方式帮助癌友及其家人面对困难，战胜恐惧，重燃希望。特别是通过义工的爱与关怀给予癌友与病魔抗争的勇气与信心，陪伴癌友走出人生阴霾。同时组织活力体能训练、团体互动、心理辅导讲座等集体活动，帮助癌友战胜恐惧，重燃生命的希望。

### （三）厦门市同安区同心社会工作服务中心

厦门市同安区汀溪镇顶村村隶属于厦门市同安区汀溪镇，距同安城区 20 公里，位于厦门市西北部山区，西北与泉州市的南安市、安溪县接壤，是同安区汀溪镇的“后花园”。2014 年入选中国最美乡村、巾帼示范创业村，乡村旅游资源和乡村文化资源非常丰富。目前村里的经济发展主要是依靠乡村旅游。

厦门市同安区同心社会工作服务中心与顶村村委进行良性对接，采用“社工 + 村委 + 社区社会组织 + 志愿者”的社会服务模式，通过开展系列社区活动，链接社会及村里的资源，鼓励留守老人和流动儿童加入乡村旅游开发建设的参与，丰富老年人的晚年生活和流动儿童的业余活动。促进老年人与社会的接触，体现老年人的价值，使老年人在参与过程中发掘自己的潜能，减少孤独感和丧失感，建立积极的人生观。同时，针对村里弱势儿童青少年进行帮扶，协助解决困境；面向一般流动儿童提供人际沟通及社会交往，促进全面发展。

**本章要点**

“同心”作为社会服务组织业态的形成与发展，义工、志工、社工及其独特定义、“同心”的理念注重养护心灵；志愿服务、慈善组织、公益组织、慈善服务、社会工作专业服务；《慈善法》中有关慈善服务的法律规定及其要点。

### ★ 互动与分享环节

**认识公益组织**

1. 现场发言：讨论你对公益组织的理解。
2. 写下你认识的公益机构名称及该公益组织的相关业务。

3. 这些公益机构对社会有什么样的促进帮助?

**参考文献:**

[1] 李玉亮主编. 义工管理实务，中国社会出版社，2011.

[2] 中华人民共和国慈善法，法律出版社，2016.

[3] 詹成付. 民政部民间组织管理局. 关于慈善组织几个问题，2016.

[4] 民政部：志愿服务记录办法（民函〔2012〕340号）.

[5] 社会工作综合能力. 全国社会工作者职业水平考试教材组编写，2015.

# 第二章　认识义工

【安心小语】拥有爱的能力及感动的心，人生才会有真正的快乐。不抗拒、不对立、不排斥，接纳身边的人，接受当下的事，是产生爱与感动的基础。

【引　言】义工是一个无国界的名称，来源于英文的 Volunteer，起源于19世纪西方国家宗教性的慈善服务，在世界上已经存在和发展了100多年，本质是服务社会，核心精神是“自愿、利他、不计报酬”。目前，义工制度在一些发达国家和地区已经相当成熟，并成为一种普遍社会现象。美国中小学生每学期都有义工时间要求，义工服务考评是学业成绩必要的组成部分。义工服务在西方国家和香港、澳门等地区广为流行。同心义工服务在借鉴先进西方的经验中，也摸索出自己对本土义工服务的解读。

【学习目标】本章主要掌握义工概念、义工、志愿者、社工三者内含的区别与联系；同心人对义工的理解，包括价值观、助人理念方法、义工的特征及其作用，义工的意义等。通过学习能够比较全面地了解义工和义工作为助人者的身份要素。

## 第一节　义工的概念

【安心小语】做慈善、做义工要随分随力。所谓随分随力，即尽自己在家庭、工作中的本分后，再根据自己的力量，尽量利用时间与物资从事社会公益服务。

【案例】

## 给人理发获得国家级表彰——同心义工陈加兴

他，同心慈善会三星级义工（目前最高级），每个月定时到同心儿童院为孩子们理发；他，还是老年协会会长，逢年过节都会和协会的人一起去慰问高龄、困难、孤寡老人。

最近，全国老龄办公布了2015年全国“老有所为”先进典型人物推选结果，翔安区新店镇大宅社区退休教师陈加兴光荣上榜。

这个奖项的含金量可不小，全国只有85名，福建省一共5名。

**78岁的同心义工陈加兴**

退休前，他是翔安新店大宅社区的一名老师，教了41年小学数学，桃李满天下；退休后，他当起“行走的理发师”，19年来一直坚持为村里的老人免费理发。

但您可知道，他自己的左脚先天残疾，右膝盖在1992年曾粉碎性骨折过，至今还用钢板护着。

为何能多年如一日，无怨无悔做这么多？陈加兴说：“因为我出生贫苦，看到有困难的人，就忍不住要去帮他们，爱他们。”

陈加兴10岁时被翔安一个39岁的寡妇收养。养母很善良，不仅培养他读书，还教他做人。“一定要做好人，做好事，讲好话。”这是养母对陈加兴的教导。养母在世时，陈加兴对她十分孝顺，街坊邻里都夸他们胜似亲生母子。养母去世后，陈加兴一直谨记她的教诲，看到困难的人一定会出手相助。

**每个月固定上门为老人理发**

“这是电推刀、剪刀、剃须刀、电吹风、插座、镜子、梳子、围裙……”陈加兴打开一个铝制箱子，里面的理发工具一应俱全，这都是前些年他花了一千多元买来的。家里还有一把专业理发椅，也是他自己花400元买来的。

19年来，陈加兴每个月固定上门给村里十几位老人理发，月底到同心儿童院，给孩子们理发。这期间，他用坏了7把推子，更换过76块推片，还换了7把剪刀、4条围裙。

年轻时陈加兴学过理发，退休后，他当上老年协会会长，发现社区里一些老人因为行动不便，又请不到理发师进村，他就主动提出，要当村民的义务理发师。他先制订计划，把社区里行动不便的老人登记起来，每个月固定上门为他们理发；如果老人行动自如，就请他们自己上门。

三年前，年近九旬的陈水豹中风卧床，每个月陈加兴都固定上门为他理发。理发时陈加兴要站在床边先理一边，然后再爬上床，一会儿蹲着，一会儿跪着剪另一边。每次至少要花40分钟，让本身也是老人的陈加兴也累得够呛。

村里74岁的陈清渊双腿残疾，坐都坐不稳，陈加兴帮他理发时，只能用自己的身体支撑着他，眼酸背痛，依旧坚持理完。

陈加兴还给很多临终老人理过发，让老人走的时候也清爽。每次家属要给红包，他都只收了红纸，把钱退还给家属。他说："讨个彩头就好。"

**每个月到儿童院给孩子们理发**

每个月月底，陈加兴总会开着三轮车，带上理发工具，到同心儿童院帮孩子们理发。儿童院里的人都管他叫"爷爷"，连院长也叫他爷爷，陈加兴说，有点不好意思。

陈加兴说，2008年汶川地震后，儿童院里来了些四川、西藏、青海的孤儿，有些孩子很久没洗过头发，得先剪断，洗了很多遍才洗干净。

每次去看望孩子们，陈加兴总会带点小礼物。孩子们都很喜欢他。今年春节，他还给每个小朋友都发了红包。

每个月的第三个星期天，陈加兴还要到同心儿童院为社会爱心人士做讲解。就连儿童院内的厕所坏了，他也赶紧带着工具去修。

他还带动村民加入到献爱心的行列中来。2015年9月份，村里一个7岁的女孩患了白血病，但家里无力承担医药费。陈加兴知道后，通过广播召集村民帮助小女孩，自己带头捐了2000元。之后，每个人捐了多少钱，叫什么名字，都会公布并存档。当天，女孩父亲就收到好心人捐出的善款17万多元。

义工是通过无偿奉献时间和精力服务他人。在我国，被广泛应用的称谓还有志愿者，有时也会把义工、志愿者与社工相混淆。本节对此其以上三者做一个概念性的说明。

## 一、义工的含义

“义工”即义务工作者，是指不受私人利益的驱使、不受法律强制驱使，基于某种道德、信义、信念、良知、同情心和责任感，在不图任何物质报酬的情况下，为改善社会环境而提供服务、贡献个人的时间、精力和技能，从事社会公益事业的人或人群。任何人士，不分年龄、性别、学历、职业、种族、宗教及政治背景、地域和国籍，只要自愿利用自己的时间、精力和技能，不为名誉和酬劳而承担为国家、社会、他人服务的责任，并勇于面对困难和挫折，为推动社会进步而服务，均可成为义务工作者。

义工从广义上来说，是泛指任何志愿贡献个人的时间、精力和技能，在不谋求任何物质报酬的情况下，从事社会公益与社会服务事业，为改进社会和推动社会进步而提供服务的公民。从狭义上讲，则是指自愿参加义工组织，在自身条件许可的情况下，在不谋求任何物质、金钱及相关利益回报的前提下，合理运用社会现有的资源，志愿奉献个人的时间、精力和技能，为帮助有一定需要的人士，开展力所能及的、切合实际的，具有一定专业性、技能性、长期性服务活动的公民。

综上所述，义工是指出于奉献、友爱、互助、进步为心愿或目的参与社会服务，自觉承担服务社会的责任，经过义工组织登记注册，自愿贡献个人的时间、精力和技能等资源，积极参与慈善公益活动，无偿为社会和他人提供服务与帮助的人员。

## 二、义工的特征

义工具有自愿性、无偿性、奉献性、公益性、组织性五个基本特征。

### （一）自愿性

自愿性，即义工是出于自觉的愿望，完全由个人意愿决定，不受法律强制，不受他人逼迫，不受外界诸多因素干扰。义工组织也应尊重个人的意愿。

### （二）无偿性

无偿性，即义工所做的义务工作不带任何功利色彩，不求回报、没有报酬。义工在加入组织前及在开展服务过程中，均不应带有谋求任何物质、金钱等现有利益及由服务开展而产生的连带利益的思想，同时，应拒绝服务对象或有关机构提供的与服务无关的利益报酬。

### （三）奉献性

奉献性，即义工以利他为目的，自愿贡献个人的时间、精力、技能，甚至可能是宝贵的生命。亦即，通常我们倡导的“有钱的出现钱，有力的出力”，根据个人的实际情况和能力奉献自己的热心和爱心。当然在开展服务过程中，奉献最多的是自己的时间。

### （四）公益性

公益性，即义工怀着一份爱心和一份责任，为了社会的公共利益、帮助所有需要帮助的人，本着“奉献、友爱、互助、进步”的精神，通过做一些力所能及的事情，维护社会公共利益，帮助社会困难群体，让社会更加美好和谐。

### （五）组织性

组织性，即义工要经过义工组织登记注册，承认义工组织章程，遵守义工管理办法，服从义工组织管理，在义工组织的统一安排下，有计划、有组织地开展服务。

## 三、义工的作用

从义工的产生和开展的服务情况来看，义工的作用有以下三个方面。

### （一）救助辅助作用

我国目前的社会保障还存在着内容有限、覆盖面狭窄、保障基础薄弱等问题和不足。义工来自社会的各个阶层，掌握和贴近困难群众的情况和实际需求，发挥特长，为他们提供人性化、个性化的服务，从而使服务对象获得更大的受益。

### （二）引领带动作用

义工立足实践，着眼点滴，为社会办实事、解忧愁、献爱心，是对我国传统美德的继承和发扬，对于道德的呼唤与重建，及于社会主义精神文明建设具有重要意义。更重要的是，它广泛调动了社会成员的参与意识，从而带动促使更多人服务于社会，有效增强了社会的亲和力和凝聚力。

### （三）稳定促进作用

义工以提供大量人力资源的方式，积极参与一些社会补救性、预防性和发展性工作，协助解决或预防社会问题，唤起社会各界对社会问题的关注并由此达成共识，在一定程度上缓解了社会群体分化所带来的矛盾，从而促进社会的和谐与进步。

## 四、义工、志愿者、社工的区别

义工和志愿者本质上是相同的，都是从英文 Volunteer 翻译过来的，港澳台地区普遍翻译为义工，但是近年来台湾地区在这个翻译的基础上把二者做了意涵上的区分（下文说明）。二者都是基于社会责任及义务，自愿贡献自己的时间、精力、技能，为促进社会的改善和发展，无偿参与社会服务。但是，两者之间仍有一定区别。

志愿者（英文 Volunteer），联合国将其定义为“不以利益、金钱、扬名为目的，而是为了近邻乃至世界进行贡献的活动者”，指在不为任何物质报酬的情况下，能够主动承担社会责任奉献个人的时间及精力的人。根据中国的具体情况来说，志愿者是这样定义的：“自愿参加相关团体组织，在自身条件许可的情况下，在不谋求任何物质、金钱及相关利益回报的前提下，合理运用社会现有资源，志愿奉献个人可以奉献的东西，为帮助有一定需要的人士，开展力所能及的、切合实际的，具有一定专业性、技能性、长期性服务活动的人”。对于这一概念，我国大陆和港台地区由于译法不一致而有所不同，我国大陆一般称为志愿者，香港称这为义工，台湾地区称之为志工，但实质内容基本是一致的。

台湾社会学专家陈武雄教授在他的《志愿服务理念与实务》一书中论

说："志工（志愿者）顾名思义乃志愿工作，而义工则为义务工作，故二者之不同为：一是志愿工作是所'愿为'，义务工作是所'应为'，前者属道德范畴，无任何约束力；二是志愿工作是'服务'，没有限制，义务工作是'责任'，应有限定；前者，予取之关系不必对等，应无权利、义务之争；后者，予取之关系乃交换行为，即是义务，当然亦应享受权利。"

社工即社会工作者，是指在一定的社会福利制度框架下，根据专业价值观念、运用专业方法为有困难的人或群体走出困境提供服务的人，如：为儿童及青少年、老年、妇女、残疾人，矫正、优抚安置对象以及家庭、医务、学校、社区、企业和社会救助等领域提供专业的社会工作服务。而对社会工作的认识，当前我国对社会工作有三种不同的理解：

1. 普通社会工作

是我国政府机关、国有企业、事业单位之中或之外普遍存在的，人们在本职工作之外承担的，不计报酬的思想政治教育性或公益服务性的活动。它是相对于本职工作岗位而言的，这一概念的使用也是比较普遍的。

2. 行政性社会工作

指在政府部门和群众团体中，专门从事职工福利、社会救助、思想工作等类型的助人活动。

3. 专业社会工作

指是由受过社会工作专业训练的人开展的助人活动。这在我国是一种新型的社会工作职业。

2006年10月，中共中央十六届六中全会作出《中共中央关于构建社会主义和谐社会若干重大问题的决定》，提出"建立宏大的社会工作人才队伍"。2011年11月，中央十八部委联合发布《关于加强社会工作专业人才队伍建设的意见》。因而，在我国，社工又称为社会工作专业人才，国际上通行的称谓为社会工作者（Social Worker），简称社工。

## ★ 互动分享环节

### 团体游戏——相见欢

游戏目标：了解义务工作的基本概念和内涵；强化义工参加志愿服务

的热情和动机。

游戏时间：20 分钟。

游戏规则：各小组围坐一圈，每组成员由第一个人开始作自我介绍，第二个人重复介绍第一个人后，再介绍自己；第三个人重复介绍前面两个人后再介绍自己。比如，第一个人说："大家好，我是爱看书的张三。"第二个人指着第一个人说："大家好，他是爱看书的张三。我是开心的李四。"第三个人指着第一个人说："这位是爱看书的张三。"介绍第二个人说那位是开心的李四，我是自在的王五……以此类推，形成自我介绍链，直到全组介绍完毕。

伸出左手拍拍左边人的肩膀说："谢谢你和我一起学习怎么做义工。"伸出右手拍拍右边人的肩膀说："谢谢你和我在一起。"

讨论一：

什么是义工？

义工做什么？

义工是有报酬的吗？

扶老人过马路，公车让座是不是义工行为？

讨论二：

1. 你为什么要参加义工？

2. 你有没有做义工经验？有哪件事最难忘？你收获了什么？

3. 你对自己参与义工服务有什么期望？

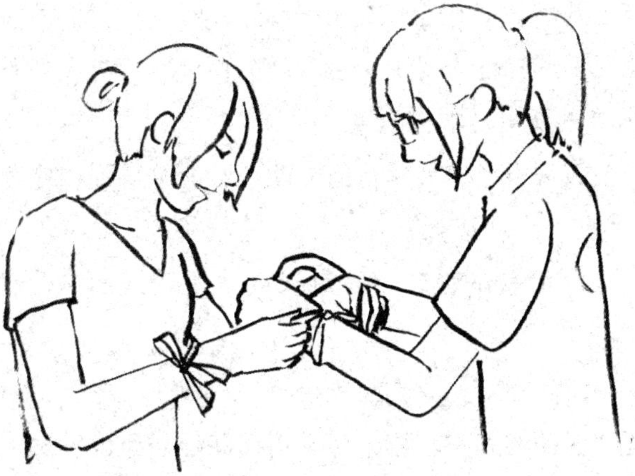

不同的动机会使义工在义务活动中的表现和参与取向出现不同的情况：

1. 帮助有需要的人，回应社会需要

喜欢参与帮助服务对象的服务活动，而对于其他的活动不太感兴趣，例如交流活动、培训活动、宣传活动。这类义工大多喜欢默默地开展工作。

2. 参与改善社会问题

可能会对社会问题意见多多，在参与活动时容易产生挫折心理。

3. 尽公民责任，回报社会

可能对于义工工作的要求不高。

4. 希望发挥一己所长

一般要求参与能发挥所长的服务，对不对应的服务一般不感兴趣。

5. 感觉自己的存在价值

要求服务或活动可以体现自身价值。

6. 学习新技能

对于培训活动特别感兴趣，希望能够学习新技能。

7. 善用余暇

对于时间的利用比较重视，对于一些如迟到等浪费时间的现象特别反感。

8. 扩宽社交圈子

只要有能见到新面孔机会的活动都感兴趣。有时注意力不在服务上，而可能转向了义工或其他人身上。活动后会积极保持与人联系。

9. 取得他人的认可及群体位置

希望有机会表现自己，展示自己的能力，能争得到领导者的角色。

10. 丰富经验，自我成长

比较重视体现活动的趣味，易对人或事留恋或回味，对于失败难以放开。

11. 培养组织能力及领导才能

对机构管理活动的兴趣较浓，对于培训课程兴趣也较大。

12. 寻求新刺激及扩宽生活体验

对于有难度的活动都会积极参与，但经常忽视某些重要问题。

13. 为未来工作准备

可能注重有利于其工作的人事关系的建立。

14. 感觉义务工作有意义

比较重视工作的意义所在，对于某些意义较小的工作可能不愿参加。

15. 赶潮流

盲目跟随，见到朋友或其他人去做义工，自己也去凑热闹。

16. 出于义务工作的好奇

希望通过服务有机会看服务对象是怎样的，如自闭症儿童是什么样子的，等等。或者觉得这一项服务内容较有新意，希望自己有机会去体验一下。

如果能弄清楚自己的真正动机，经过细心思考而做出决定的话，这才是明智及有意义的行动。另外，协助自己在参与服务前，先了解自己的期望及需要，以免有所失望。

义工培训是调控义工参与动机的方法之一，希望可以做到使某些有不良动机的义工可以转变动机，配合整个团体的运作。

启发：每个人都来自不同的背景（文化、经济、宗教信仰），但只要是人都需要爱与关怀，就如万物的生长离不开阳光雨露，都有着这样最朴素的需要；只要是人所表达的爱与关怀都希望被接受。所以说义务工作就是一项传递爱与关怀的行动，我们通过义务工作在给予和分享中获得自我的价值，用智慧与慈悲来开展爱的传递工作。义工是一个爱的传递者，义工通过公益机构整合自己和社会的资源，来服务社会上需要服务的困难群体。

## 第二节　同心义工

**【安心小语】**为了让社会更加美好、为了让自己的人生更有意义来到同心，在服务中守护自己最初这念简单的发心，就是在点亮心灯照亮人生路。

**【案例】**

### “90后”义工帮助上百位老人

**连芳萍用实际行动，“哄”孤独老人打开心扉，开心生活**

90后的连芳萍做了4年义工，帮助100多位老人，这样的数字可能会让不少人惊讶。这4年来的经历，有快乐也有辛酸。是什么让她坚持不懈地走在义工道路上？连芳萍说：“能换来老人的笑脸，让他们维持更好的生活状态，这就是我做义工的意义。”

连芳萍所做的不仅是日行一善，她拥有的善念善心更是感动着无数人。

**因一句相邀当上义工**

虽然才24岁，但连芳萍是厦门市思明区同心社会工作服务中心的一名资深社工。说起义工经历，连芳萍说那是源于一起偶然的经历。

“我大二时，和舍友一起到公园做问卷调查。公园里有位老奶奶，一个人低头站着，我就走上前和她说话。”一开始老人很紧张，也不说话。慢慢地，连芳萍了解到老人姓张，70多岁，老伴去世10多年了，虽有子女，但一直独居。老人喜欢书法和下棋，因不善言辞，找不到人和她做伴。临告别时，老人说：“下次来我家吧。”

从那之后，连芳萍经常去陪伴老人。连芳萍发现，老人时常愁容不展。有一次，老人透露一个小秘密：“我想多见见小孙子。”为此，连芳萍和老人的女儿沟通。她发现，老人的女儿一直以为老人不喜欢和人交流，所以很少去看老人。

现在，老人不仅能经常见到小孙子，在连芳萍的帮助下，老人还会用QQ认识新朋友，用手机看新闻，生活更充实。

**专门“哄”老人开心**

老人就像小孩，时刻要哄，连芳萍觉得这话一点没错。做义工时，连芳萍总会碰到很多老人不愿交流，不肯接受帮助。怎么“哄”老人并让他们打开心扉，是连芳萍一直在做的事。

大四时，连芳萍认识60多岁的刘先生。刘先生患有精神分裂症，有暴力倾向，还患有肺病。他的病情严重，一直咳血，但他不肯去医院，被家人送到医院后，还从医院跑了回来。连芳萍说，老人的脾气不好，有时说错一句话，老人就会突然不高兴，一声不响地跑掉。不过，连芳萍没有气馁，经过她和老人家人不懈努力，老人终于肯去医院了。

还有一位陈大爷，患有自闭症多年，独居。“第一次去陈大爷家是今年3月，那次我敲了很久的门他才开门。我和他聊了半个小时，但整个过程他都低头不语。”几天后，连芳萍再次来到老人家里。进门时，连芳萍发现老人家里非常脏乱，还有股恶臭味。“我帮他整理好了屋子，提醒他多注意身体。”令连芳萍意外的是，陈大爷临走前很小声地说道：“你叫小连，我记得。谢谢你来看我。”

**组织老人登高聚会**

做义工4年多来，连芳萍帮助了139位“三无”老人、1位失独老人和1位失能老人。她还时常组织一些腿脚不便、很少外出的老人到户外走走，看看外面的世界。

今年10月中旬的一个周末，连芳萍和其他义工组织了18位平均年龄70岁以上的老人，到仙岳山登高，聚在一起泡茶。75岁的陈大妈让连芳萍印象深刻。“陈大妈不会坐公交车，腿脚不好，平时很少外出，最多就是和女儿去逛超市。陈大妈说，这是她第一次和这么多年纪相仿的老人一起出门玩，特别开心。”

让老人开心，就是连芳萍坚持做义工的初心。“我希望通过自己的努力，能换来老人的笑脸，让他们维持更好的生活状态。”

同心文化根植于中国传统文化，因此对“义工”有了别样的认识和理解。本节就同心人对义工内涵与外延作出说明。

## 一、同心对“义工”的定义

### （一）服务对象

Client 是指服务对象，而且在参加义工服务当中要时刻牢记：以服务对象为本。了解服务对象的需求，关注服务对象的感受，尊重服务对象的行为方式和想法，完全无条件地接纳服务对象，不可以对服务对象产生偏见、不允许在义工服务当中出现强迫行为。不管服务对象如何弱势，作为义工我们都应该尊重服务对象，相信服务对象。在从事义工服务当中，我们要坚信“助人自助”的理念，帮助服务对象提升自己的能力，使其在义工退出之后能够自我疗愈、自我成长。

同心对“义工”的定义—Corps

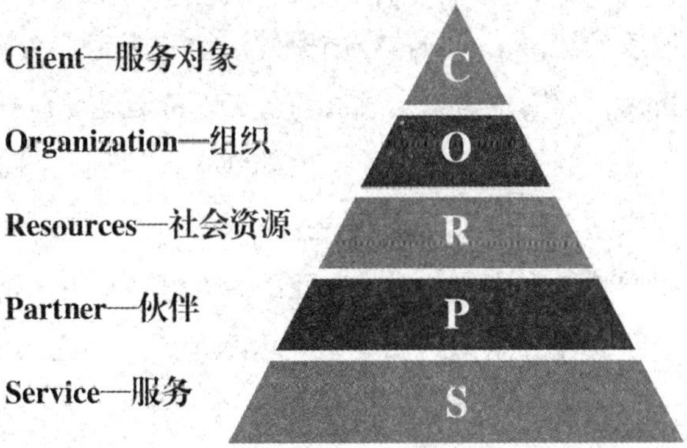


在帮助服务对象的过程中，义工要始终尊重服务对象自己的选择，这就要求义工意识到服务对象本人是其感受的最佳诠释者。在帮助服务对象的过程当中，义工要做到以服务对象为导，向与他一起工作。义工的帮助必须促成服务对象自身能力的提高。

### （二）组织

Organization 是指组织，这里的组织也就是我们所说的机构。作为一个义工，他的义工服务必然是依托于某个组织或者机构的。从这个层面而言，义工不仅仅要详细了解机构的规章制度、文化、服务项目等具体信息，更重要的是要做到：

1. 使机构服务得以加强、完善，共同完成机构使命；

2. 加强社会对机构的认同和支持；

3. 增强机构对服务对象的认识，制订更好的义工服务计划；

4. 成为机构人力资源的重要组成部分，突破机构在资源上的障碍。

无论不同的义工组织之间对义工的定义有多大的分歧，有一点是达成共识的：义工是有组织有纪律的助人者。所有的现代化国家，都制定相关法律和政策，规范义工及其工作的管理。在这些国家里，义工组织必须经过正式注册，义工组织的章程等系列必须明确、规范。义工组织的所有行动，都必须在符合国家法律和政策的前提下，遵照义工组织的相关规定进行。每一个义工都必须属于正式注册的义工组织，接受义工组织的管理。没有在任何义工组织登记注册并得到承认的人，即使其一直在进行助人的活动，都不能被称做义工。每一个义工在参加组织活动时，必须遵守义工组织的相关制度和纪律，必须遵守国家的法律和规定，否则将被取消义工资格，不得再以任何义工组织的成员的名义进行活动。

强调义工工作的组织性，无论是内部的学习培训，还是外部的助人行动，都强调组织性。整体大于部分之和，这是由于整体中存在一种系统质，这个系统质就是整体中各部分之间的相互联系和相互作用。在组织中有一种组织力量，比如组织成员之间的相互竞争，相互学习，彼此合作，使得组织成员个人能够在组织中迸发出一个人在工作中无法实现的能量。懂管理学、或者有过组织生活经验的人都知道，有能量的人在一起，如果组织不恰当，这些人往往会产生内讧，彼此消耗巨大的能量，使得整个组织缺乏战斗力。所以组织成员要有共同的价值追求，组织成员之间要有规范制约的竞争和效果最大化的合作。团结就是力量。一个有战斗力的组织是一个组织得当的组织。

### （三）社会资源

Resource 是指资源（或者叫社会资源），也就是作为一个义工必须具备整合资源的能力。社会资源运用的重要性不言而喻，不仅能够推动机构义工服务的进步，也能协助配合服务对象需求的满足，同时也能促进义工能力的提升。

因此，既然决心要来从事义工服务，就需要思考一些问题：现在的义工服务需要哪些资源、已有哪些资源、尚缺哪些资源，如何取得这些资源。

| | 人力资源 | 物力资源 | 财力资源 | 文献资源 | 组织资源 |
|---|---|---|---|---|---|
| 需要哪些资源 | | | | | |
| 已有哪些资源 | | | | | |
| 尚缺哪些资源 | | | | | |
| 如何取得资源 | | | | | |

备注：

1. 人力资源是指运用相关人员的知识、体能、劳力、经验、技术和时间以增加志愿服务的力量。

2. 物力资源是指运用他人的空闲环境及相关设施，或募集某些物资，以提供志愿服务之所需。

3. 财力资源是指争取外界补助或金钱赞助，以充实服务经费，使服务活动办得更好。

4. 文献资源是指运用相关的文献资料，作为规划及办理活动的依据。

5. 组织资源是指运用其他组织或团体的力量，共同实现相关服务活动的完成。

从资源的角度来分析，基于义工以往帮助服务对象的经验，他们的困境可以大致分为三种类型：物质资源匮乏型困境、知识技术资源匮乏型困境、心理能量资源匮乏型困境。资源分析认为，这三种资源具有正相关性。人们拥有三种资源中的一种，获得其他两种的可能性就会增加。同样的，人们缺少三种资源的一种，获得其他两种资源的可能性就会降低。正是由于他们缺乏以上资源中的一种或多种，才陷入了不可自拔的困境。根据以上理论，义工对服务对象提供的帮助有效性，取决于义工提供资源的有效性。义工的助人工作，就是向服务对象输送资源。

### （四）伙伴

Partner 也就是参与者。同心对于义工的概念，非常强调“参与”的理念。一个义工只有切切实实参与到义工服务当中，才能深切地感悟到什么是义工，该怎么做义工，义工到底有什么意义。

作为义工服务队伍的一分子，需要展现“行善、奉献”的天性，树立正确的服务心态，掌握必需的工作技巧，端正义工服务的态度和观念，增强义工服务的责任感。这就要求我们在工作中有参与分工的意识，有合作的意识、伙伴意识和合作意识。这些意识有以下两层含义：

1. 伙伴意识

我们要将求助者作为伙伴，与求助者合作。也许义工在心理上处于优势，或者在物质、技术方面处于优势，但是义工与求助者始终应处在平等的位置上。同心义工帮助求助者，并不是义工单方面的给予求助者，而是在帮助求助者摆脱困境这个过程上的合作。义工和求助者是合作者关系，亦是伙伴关系。

义工要针对求助者的需要配合所属义工组织，提供给求助者其真正需要的服务。只有求助者是其实际感受的真实表达者，和真实诉求者。义工在帮助求助者的时候，不能替求助者感觉，不能强人所难地给予求助者他们并不需要的帮助，而对他们的真正需要漠不关心。

2. 合作意识

义工与其他助人者作为伙伴，与其他助人者合作。义工，不是一个孤独的修行者，而是要和其他义工一样团结助人者，将他们视作伙伴，在慈善工作中相互帮助，共同修习。

（1）同心共进

在义工和非义工的助人者之间，我们应该没有分别心。就目前的情况看，义工的数量庞大，非义工的助人者人数更多。义工组织人才济济，非义工的助人者更是在各种领域的专业者。而且，非义工助人者在助人过程中，有着发自内心的慈悲，和义工在理念上有诸多相通。因此，携手欢迎社会各界广大人士参与慈善，给他们帮助或者请他们来帮助我们。这样，才能更好地优化我们的服务。

（2）伙伴关系

只有与其他助人者为伙伴，才能提高我们的助人能力，为求助者提供更有效率的服务。前文我们分析到，求助者的困境可以大致分为三种类型：物质资源匮乏型困境、知识技术资源匮乏型困境、心理能量资源匮乏型困境。我们可以肯定，仅仅依靠我们义工的力量，这三种困境我们都不能够很好地解决。尺有所短，寸有所长，每一个人都有他的不足和长处，我们意识到这一点，就要在实际工作中充分地取长补短。

有一些助人者，在某一方面受过专业的训练，比如说计算机、法律、心理学或者医学，但是他们却不懂得如何去找到需要他们帮助的人，或者仅仅凭自己的这些专业技巧，还不能够和求助者建立良好的关系，不能和求助者进行良好的互动，因而不能高效率地帮助求助者。所以，我们义工就要甘于做这些助人者的助手，帮助这些助人者顺利地实现帮助求助者的目标。

有一些求助者的困境，需要很专业的帮助才能够得到解脱，但是他们由于各种原因而找不到具有专业知识技术的人。所以，我们义工就要尽可能储备有各种专业技术的人才，在求助者需要的时候能够马上找出来，使求助者得到及时、专业的帮助。

义工一切工作的目标，就是让求助者的困难得到最大的帮助，所以我们要和其他求助者为伴，为求助者提供高效的服务。义工应将智慧广为传播，令慈善深入人心，带动大家一起参与到帮助他人的活动中来。

**（五）服务**

Service 是服务，也就是义工开展的志愿服务。义工，是服务者，须重视服务品质。在义工开展志愿服务的时候需要从服务对象的角度来开展服务，切不可强加服务对象不需要或者不喜欢的服务。另外义工提供的服务需要明确机构的使命，或者本服务项目的使命，即清楚地认识：机构的服务对象是谁；他们在哪里；他们面临什么问题；问题的核心是什么；他们的需求何在；从“我想为你做什么”，转换为“我发现了你什么需要，不得不让我为你做”。总之，我们提供的服务不仅要合情合理，也要让服务效果最优。

服务与帮助不同，帮助是基于不平等的关系；服务，是一种基于平等的关系。帮助，是我行你不行，我用我的力量帮助没有力量的你。如果我们带着觉知去觉察，当自己在帮助别人时内在发生的东西，我们会发现，我们总是在帮一些没有我强的人，一些比我更需要的人。当我们帮助时，不经意间，我们对他人的剥夺可能比带给他们的更多，有可能我们越俎代庖，剥夺了他为自己负责的能力。我们可能降低了他们的自尊，他们的价值感、整合感和一体感。服务，用生命影响生命，服务认同生命的价值是平等的，被服务者的力量是在的，我们服务生命，并不是因为他是破损的，而是因为它是神圣的。一个服务者知道，他是被使用的，他有一个意志去被用于服务某种更大的、更基础的却未知的东西。

## 二、同心对义工的理解

Volunteer 翻译成中文，我国翻译成“志愿者”，有的翻译成“义工”。（名称或有不同，服务性质相同。）同心取“义工”的翻译，是基于以下原因。

## （一）有关義与义

中国的《说文解字》是对中国汉字进行十分详尽的解读和释义的最权威的资料。“义”字，繁体字写作“義”，上面是一个“美”，下面是一个“我”，“義”从我从美，表示“这个世界因我的存在而更加美丽”。

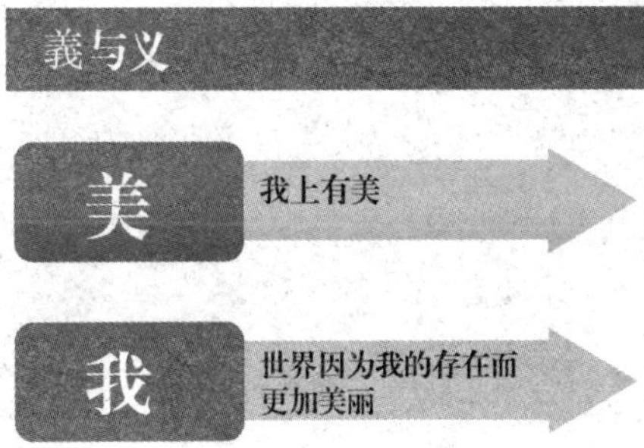


在中国历史上，把有这样一种善良的情怀和愿望的人叫作“义士”，把这种善良的行为叫作“义行”、“义举”。参加义工组织的人，来自于各个地方，具有各种特征，但是大家都有情有义，有一个共同的善良的目标和愿望，让这个世界更美好，所以，我们同心组织就叫“同心义工组织”，我们每个成员都是“义工”。

对于简体的“义”字，我们有一个善意的理解，在一个充满“×”的世界里，因为有我们这一点的存在，这个世界就变得有情有义。所以，同心的整个体系，选择“义工”的翻译。期待我们的义工，是为了守护人类的温暖和信任来到这里，成为一名义工，让我们这一点点微弱的存在，令这个世界有情有义。

**Volunteer=志愿者=义工**

我们相信，当我们穿上这绿色的义工服走上街头的时候，我们就像路边郁郁葱葱的树一样，让这个世界充满了盎然的生机，充满了祥和的美丽。将来我们大家还要走向祖国各地，世界的每一个角落，我们每到一个地方，就将绿色带到这个地方，将美丽和生命带到这个地方。无论带到哪里，有一个地方你肯定能带到——自己的心里，自己的家。

**（二）对义工的理解用 CORPS 来表示：**

服务对象 C：Client

组织 O：Organization

资源 R：Resources

合作者 P：Partner

服务 S：Service

同心对义工的定义：“CORPS”。“Corps” 中文翻译是 “军团” 或 “受过专业训练的团体”，使用这个词汇，我们要表达什么意思呢？

义工：CORPS，为了社会上特定的服务对象，在机构的组织下整合社会各种资源，通过团队力量，运用社会工作的方法开展社会服务的义务工作者。

视频：坤山的世界

**★ 互动分享环节**

分组讨论：从坤山的世界中你看到做义工应有什么样的心态建设？

从 CORPS 角度讨论为什么要感恩、尊重、务实、及时、服务。

**感恩**

1. 讨论：为什么我们要对案主怀有感恩心？在行为上我们要如何呈现？

2. 义工在做社会服务为什么还要感恩社会资源的提供者？如何在行为上体现这种感恩？

3. 做义工已经很了不起了，为什么还要感恩其他义工伙伴？

4. 义工本来就没有支取报酬，为什么还要感恩这样的服务机构？

**尊重**

1. 义工帮助案主解决问题，为什么要尊重案主？尊重案主体现在行为表现上，具体有哪些方面？

2. 尊重机构，主要体现在哪些具体措施？

3. 尊重社会资源的提供者，如何体现这种尊重，要尊重社会资源提供者什么？

4. 尊重伙伴，在义工服务中，日常相处中，要如何做到尊重义工伙伴？

5. 服务，什么是服务？如何体现自己对这个服务机会的尊重？

**务实**

详细说明务实在 CORPS 的五个部分，即对服务对象，对机构，对社会公众，对伙伴，对本次服务中，是如何体现的。

**及时**

详细分析及时的重要性，并针对 CORPS 讨论如何做到及时。

**服务**

义工的本质就是服务，谈谈自己对服务的理解。为什么义工不是高高在上的施舍，也不是高人一等的帮助，仅仅只是一个助人自助的服务者、陪伴者？

## 第三节　义工的价值观

**【安心小语】**做慈善的义工不是牺牲奉献，仅仅是展现人类与生俱来的助人天性。如果人与人之间相处有我在奉献牺牲的想法，则任何相处最终都是痛苦的。

**【案例】**

**他是电工，更是义工**

从一个爱打麻将的普通厦门小百姓，到成为一名专注且专业的优秀义工，李成国用了两年多时间。

李成国是马哥孛罗酒店的电工，朋友们过去对他的印象是性格内向但勤劳，打工兼职和打麻将一样“疯狂”，上完正常班，接着再打两份工。麻将有时一打一整天。因为疏于照顾家庭，也因性格不合，2006年，他离了婚，8岁的女儿由他照顾。

如果不是因为女儿，李成国也许就照这样的状态生活下去。“我女儿有语言障碍，朋友告诉我，多做善事能庇荫她。”于是，李成国加入中心血站的志愿队，平常在献血活动中做引导工作。“我原本就想更直接服务弱势群体，后来给我们志愿者授课的‘同心义工中心’的林伟松师兄带我走进了同心这个义工群体。”李成国认真地上每一堂义工培训课，积极参加每一次服务，两年多就成为“同心3星义工”（最高5星，目前尚无人达5星和4星）。

“原先是为女儿，现在是喜欢。”李成国说。这一年多里，他作为同心的服务指导人员，带着电业局的义工队，每两周一次下到东渡的东荣社区，服务孤寡老人。“这让我成长了很多！”李成国感慨。

李成国说，其实义工们需要付出的并不多，主要是入户陪居家养老的老人聊天，或读报给他们听，有时帮忙做点家务，或维修或理发或买东西。但义工们内心的收获却是满满的。“有的老人从一开始并不接受我们，到接受，最后到把我们当家人，盼着我们来；有的老人跟我们聊的事情，连他的儿女都惊讶从来没听过；有的老人还会特地打扮得整整齐齐地迎接我们；还有个老人，出门时口袋会揣上我和另一位义工的电话。当然，我们只能随老人的愿意听和说，不能主动打听。因为有时太主动找话题可能会触及他们不愿触及的痛，但有时也因此无法深入到老人的内心。曾经有个看上去非常开朗的老人，等我们下一次回访时，竟然得知他已经上吊自杀了，让我们大家一时无法承受。”

李成国默默地当了两年多义工，单位并不知道。“今年5月，我加入单位的环保小组，我提了很多有用的建议，单位才知道。我也因此成了单位和同心的牵线人，从此单位成了慈善共建单位。我从此发现，当义工是可以多多告诉别人的，因为这样可以影响更多的身边人加入这个群体。”

对于接受采访，李成国希望因此可以影响到众多不熟识的人。如今，李成国的目标是，利用更多机会去培训义工，并身体力行地带领别人，给更多的弱势群体带去更专业的服务。

价值观引导着个人的行为，每个人都有自己的价值观，这千差万别的价值观或回报源于每个人对价值的主观评判不一样。同样，每位义工成员的内在正确的价值观指导着他们去做更多对社会、他人有意义的事情。

义工的参与动机，其实是其价值观一个侧面的反映，有人认为社会存在着太多的现实问题，于是他选择通过做义工来尝试解决一下；有人认为社会存在着太多的人和事需要帮助，于是他选择了通过参与义工服务活动，使他认为要帮助的人能够得到一点帮助。

但是某些时候，义工团体中的不同的价值观，不同的参与动机是需要进行一定的调控。否则，团体中的每位义工的不同意见，会影响团体的运作和团结。因此，在义工服务中提出和推广这些价值是组织者和义工组织的首要责任。

**同心价值观**

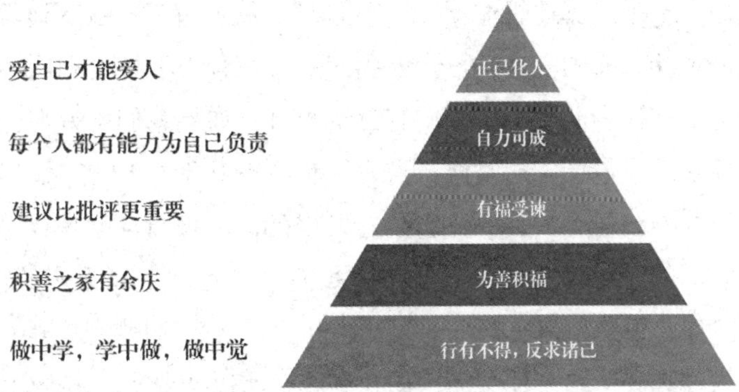


## 一、正己化人

真诚地面对，爱自己才能爱他人，每一个参与到同心中活动的人，都要能够和别人分享自己的经验、教训、感受和感悟。这个分享，是每一位参与者自我真实地表达。在分享的过程中，我们可以非常自在地把自己的想法说出来。

1. 讲自己心里真正想讲的事

2. 不要妄做假设

3. 不要认为一切（所有的人或事）都是针对你的

4. 全力以赴

我们真实但是我们并不随意。有的时候，我们那些看上去非常真诚的话，却伴随着我们一时的情绪，这种情绪会妨碍我们作真实的表达。有些话说过之后，当时能让我们改变情绪和心境，当我们又回过头来再想象我们曾说过的话时，我们简直不敢相信自己会说那种话，感到惭愧或者懊悔。我们自己内心在说，或者向别人辩解，其实那些在情绪中说过的话并不是我们真实的表达。我想这种情形，很多人都曾经遇到过。所以，我们的这份真诚，需要来自于我们懂得爱自己、爱别人。懂得爱自己并不是一件非常容易的事情，会爱自己才会爱别人。爱自己我们就要真诚地面对自己，不爱自己的人总是要把自己的生命交给别人。他们需要别人的肯定才能够活下来，需要别人的鼓励才能做得更好，我们需要别人的支持才能够……实际上，这些都是人们自己缺乏根据的臆想。

我们有没有认真地想过："我们可以"！我们有没有认真地想一想，我们带着一颗什么样的心来学习。当我们带着一颗心，想要和同心一起守护这个社会的信任和温暖时，我们有没有想过：如果我们不爱自己，若有一天我们处在人生最低谷的时候，当我们和服务对象相处，和义工伙伴相处的时候，我们会多么沮丧、我们会迷失自己，说我们自己是客串的，说我们是打酱油的，说我们是化名的……我们给自己贴上那么多的负面标签。真诚地希望，请您回来，想一想自己当初为什么来这里参加学习。

因为你想守护这个社会的信任和温暖，所以不要有"我做了牺牲"的想法。如果有人说："都是为了这个家，我才嫁给你。"她忘记了，当初她决定嫁给这个男人时，是因为这个男人给了她信任！如果你有这样的想法：都是为了你，我才放弃出国的机会，放弃了一份好工作，放弃了升迁的机会……真诚地希望，请您回来——爱自己！

我们多半都不是全职的义工，我们都有自己的人生规划：你可以规划做一年的义工，也可以规划做两年的义工，甚至你也可以规划只做三个月的义工。如果，你忙完了自己的工作再回到同心，请你千万要爱自己，因为义工不是需要去牺牲。爱里面不应该有牺牲，任何有牺牲的爱都不是真爱。如果你觉得你在牺牲自己成全别人，请你注意，没有任何人需要你的牺牲。

你所谓的牺牲，别人难以感受到，你的牺牲对对方来说是一种压力。如果我们告诉自己的孩子，或者你的爸爸妈妈对你说："乖孩子，我都是为了你，才不跟你爸爸（妈妈）离婚的。"你可知道你的这句话对孩子有多大的伤害？他感受到一种巨大的压力。或者，你跟孩子说："我是为了你，留在家里陪你，才没有去美国。"你的孩子心里会说，想去你就去吧，我不要你为我！所以，我们要爱自己，不要牺牲自己，我们是要用自己的实际行动来激发自己内在的挚爱，激发蛰伏在自己内心的慈悲。

自爱，才能够真正地爱别人，爱里面没有牺牲：这是我们同心义工的价值观。没有不甘愿，是我自己愿意做。我们要真诚地面对自己，要允许自己有委屈，有抱怨。当自己有委屈和抱怨的时候，告诉自己：我看到我亲爱的自己有委屈，我看到我亲爱的自己有抱怨。我们是一个普通人，正在用一双普通的手做普通的事，所以我允许自己有疲惫。我们要记得爱自己，把那份大爱、慈悲找回来。当下的我充满了负面，我如何找到义字上的那"点"，让自己变得有情有义。同心的一位义工说她找到了，这个点是"接纳"。当她能接纳的时候，她发现那个充满负面的自己变得有情有义。每个人都不一样，我们在给予和分享中，去找到意义和价值。当我们指责的时候，我们的给予和分享在哪里？如果我们能够给予和分享，我们就能够得到我们人生的意义和价值。

## 二、自力可成

我们相信每个人都能够为自己负责，这就是自力可成。有一位同心的会员，他的儿子得了血友病，每个月都要花很多钱。有一天，他到同心申请帮助，带着梦想来到这里求助。我们这些义工开始工作，有为他组织筹款、募捐的，有为他寻求医疗帮助的。过程中，我们义工们发现，这对夫妻非常年轻，只有二十几岁，他们会炸油条。同心人相信每个人都能够为自己负责。于是，义工们帮他们买了小推车，上面安装了所有炸油条所需的设备，帮他买了食用油、面粉、煤气等所需物资，并且帮他找到一个地方，开始做炸油条的小生意。夫妻俩炸油条，第一个月赚了 800 元，而今，每个月至少能够赚到三五千元了。

他们通过自己的努力，不再需要同心的帮助，不仅赚到了孩子的医疗费，还解决了自己的生计问题，并且开始帮助他人。每个季度，他们夫妻俩一定会参与机构的常规活动，炸油条分享给大家。我们很多人都喜欢吃油条，却害怕外面的油条不卫生，而这对夫妻的油条，从材料到制作都值得信赖，每次他们做的油条都一定在活动现场全部分享完。

在义工的帮助下，这对夫妻在厦门申请到了特困房。由于他们的孩子有血友病，他们还得到了生第二个孩子的指标，现在他们的第二个孩子也已经出生了。

如果我们滥用慈悲心，不断地给予夫妻俩各种的资助，那么，他们发现自己可创造的能力就可能非常小。甚至，这样的一味资助，可能会让他们现在依然处在非常困难的生活处境中。事实证明，这对夫妻能够为自己负责。现在的他们，不仅能够为自己创造财富，还能为社会做自己力所能及的贡献。

## 三、有福受谏

建议比批评更重要，有福气的人可以接受批评。当我们能够接受批评的时候，批评也就不再是批评，而是成了建议。没有福气的人，人家给他的建议他接受不了。当一个人遇到障碍的时候，我告诉他，你这样做不对，你应该如何如何，他很难接受。他没有办法接受那么多的劝诫，即使他知道我们这样的劝诫是对他的帮助。不能接受别人对自己的劝诫，不能接受别人对自己的善意，说明这个人的福气正在减少。所以，有福气的人是能够接受建议的人——有福受谏。

义工很需要建议。我们在提建议的时候，不是指责，而是一份有益的建议。我们在刚开始做义工的时候，我们对工作不太了解，缺乏工作经验，我们需要有知识、有经验的人给我们帮助，给我们提建议，只有这样，我们的工作才能够不断地进步，提高工作效率，减轻我们的工作压力。

有一位心理学家说过，没有哪一个人可以长期地接受建议。中国人在谈到一个人博大的胸怀时，有时候会用到“闻过则喜”这个成语。生活中，有一句非常智慧的哲言：良药苦口利于病，忠言逆耳利于行。很多人知道这句话，却做不到。生活中的大多数人，听到别人指出自己的缺点和不足，听到别人的建议，顿时心生反感。虽然，接受别人的建议有一定的困难，但从善如流却是难得的品质。

如果给我们建议的人不讲究方式方法，有一种批评我们的意味，我们简直要愤怒了，有一种逆反心理，对建议我们的人反唇相讥。常言道，一个人的心有多大，他的世界就有多广博，他的事业就有多成功。不能接受别人的建议，可能是自己的心胸太狭隘，装不下别人的建议，也可能是自我太过脆弱，经不起别人的建议所包含的力量，因而也拒绝了别人给予我们的财富，同时也失去消受这份财富的福气。假若，我们不想让自己作这种没有福气的人，就需要让自己的心胸宽广起来，虚怀若谷地接受别人的建议，强大自我。

## 四、为善积福

能够接受别人的劝诫，我们就是有福之人，积善之家必有余庆。能够帮助别人，就是在为自己积累福报。俗语说得好，积善之家必有余庆。我们今天做慈善，是为什么呢？心理学家汉斯曾说，一个人在做善事的时候，他的身体会更健康。医学的研究也证实了这个观点。相互帮助是人们能够过群体生活的基础，而能够过群体生活，才使得人类的群居成为一个社会。我们能够得出一个观点，人们相互帮助，社会才能够存在和发展。

人都有爱的需要，在爱的驱使下去帮助别人，给予别人这种爱的帮助能够被别人理解和接受，人就会感到心情愉悦。而人的愉悦的心情则能够提高免疫力，改善生理状态，使其身体更健康。帮助别人，利人利己，这是一个平实而深刻的道理。所以我们做善事，去帮助别人，不是为受助者做，也不是为同心做，而是为自己做。如同我们为别人鼓掌，在鼓励了别人的同时，也愉悦了自己，健康我们自己的身心。我们把我们的手拿出鼓一鼓掌，我们的品质得到了提升，我们的身体得到了滋养。我们在这里做善事，是为自己做，是为自己积累福报。

## 五、行有不得，反求诸己

《孟子·离娄上》上说："爱人不亲，反其仁；治人不治，反其智；礼人不答，反其敬。行有不得者皆反求诸己，其身正而天下归之。"这段话的意思是说，爱别人却得不到别人的亲近，那就应反问自己的仁爱是否不够；管理别人却不能够管理好，那就应反问自己的管理才智是否有问题；礼貌待人却得不到别人相应的礼貌，那就应反问自己的礼貌是否到家。凡是行为得不到预期的效果，都应该反省检视自己，自身行为端正了，天下的人自然就会归服。

"行有不得，反求诸己"这句话绝对不是一个空洞的口号。当我在同心做事的时候，我感到疲倦，感到无力，我都会用这句话来提醒自己。这句话总是能够给我反省的力量，给我前进的信心，所以我把这些话拿出来与大家分享。我们没有哪一个人天生就能够给别人恰到好处的帮助。有些人所面临的困难相当复杂，帮助他需要很多技巧，需要坚定的毅力和豁达的乐观心态。这些，都需要我们在服务过程中慢慢学习和积累。

当我们千方百计地努力却不能实现自己的目标，遇到了挫折和困难，我们就应该停下来，反省自己，自我检讨和批评，一切从自己身上找原因。实践是最好的老师，我们要"做中学"。老师和前辈能够教给我们很多知识和经验，这些知识和经验必须在实践中才能真正转化为自己的知识，这就是"学中做"。有了坚实的理论基础，丰富的实践技术，在工作中我们才能够有一个高度去总结自己的经验和教训，上升为更高层次的理论认知，与他人做更高水平的分享和交流，这就是"做中觉"。

很多人失败了，首先想到的是别人的责任和错误，或者客观条件不充足，几乎想不到自己会有什么责任。他们不是反躬自省，而是怨天尤人。困难和错误，就是一个提升自己的机会。但多数人不懂得把握，他们失去了一个个改过自新的机会，让自己变得越来越自大，越来越狭隘，越来越无知。义工们，不要成为这样的人，我们要向圣人学习，行有不得，反求诸己，让自己不断地进步，变得更加开阔，变得更广博，变得更加的智慧。只有这样，我们才能够在服务中不断地得到成功的快乐，享受帮助别人的轻松和愉悦。

当我们用手指指向别人的时候，我们有四个手指指向了自己。当我们做一件事情遇到阻力、挫折的时候，我们先不要急着说哪里不对，应该先问：“我还能做些什么？我应该做什么？我能够做什么？我要做什么？”多问几遍这样的问题，我们就会学会养成为自己负责的习惯，培养出为自己负责的能力。在帮助别人的过程中，我们自己能够不断地成长，我们的帮助对象也会得到成长。

小组讨论：

你对这些价值观的理解以及这些价值观运用到 CORPS 中是如何呈现的，比如说对 C——Client 来说上述几个价值观体现在什么样的具体行为中？

## 第四节　义工的助人

**【安心小语】**做慈善、做义工，不是基于同情和怜悯的行善。没有人喜欢被同情、被怜悯。行善仅仅是在传递和接受人类最简单的爱与关怀。

**【案例】**

### 感动厦门：抗癌勇士黄石雄“心灵慈善”帮助癌友建立信心

**【人物名片】**黄石雄，1965 年出生，漳州人。20 世纪 80 年代来厦门工作。1994 年，他的妻子患上精神分裂症。2004 年自己被查出鼻咽癌晚期。2010 年，他加入同心慈善会后，成为一名义工，通过“心灵慈善”帮助癌友建立信心。

18日清晨6点，天气很阴冷，黄石雄裹着厚厚的外衣出门，踏上第一班的959路车赶往同心慈善会。这个和癌症搏击了10年的男人，有个患精神分裂症20年的妻子。这几年来，他成为一名义工，帮助更多癌友建立信息，教他们如何勇敢地面对病痛。

**接连遭遇变故 他告诉自己别倒下**

1994年，黄石雄的女儿出生，但当年独自在家的爱人因遭遇小偷，惊吓过度后神经崩溃，“智力退回到7岁，每天不是狂笑就狂哭”。黄石雄看着生活不能自理的爱人，只好当自己又多了一个女儿。他白天照顾妻女，夜晚就去工厂当保安。日子里的辛苦，他只能默默吞咽。让他更觉得无助的，是2004年癌症来临。那时他耳鸣、咳嗽得很厉害，脖子上出现肿块，到医院检查才得知是鼻咽癌晚期。回到家里，面对患有精神分裂症的妻子和当时年仅10岁的女儿，黄石雄发现自己根本无法开口讲病情。看着不可能抛下的家庭，他知道自己不能倒下。此后很长一段时间里，他白天住院化疗，晚上赶回集美工厂忍着疼痛坚持工作。太过劳累的日子，让癌细胞转移到淋巴，黄石雄的病情更重了。这时，黄石雄的姐姐从老家赶到厦门帮忙张罗三餐，一些好心人也伸出了援手。黄石雄说，只有经历过才懂得，一句关怀有时能给人巨大的力量。“亲戚朋友借钱给我，工厂的同事为我募捐，街道和残联给我资助。我在报纸上感谢工厂，有好心人看到报纸，还送药给我。”为了鼓励自己，黄石雄每天出门前，会在镜子前念上几遍：“我是健康的！”每过一天，就在挂历上愉快地打个钩。

**给“勇士”发短信 给予心灵温暖**

2010年加入同心慈善会后，黄石雄和诸多癌友进行互动交流。他在找到依靠的同时，也发现生病的自己依然可以为别人提供帮助。于是，每天清晨，黄石雄都会乘坐第一班959路车赶到同心慈善会。换完衣服洗洗手，他开始切菜、洗菜、淘米煮粥，为慈善会的癌友和其他义工张罗好早餐，开始一天的“心灵慈善”工程。“另外，我还陪癌友聊天，和他们一起做复健运动。”黄石雄说。去年7月中旬，癌友建华要去上海接受癌细胞复查和治疗。临别前一天，黄石雄对她说：“勇士，加油！我会发短信‘骚扰’你。”从那天起，黄石雄的短信就伴随了建华整整38天的治疗日程，时而提醒她手术前如何放松心情，时而介绍厦门天气和新闻…… 提起这个故事，黄石雄说，身为义工，关心癌症患者是自己的职责。“我也有过躺在病床上的日子，面对四周灰白的墙壁，就盼着有人跟我谈心。”待在同心慈善会的时间长了，他发现一些正在住院化疗的病友无人陪伴，就着手组建了“星火”关怀小组，不时去医院陪病友聊天。他说，“星火”寓意着小组成员如星星般陪伴着走在黑夜里的人，如火苗般温暖着穿梭在寒冬中的行者。“癌症只是暂时的黑夜、短暂的寒冬，我们希望能在癌友遇见黑暗和寒冷时给予陪伴和温暖，同时也希望星星之火可以燎原，点亮人们的心灯。”

**心灵慈善的“味道”**

单看一段人生，命运和黄石雄开的玩笑有点多。爱人突患精神分裂症，自己被癌症“袭击”，又当爹又当妈的压力，要扛起来实属不易，但黄石雄凭借顽强的毅力坚持下来了。从“摸着石头过河”到“搬开石头走路”，他发现自己能够勇敢地迎击命运，生活慢慢地好起来，生命也没和自己说再见。于是，他想用自己的方式鼓舞更多的癌友，借助同心慈善会的平台，他努力发挥自己的光和热。在最艰难的日子里，黄石雄说自己没掉过眼泪，但是在电梯间得知本被“宣判”不能怀孕的癌友成功诞下新生命的时刻，他却泪流满面，甚至在周围人诧异的眼神中，禁不住手舞足蹈。他说那种幸福感，亦如新生。因为他从成为义工的那一天起，就把别人的生活嫁接到自己的心上。黄石雄说，自己没钱，没法给别人提供实质性的物质帮助。但是，他提供的心灵慈善却是另一种味道，就好像每天清晨从同心慈善会的厨房飘出的粥香，同样为他赢得了很多人的信任和尊重。

参与义工队伍成为义工的一员，其出发点和落脚点都是助人，助人不仅要有助人的利他的理念，而且还要有助人的方式与方法。

## 一、助人理念

### （一）爱的循环：无助——求助——受助——自助——助人

在同心，我们对别人的帮助是一个循序渐进的过程，这是爱的循环。

在这个过程中，有一个体系来评估这一过程中的每个阶段的具体工作。当一个人的生活出现困难和挫折，他会有一种无助的感觉。这种无助状态令人非常痛苦，人们体验失败、无力、疲惫、绝望。很多人在这种状态中无法自拔，几经挣扎之后，他们选择了放弃，退回到更为原始的状态；有一小部分人用精神胜利法来安慰自己，有的人甚至因此放弃了自己可贵的生命；有的人却能够认真分析失败的原因，向后倒退一步，寻求更多的资源，积蓄更大的力量，总结经验教训，采取进一步的有效行动，最终走出困境。

而更多的人需要他人的帮助，他人的鼓励，他人的支持，他人的引导。求助是一种能力，更是一种智慧。很多人不懂得善用这种能力和智慧，他们不懂得向别人求助的技巧，不愿意放弃自己的虚荣求助，也不知道能够向谁求助，或者他们根本不知道自己需要什么样的帮助。因此，他们很少积极主动地寻求帮助，在痛苦中不断地沦陷。

义工帮助别人所做的第一步，就是帮助人们从无助走向求助，在这个过程中，我们要接纳他、陪伴他、鼓励他，支持他、引导他，帮助他重新获得求助的能力和智慧。

1. 无助——求助

一个人从无助走向求助，是一个重要的进步。

义工在帮助别人的过程中，也常常会感到无助。我们需要建议，需要鼓励，需要技巧，需要合作，甚至我们还需要一些直接的物质上的支持。我们需要的这些东西都是切切实实的，但是，我们往往不能及时得到这些支持。

在做慈善服务的过程中，我们常常会感到无助。但实际上，这不是无助，而是不知道怎么求助。有时候我们不知道自己该如何求助，不知道该向谁求助，甚至有时候觉得自己不配求助，最终我们的感觉是我们无助。有的人曾经向别人求助过，但被拒绝了。她不知道，她向张三求助被拒绝，并不意味着她向李四求助就一定会被拒绝。往往，这些无助是我们自己内心存在的障碍，有一些绝对化的观念盘踞在我们心里，让我们以偏概全，对所有人都产生了否定。真正阻止我们的，是自己的内心。当我们的内心开放时，我们的世界也就开阔了，我们能够得到的帮助也就多了，而那些无助的感觉也就消失了。义工们要做的就是，主动地改变自己，主动反省和摒弃内心存在的错误观念，主动地寻求资源。最终，我们一定会使我们的助人工作游刃有余，如鱼得水。

2. 求助——受助

从求助到受助，是社会的进步。我们知道，仅仅靠善良的愿望，不能让我们这个世界变得更美好。我们帮助别人，不能仅仅是一个心愿。十张会说的嘴，不如一双会做的手。我们需要用自己切实的行动，让求助者得到他们渴望的帮助，通过沟通，了解他们的困境，帮助他们摆脱无助。帮助别人，嘴巴上说一说非常容易，真正落实起来很困难。帮助别人，我们需要花时间，花精力，有的时候还要花钱。但是，我们所有的付出，都是我们自己的选择，我们愿意为这个结果负责。

## 二、助人方法

### （一）收集需求

要根据组织和个人的能力，给予求助者我们力所能及的帮助。如果求助者对我们提出过高的要求，要真诚地告诉求助者我们到底能够给他多大的帮助，能够帮助到他什么，同时，还需要他配合做什么才能够实现他的求助愿望和目标。如果我们在虚荣心的驱使下，盲目地答应了求助者的过高要求，那么，后续的助人工作中我们会感到非常的被动，体验到服务的巨大压力，甚至有时候不得不放弃提供服务。这样，不仅会使求助者对我们失去信心，我们自己也会徒增烦恼。我们给别人我们兑现不了的诺言，是因为自己在内心渴望我们本不应该得到的虚荣。这是我们的妄心，我们的烦恼就成为自寻烦恼了。

### （二）列出清单

我们可以把助人工作列出一个详细的工作清单。这个工作清单，需要包括求助者面临的困难是什么内容，需要落实的资源有哪些，可能遇到的障碍以及解决的方法是什么，我们还需要谁的支持以及怎么获得，具体的助人工作由谁来实施等，如何评估我们的助人工作成功。中国有句古话，凡事预则立，不预则废。我们不打无准备之仗，心里不应该有一笔糊涂账。我们准备得越充分，工作清单做得越清晰，我们的助人工作就会落实得越到位。有的人做事虎头蛇尾，就是因为他没有做好充分的准备，没有充分估计到工作中的困难，缺乏预案。在过分乐观中开始工作，遇到困难茫然无措，遭到挫败黯然退却。可以说，这个人的助人工作，在稀里糊涂中开始，在浑浑噩噩中结束。我们义工，不做这样的助人工作。即使是一个很小的助人工作，我们也要做好充分的准备，形成一个良好的工作习惯，很重要。

## （三）制订方案

有了良好的助人愿望，接下来就要制订清晰的助人方案。社会服务方案策划分为以下四个阶段：问题的认识和分析阶段；目标制定阶段；方案安排阶段以及考虑服务的评估阶段。

1. 问题的认识和分析阶段

问题的认识和分析阶段是制订方案的基础。一个全面的问题的认识和需要评估过程主要包括认识问题、寻求解决问题的资源、根据问题的严重性的优先次序、开展方案策划和提供服务。

（1）问题认识工作表：何时发生、在哪里发生、人们的感受、谁受影响；

（2）需求评估：服务方案只能真正帮助部分“求助者或被问题影响最大的人群”。

2. 目标制定阶段

（1）界定总目标（求助者中找出）和影响目标（社会工作干预所要达到的目标）

首要的工作是从目标人群中找出要介入提供服务的“求助者/受影响的人口”，并制定要达到的总目标和影响性目标。影响性目标是社会工作干预所要达到的目标。为了保证服务的介入，可将影响性目标细化为服务性目标，再根据服务性目标确定后勤保障目标（条件）。

（2）建立目标的优先次序

主要需要考虑的是可拥有和可动员的资源，主要考虑因素：资源状况、服务对象情况、服务对象的发展阶段与特点、机构的目标、问题的急迫程度、社会正义等。

3. 方案安排阶段

（1）制订各种可以实现目标的可行性方案，选择理想的可行性方案。

（2）“可行性方案模型”的筛选六标准：效率、效果、可行性、重要性、公平、附加结果。

（3）决定资源需求和争取资源分配，可行性与资源的获得难易度成正比。

（4）制订行动计划。将服务方案目标分解为具体可操作的“执行目标”，并依此制订实现目标的行动计划。(单位时间线条表)

在这个过程中，我们才会遇到真正的困难，才会遇到真正的考验。我们会感到困惑，体验到压力，遭受到挫折，感受到知识、技巧、精力、力量的匮乏感。这个时候，我们需要督导、支持，需要团队。因此，义工们，还有很多知识要学习，比如说沟通、激励技术、团队管理技术。

4. 考虑服务的评估阶段

助人的过程中，我们要清晰地把握帮助对象是不是真实地得到了所需的帮助，我们的帮助工作是不是实现了助人目标。这需要义工们对助人工作有一个实事求是的评估。没有评估，或者没有实事求是的评估，对我们目前的服务是不利的，也无助于我们不断地提高服务水平。评估过后，如果发现我们的帮助不能回应求助者的问题需求，我们应停止服务，评估是否将调整服务计划或将求助者转介到适当的平台。千万不要爱面子、不愿意承认自己无能为力，令求助者的困难得不到解决。

## 三、助人方式

如果你是真诚的义工，让我们来探讨如何帮助求助者从求助到受助的过程，义工的服务方式体现了价值观的循环。

### （一）受助——自助

从受助到自助，是一个质的飞跃。前面我们谈到义工的价值观：自力可成，这是指我们相信每个人都可以靠自己的力量成就自己的愿望。面对生活和工作，每个人都有自己的缺陷，所以每个人都有可能会陷入困境。但是，每个人的身体里都蕴含着巨大的潜力，都有改良自己状态的愿望，所以只要我们能够激发他的潜能，就能够帮助他走出困境。在提供服务的过程中，我们开发求助者的潜能，让他变得更强大、更自信，在将来的日子里，他就能够独立地面对困难、解决困难，不再需要别人的帮助。我们对求助者的帮助，要朝着他能够实现自助的方向努力。

我们帮助他人的愿望再强烈，帮助别人能力再强大，如果不充分地调动求助者自身的力量，终有一天我们自己会枯竭。《尚书·太甲》曰："天作孽，犹可违；自作孽，不可活。"意思是："天降的灾害还可以躲避，自作的罪孽，逃也逃不掉。"也就是自作自受的意思。

令一个人陷入困境的因素，可以简单地分成内因和外因。外因所致的困境，较容易解决；而内因所致的困境，则更难让人摆脱。导致人们陷入困境的内在原因，如同人们的影子，走到哪里跟到哪里，好像只有这个人陷入完全的黑暗才能够摆脱。如果一个人自甘堕落，不思进取，它必然会陷入困境。当一个人陷入困境，我们给他外在的帮助，也同时一定要调动求助者内在的力量，让求助者自立自强，充分利用自身的力量帮助求助者自己走出困境。

有的人之所以会陷入痛苦，是因为一直希望这些随时会变化消失的事物能够恒久，执着地追求这个所谓的恒久。正所谓：执着是苦。外在的力量是不稳定的，随时会变化，只有内心的强大，才能感受永恒的力量。与其改变世界，不如改变自己。自己改变了，世界才会真正的改变。

自助，是要促使求助者自己发生改变。求助者自己发生的改变有多深刻，他从困境中获得的解脱就有多大。如果一个人连脚都不愿意抬，却一直苦恼迷茫于自己的前途。那么，试问一下，你是否试着朝自己的愿望往前走过一步？只有走一步，你才知道深浅，才知道这是不是一个正确的方向。因此，义工们在帮助求助者的时候，我们应促使求助者发生改变，最终实现自助，让他走出改变的第一步很重要。我们要鼓励他，迈出自己的脚！当他终于勇敢地走出了第一步，我们就要鼓励他，坚定地走下去，直至完全走出困境。

人本心理学认为，自我实现是人的本质需要，是一种较高层次的需要。这个层次的需要，推动着人不断努力，让自己更成熟，更强大。自我实现，就是人靠自己的力量实现自己的价值。如果人感觉到自己没有力量实现自我价值，人就会有挫折感、无力感。如果人不能靠自己的力量而获得成功，就会有失落感、虚无感。所以，自助——自我扶持，自我管理，自我成就，是一个人自我价值的源泉。

每一个人都可以靠自己的力量站起来，每个人都有能力为自己负责。我们给孩子最深刻的爱就是让他能够自立。在助人的过程中，如果不能够让求助者从求助到自助，我们则是剥夺了求助者做人的基本尊严。

义工们要铭记，我们是一个引导求助者走路的人，是一个陪伴求助者走路的人，绝不是一个一直背负着求助者走路的人。

### （二）自助——助人

从自助到助人是一次升华。

太阳在发光发热，给地球上所有的生命以能源，但是即使太阳也有燃烧殆尽的一天。我们工作得再热情，我们的精力再充沛，也终有枯竭的时候。同心义工想要给人更多的帮助，想要帮助更多的人，就必须有新的力量源源不断地加入进来。社会上有一些人希望给别人帮助，我们吸收他们加入到我们同心，壮大我们的队伍。但是这还远远不够，那些我们帮助过的求助者，也应该是我们新生的力量。

教育学家经常为缺乏慈善心的人这样辩护：一个没有被爱过的人，他怎么会爱别人？一个从来没有被关心过的人，他怎么会关心别人？类似的这些话隐含着一层意思，爱别人、关心别人是学来的，是体验得到的。一个人只有获得了爱的体验、关心的体验，才会爱别人，关心别人。上文讲到，如果我们想帮助求助者，我们就要去爱求助者；我们要爱求助者，我们就要爱自己。因此，求助者懂得爱别人、懂得帮助别人时，能更好地显现义工们对他的帮助是成功的。

中国有句古话：穷生奸计，富长良心。一个穷途末路中的人，可能会使用一些阴谋诡计、损人利己的办法让自己摆脱困境，一个自顾不暇的人是无力帮助他人的。如果一个人的生活绰绰有余，在心灵上也是富足的，他就有能力有力量去做对别人有利的事情。求助者经过义工们的帮助，然后愿意帮助别人，能够帮助别人，才能真正说明通过我们的服务让他摆脱了困境。爱的池塘，需要有爱的不断流动，才能保持她的清新、她的生命力。

求助者从自助到助人，并不是一个自然而然的过程。求助者不仅要实现物质上的富足，更要使得自己的心灵得到提升，才能够从一个求助者，变成一个真正地能够帮助他人的人。因此，从自助到助人是一次升华！

★ 互动分享环节

**团体活动——同心圆升级版**

1. 打 OK 手势状，可以拥抱彼此，跟他说认识你真好，谢谢你，我愿意学习做好一名义工。

2. 竖起大拇指，就看着对方握握手，看着对方的眼睛点点头。

3. 做出胜利的 V 手势时，彼此微笑，点点头。

4. 如果两个人的手势不一样，请低下头，看着自己的脚尖，直到老师说继续往前走再继续侧跨直到老师喊停。老师说友谊花开时，面对面的两个人同时做出手势，根据手势决定你们的行为。

同学们在这个活动中有什么感受，请举手……

来到这个世界上我们唯一能依靠的就是自己——身体，我们善待过自己吗？来做义工，只有学会接纳自己，欣赏别人才能在服务中和服务对象一起成长，走过“无助——求助——受助——自助——助人”这一爱的循环圈。

小张同学，三岁的时候，母亲不堪被拐卖后痛苦的生活，找到机会逃离了这个男人和“家”，残疾的父亲努力地干农活希望偿还当年买下女人为妻的负债。直到小张上了高中，巨额的负债才还清，而高中的巨额学费又紧接着压在了年迈的父亲身上。小张努力读书，希望通过读书可以改变命运，但巨额的大学学费又让她不敢考上大学。万一考上大学，年迈的父亲又要如何是好？当她在校园里看到同心的“助学圆梦”海报时，无助而彷徨的她看到了希望，勇敢地为自己争取幸福，递交了申请书。

点评：无助往往是不知道在哪可以求助，无助常常是不知道自己可以求助。

小张成了同心“助学圆梦”的一分子，在抗压力抗逆力的冬令营里，在培养幸福感知力的夏令营里，小张更能理解爸爸的爱，体谅到妈妈的不堪与脆弱。大一入学前，通过夏令营培训学习到的人生价值观与融入团体生活和团队建设的方法，让小张顺利地在大学校园里找到了自己的位置，当上了大学志愿者协会会长，带着同学、学弟学妹开展志愿者服务。每个周末，她深入贫困山区支教，运用义工班所学知识整合资源。在文明办的资助下，每个周末她到临近山区为贫困的山区小学的孩子们带去新的知识，新的视野。

**自我疗愈练习**

1. 每天照镜子，对镜子的自己微笑，用欣赏的眼光看着镜中的自己，跟自己说我看到你了，我感受到你的感受，感谢你和我一起做义工。

2. 向生你养你的父母说：“对不起！我常常没有理解到你们，为了这个家你们很不容易，辛苦了！谢谢你给了我生命，我爱你！”并且陪他们聊聊他们生命中的第一次。

## 第五节　义工的意义

**【安心小语】**义工服务不是玩乐，不是交友，更不是打发时间，是严肃而认真的工作，是需要用心投入的一项神圣的人生使命。

【案例】

## 2015年福建省寻找“最美家庭”活动——乐善好施“最美家庭”之林东荣家庭事迹

林东荣一家乐善好施、爱岗敬业，深得领导和同事好评，“子女”可以组成一个篮球队和拉拉队。他们秉持“让世界因我而美丽”的家训，用行动践行社会主义核心价值观。八小时内是单位的“业务标兵”，八小时外坚持到孤儿院、社区做志愿者献爱心，传播正能量。

一、十年如一日，慈善路上“全家总动员”

2004年6月以来，林东荣长期陪伴同心儿童院的孩子们，成了那所儿童院的义务课业辅导老师、行政督导。会计专业的妻子也成了儿童院的财务志愿者，负责儿童院每月的账务结算，女儿林乔也成了儿童院最小的志愿者。2008年，林东荣组织成立了翔安同心志愿者服务站，发展志愿者600多名，服务范围遍及翔安区山区海岛；2013年，林东荣参加全国考试，取得社会工作师资格，协助成立了同心社工中心和翔安区志愿者联合会新店社区服务站，开展邻里守望志愿服务。通过“社工带志愿者”服务联动，提升志愿服务影响力，扩大了社会效应，得到了社会的认可，吸引了更多的人加入到志愿服务队伍。从10年前的孤身一人，到如今近千人的志愿者团队，林东荣以小家带动大家做慈善的义举成了当地群众的美谈。许多需要帮助的和想要帮助的人都找到了他，他成了一道爱的桥梁。

二、用爱感化学生，问题孩子成为他的“干儿子、干女儿”

20年来，林东荣历经多所农村中学任教，面对单亲、孤儿和留守儿童，林东荣夫妇经常将这些孩子认作“干儿子”、“干女儿”，带回家里小住，让他们感受正常家庭的温暖。对此，妻子郭美守总是全力支持做好“后勤部长”。十年来，叫过“老爸”的孩子已经记不清有多少了。晓侣是林东荣的“儿子”之一。五年前因为父母离异，就读初二的他成了一名“问题学生”，翘课辍学、沉迷网络、早恋、抽烟等。就这样，林东荣把他“收编”到“儿子”队伍中。五年来，林老师夫妻俩将晓侣视如亲生，每个周末都把他接到家中，用浓浓的亲情感化陪伴，以自身的言行影响带动。如今，高考结束的晓侣被评为“福建省优秀学生干部”，考上了山西太原师范学院。谈及未来的路，晓侣说："我希望将来能带着自己的小家，和干爸一家一起做志愿者，帮助更多的人。"

三、爱岗敬业，帮助别人先从帮助身边的人开始

说起林东荣一家，认识的人纷纷"点赞"，他们对待父母长辈，柔声细语，孝顺有加。2008年9月，林东荣临危受命，调到当时人称"土匪学校"的新圩中学当校长。面对这所管理混乱，辍学率高、单亲贫困特殊家庭多、教学质量差、即将面临兼并的学校，他创造性地将志愿者精神融入学校管理，开办了厦门首家农村初中校园"博爱超市"。他多方募得财物50多万元，资助学生6000多人次；郭美守也是单位的业务骨干、同事间的"知心姐姐"；女儿林乔"青出于蓝而胜于蓝"，组织能力强，经常组织倡议学校同学义捐义卖，多次被评为厦门市"优秀学生干部"。

林东荣夫妇的家是快乐幸福的，因为他们相信必先有快乐的自己，才能将快乐带给别人。

义工活动，在助人的同时，也是自助，使其服务对象的生命活出色彩的同时，义工也可以从中得到思想上的升华，学会与人沟通，关爱他人，也更深刻地领会到生命的意义。

## 一、对社会而言，义工活动具有的积极意义

### （一）传递爱心，传播文明

义工在把关怀带给社会的同时，也传递了爱心，传播了文明。这种"爱心"和"文明"从一个人身上传到另一个人身上，最终会汇聚成一股强大的社会暖流。

### （二）有助于建立和谐社会

义工工作，提供了社交和互相帮助的机会，加强了人与人之间的交往及关怀，减轻彼此间的疏远感，促进社会和谐。

### （三）促进社会进步

社会的进步需要全社会的共同参与和努力。义工工作正是鼓励越来越

多的人参与到服务社会的行列中来，对促进社会进步有一定的积极作用。

## 二、对个人而言，义工活动具有的积极意义

### （一）奉献社会

义工通过参与义工工作，有机会为社会出力，尽一份公民责任和义务。

### （二）丰富生活体验

义工利用闲余时间，参与一些有意义的工作和活动，既可扩大自己的生活圈子，更可亲身体验社会的人和事，加深对社会的认识，这对义工自身的成长和提高是十分有益的。

### （三）提供学习的机会

义工在参与义工工作过程中，除了可以帮助人以外，更可培养自己的组织及领导能力。学习新知识、增强自信心及学会与人相处等。

## 三、对服务对象而言，义工活动具有的积极意义

### （一）接受个人化服务

义工者服务，提供大量的人力资源的同时，更能发挥服务的人性化、个人化及全面化的功能，从而令服务对象受益。

### （二）帮助融入社会，增强归属感

通过义工的服务，能有效地帮助服务对象扩大社交圈子，增强他们对人、对社会的信心，同时，义工者以亲切的关怀和鼓励，帮助服务对象减轻接受服务时的自卑感和疏离感，从而使其建立自尊心和自信心。

### （三）不论个人或社会都可透过参与义务工作而得益及进步

1. 个人

扩大生活圈子，肯定自我价值，学习新技能，得到满足感。

2. 机构

提升员工士气及公司形象，促进团队精神和生产。

3. 社会

帮助有需要的人，为他们带来希望、温暖；并且善用社会资源，加强大众的归属感。

## 四、对义工活动，价值有更深层次的理解

同心义工坚持心灵慈善和文化慈善的理念，对义工活动的价值有更深层次的理解。

### （一）做义工让我们学会自我约束

义工要注意自己的一言一行，自觉地给受助者做一个很好的榜样。如果义工做得好，就能对受助者产生极大的直接影响力，甚至是很大的震撼。我们对这个世界善良的信仰、信念和价值观产生极大的信心光靠嘴说没用，做出来的才能影响别人。我们要把这些善良的信念演绎出来，让大家对慈善，公益服务升起信心。所以，义工们要衣着整洁，语言得体，行为适当；要时刻注意自己的良好形象，也要时刻注意维护义工团队的良好形象。我们是善良的使者，要将爱撒播人间，我们就要爱惜自己的形象和声誉，努力建设我们的形象和声誉。

### （二）做义工是一种修行

做义工要践行善良的信念，用自己的行动促进世界美好；义工的助人活动是锻炼，是考试，是让大家快速提升和转心的地方。每个人的家庭生活习惯不同，个人都认为自己的做法是对的，但是我们是一个组织，是有规则和制度的，在外做义工就要统一听从组织安排，不要执着自己的想法，这是在磨炼我们的个性。

我们义工要有这样的心理准备，真心地做自己力所能及的事，认真地修身养性，提高自己。义工服务活动是修行，更是修心。同样的活，如刷干净厕所，做的时候是开心的、积极地为大家付出，还是不情愿的或是带着嗔心做的，虽然最后做出的结果是一样的，但是未来的果报却大不一样，有时甚至是造业而不自知。真心的付出，一定增福慧。

### （三）做义工能够让我们学会合作

我们义工是一个团队，一个不可分割的整体，有分工但也更要有合作。如同打排球一样，二传手有他的位置，当二传来不及接这个球时，任何位置上的人都要奋不顾身地去救球。可以说是一荣俱荣，一损俱损；一个人赢不算赢，大家赢才是赢。我们要帮助困境中的人，更要义工自己互相帮助和协作，共同进步，共同实现建设美好社会的梦想。我们要敬仰科学，遵守规范，互助合作、齐心协力，将自己锻炼成为一个有组织性、纪律性的人，是我们在义工服务实践中工作的重要意义之一。

### （四）做义工让我们学会沟通

现在，大家更要清晰地认识到沟通在生活、工作中的重要性。义工会面对各种各样的求助，要和求助者有良好的沟通，才能了解求助者的困境和真实需要，才能向求助者提供针对性的服务。为了帮助求助者，义工要和很多人、很多部门进行多种沟通，义工要掌握沟通的艺术。人们陷入困境中，各有多种原因，但是，不善于沟通常常是他们共同的问题。所以义工帮助求助者，不仅要善于将求助者与资源建立联系，也要用自己的实际行动教求助者学会沟通的艺术。义工之间要相互学习、鼓励和帮助，因此义工之间的沟通很重要。新加入的义工要尊重老义工，老义工多关心新义工，可以分享自己成长的心路历程去引导和激励大家。

### （五）做义工让我们不断成长

义工活动开展以来，义工助人的技术进步很快，对于义工的素质要求也就更高了。同心从开始建立义工组织起，一路过来有许多人被淘汰。这里注意：不是别人淘汰这些人，是他们自己淘汰了自己。一列火车上的一个零件坏了，若不想让它影响到整辆火车的运行，自然就需要新的零件替换上。我们就是义工这辆火车上的一个个零件，一直在运作，随时会磨损，会坏掉。如果我们不随时检查自己，不提升自己，快速的转心，就会影响整辆火车的运行。义工们，要经常反省，学习，自我成长和进步，更要珍惜在义工组织里能为他人服务的日子——这样的时日，一生当中是极其有限的。

## （六）做义工让我们形成务实的工作态度

王符的《潜夫论》说："大人不华，君子务实。"讲究实际、实事求是，做人做事都要踏踏实实。检查义工工作以实效——求助者得到了渴求的帮助为准，这就是务实，义工的工作必须务实。义工的工作资源是善良的人们自发自愿地捐献出来的，无论人们的善心还是物资，都是稀缺资源，容不得我们奢华浪费。我们要努力，每一分钱，每一分钟都能产生实际效果。我们必须略去虚名浮华，实事求是。求助者都处在现实的困境中，帮助他们摆脱困境，如同搭救沸水中的婴孩一样刻不容缓立马奏效。我们要立即行动，采取有效的方法，避免清谈空议。义工最好做到少说话、多做事。每一个义工，都被引导着通过自己的实际行动来让这个世界变得更好。遇到不如意、不公平，我们要学会韧性和坚持，不抱怨、不发泄、不诅咒——这些都是妄语。如果遇到了一些工作上的问题，他们会找义工的领导人告解，领导人自会引导他，教诲他，帮助他。我们践行从自己做起的信条，我们践行行动改变一切的信条，务实是我们的基本态度。

## （七）做义工让我们学会彼此尊重

尊重别人其实很不容易，根本的原因在于我们自己总是把自己看得太重，自恋。把义工的工作做好之后，义工会在老师、管理者的主持下抓紧时间总结工作，认真地反省我们的工作和内心。在服务时，内心一直在反复地思量义工的价值理念，都是在克服我们自恋的本性，把我们从狭隘的自我中解放出来。内心开阔了，我们就能容得下别人，就能真心实意地赞赏别人的成功，能诚心诚意地接受别人的建议，能坦率温和地指出别人的不足。我们就能做到彼此尊重。义工之间不能相互地指责。如果看到有义工做不到位的地方，我们不应指责他。他也是助人者，虽力不从心，但其心是善，要尊重他。我们可以去帮助他，或者自己着手去干，只有这样才能感化其他义工，得到他的尊重，大家才能一起让困境中的人得到源源不断、越来越多的帮助。

### （八）做义工让我们养成廉洁、自立的好品性

义工不能收取求助者的报酬甚至馈赠，更不能暗示求助者提供报偿。首先，义工向求助者提供的物质帮助，是善良的人们无偿捐献的，我们义工再捐献自己的劳动，将这批物资送到需要的人手上，这是借花献佛的慈善行为。收取报偿有悖于义工的价值理念，否则，我们就成了倒卖别人的善良，是不道德的。其次，我们是在义工慈善信念指导下工作，将这种慈善信念传播给求助者。求助者感受到的是“义工”这一光辉名义的善意。而不是义工自身的善意。求助者要表达感恩，是要向“义工”这一光辉的名义感恩，而不是向义工组织中的具体某个人。如果我们义工在工作中，希望得到求助者的感恩回报，我们就是贪图了“义工”这一光辉名义的荣耀，有了过强的私心，已经不廉洁了。实际上，求助者和助人者在这个服务过程中都会有很大的收获，我们都应该感恩“义工”善良的信念给了我们引导，让我们各得其所！我们可以断言：一个贪图求助者的感恩和回报的人是不合适做义工的！

义工们除了做义工，还应该有自己的一份获得收入的工作。义工自己生活的来源乃至他的任何需求，都只能从其义工之外的本职工作中努力劳动来获得。我认为，如果一个人不能通过自己的劳动满足自己生活等方面的需要，他实际上是不合适做义工的。做一个义工，首先能够自立。否则，他自己就是一个陷在困境中的人，他尚需要别人的救助，怎么能够在这个时候帮助别人？就像一个人已经掉进井里，怎么可能同时去搭救掉在另一个井里的人呢？他想救别人，自己首先就要先从井里出来！即前文所说：只有自救，才能救人。欲做义工，先能自立。一个人有了自立能力，才能对他继续引导，产生公益心，在以后的助人工作中，经得起各种诱惑，保持义工的良好品行。所以说，自立，是对一个义工基本的要求，我们要都能够做得到，而且始终做得到。

### （九）义工服务是实现美好人间的最切实的行动

歌曲《爱的奉献》唱道：“只要人人都献出一份爱，世界将变成美好人间！”我们相信这是真的。但是，怎么才能实现人人都献出一份爱呢？

我们是幸运的，至少没有衣食之虞，因此我们来爱别人、帮助别人，让那些感受到了我们的爱的人，也加入到我们的队伍中，把爱播种到全世界，让爱在这个世界上遍地开花。因此，我们从自己开始，先停止旁观，停止抱怨，停止指责，行动起来，做义工，爱别人。这样，美好人间终有一天会实现。

我们要对求助者做到真正的关爱，理解他们都是在人生中遇到了这样那样的难题，也都有很重的业障，所以才来求助。当他们的个性和习气表现出来时，我们要多包容，多理解。在他们没有接触义工组织之前，他们可能很自私，只知道想自己，因为没有人去关心他们，他们也不会去关心别人。很多得到义工帮助的人都说，没有想到世上还有这么好的人，还有这么好的组织！人都是可以被感化的，我们就是用我们的真诚和爱去化解他们这颗坚硬的心。

义工相信：人性本善。如果他们没有被感化，是因为我们做得还不够好。助人行动的成功，不仅仅是哪一个义工个人的事，而是我们整体的、彼此成功配合的结果。服务中大家的分工不同，有些义工可能擅长给求助者讲道理，有些义工则需要带着求助者寻找资源，有些义工则要在生活小事当中多关心求助者感化他们，大家需要彼此配合默契。有的义工倦了累了，不愿再在这个组织里了，我们就用暖心智慧的话、积极向上其乐融融的氛围等留住他，让他坚持下来。最终，让所有接触义工的人都能受益，从此对慈善有正确坚定的信仰，而我们做的这些事也就有了真正意义，也为实现美好人间进行了切实的行动。

义工服务实施以来，得到了人们的积极响应，得到了党政领导和社会各界的充分肯定，受到了人民群众的普遍欢迎，产生了良好的社会影响。义工服务正成为新的社会风尚，越来越多的善良的人们加入到义工的行列中，义工组织也不断增多、壮大。

几年来的实践充分说明，义工服务符合时代发展的潮流，符合求助者的需要，符合当代人们的精神追求，蕴藏着巨大的发展潜力，呈现出旺盛的生命力和广阔的发展前景，是发展社会主义文明中一项生机勃勃的事业。它使一些需要帮助的社会成员从义工服务中感受到社会的温暖。在全社会弘扬奉献、友爱、互助、进步的义工价值理念，倡导时代慈善观念，在社会主义精神文明建设中，义工服务有积极的推动作用，已经成为新时期群众性精神文明创建活动的有效途径。义工服务以扶贫济困为主题，以社会困难群体为主要扶助对象，通过义工服务方式为陷入困境中的人们提供实实在在的帮助，为我国多层次社会保障体系的建立作出了积极的贡献。义工服务为人们在践行自己的慈善理念提供了广阔的舞台，开辟了现实的途径，体现了慈善组织在实践中教育民众的宗旨，成为新时期加强人们思想品德教育的重要载体。义工服务适应人们自主意识、参与意识日益增强的特点，组织和引导人们以义工服务的方式促进社会发展，调动了人们的内在善念，已经成为动员和组织广大民众的有效手段。义工服务与国际慈善事业接轨，受到国际慈善人士的普遍好评，在国际上树立了当代中国人民的良好形象。

义工服务事业，目前虽然取得了较大发展，但仍处于发展的初级阶段，运行中存在一些实际困难。特别是在长期项目的资金保障方面，需要社会各界的支持，需要政府政策和资金扶持。另外，我们还要进一步加大对义工服务的宣传力度，在全社会形成参与义工服务光荣的道德风尚，感召更多的人投身义工服务的行动中，推动慈善事业获得更大的发展。

### ★ 互动分享环节

**分组讨论——义工在各部分的意义**

C 服务对象（义工对服务对象的意义）

O 机构（义工的参与对机构的好处）

R 资源（人力资源、物力资源、财力资源、文献资源、组织资源）：现在的义工服务需要哪些资源、已有哪些资源、尚缺哪些资源，如何取得这些资源，对这些资源提供者有什么意义

P 伙伴（列出参与义工服务会为自己带来 3 个最大的收获）

S 服务（义工的参与对提升服务品质的重要性也就是对社会的意义）

冥想疗愈体验

**冥想引导——树欲静而风不止**

1. 让我们闭上眼睛想象你的父母就站在你的面前，请你闭着眼睛用你的慧眼看着他们的眼睛，向他们深深的鞠躬。

“亲爱的爸爸妈妈，我看到你们了，谢谢你们给了我生命，我臣服于你们的命运。”

“亲爱的爸爸妈妈，我爱你们，此刻我鞠躬弯腰的疼痛比起妈妈怀胎10月的痛楚算得了什么！我把大人的责任交还给大人，我臣服于你们的命运，我把你们的责任交还给你们，我把你们的责任交还给你们。我拿回属于我的责任，我拿回属于我的责任，我拿回属于我的责任！亲爱的爸爸妈妈，我已经长大了，我是个成年人，我可以为自己负责。我放下所有未满足的期待，为自己负责。我放下所有未满足的期待，以成年人的视角，为自己负责；我放下未满足的期待，以成年人的视角，为自己负责！我是个成年人，请你们放心，我会接受你们的爱，我会把你们的爱传下去！我爱你们，我爱你们，我爱你们!”

深呼吸，慢慢地直起腰来，用你舒服的方式慢慢睁开眼睛。

**【安心小语】** 子欲养而亲不待，义工只有照顾好自己，照顾好家人，才能真正做好一名义工。

2. 现在请再次闭上眼睛，想象那个和你一起生活的对方就站在你的面前，向他/她深深地鞠躬，说：“谢谢你，谢谢你走进我的生命，谢谢你。对不起，在相处的日子里，有意无意不知不觉地伤害了你，请你原谅我。谢谢你，我爱你。”

3. 学会看到自己的身体，身体很疲倦是因为我们忽略了它。我们不曾感谢过我们的心、肝、脾、胃，只有肝脏痛了，才知道自己的肝存在。我们要经常看到自己的身体，经常给它感谢和鼓励。把手按在自己的心上，闭上眼睛，深深的体验自己的心跳，跟自己说：“亲爱的自己，对不起，这么多年来日夜不停地为我工作，我却总是没有留意到你。对不起，谢谢你，我看到你了，我感受到你了。谢谢你，我爱你。”

### ★ 互动分享环节

讨论一：义工服务有哪些常见误区

等我有钱了，一定开始好好做慈善。

等我有时间了，就开始做慈善。

等我有状态了，一定做慈善。

我这人极内向，不善于和人相处所以……

我不知道自己行不行……

结论：有愿就有力，义工不仅仅只是有钱出钱有力出力，还可以做……

无论男女老幼都可以参与，身体行动起来感觉自然就跟上来。纯粹的思考和想啊想，改变不了这个世界，唯一改变的就是让自己变老。行动越多，执行力就越得到论证，“做中学，学中做，做中觉”。

讨论二：你要如何克服上述误区

物力：挖掘每个家庭、企业可循环利用的物品资源，让它们流通起来。

智力：医学、心理学、文字、摄影……

人脉：热心人、爱心人、关键人……

渠道：交通、新闻、场地……

我们不需要每过一条河就造一艘船，搭船渡河更有效率。

**参考文献：**

[1] 谭建光，李森. 中国义工服务指南.

[2] 李玉亮主编. 义工管理实务. 中国社会出版社，2011.

[3] 陆士桢. 从志愿服务发展历史看志愿者服务制度化、法制化建设. 中国社会工作联合会，2015.

# 第三章　义工服务

**【安心小语】**真正的感恩不是感恩戴德地把自己奉献给对方来回报对方的好，而是看到对方为自己生命所带来的成长，把这份看到的感动放在心里变成力量，让自己也去成就另一个生命的成长。

**【引　言】**随着我国改革开放的深入发展，社会经济和人民生活水平不断提高，人们在满足了基本生活需求后，会将把实现人生价值当成满足个体需求的更高目标。近年来，社会各界人士参与义工服务的现象已经十分普遍，不论是自发的还是依法注册登记的义工组织和志愿服务组织，都成为社会管理与公共服务的主要形式和重要组成部分之一，不可或缺且已深入人心。

**【学习目标】**本章主要是掌握义工服务理念、服务原则、服务目标、服务范畴和服务技巧等义工参与服务的基本要素。通过学习了解义工参与服务首先需要秉承服务理念，并掌握一系列义工服务的基本技巧等。

## 第一节　服务理念

**【安心小语】**居高临下的助人不是真正的慈善之道，只有慈悲、感恩、包容、尊重他人，以同情心、欢喜心心甘情愿地付出，助人为己达到内心的平和、安宁、喜悦，这才是真正的慈善之道。

**【案例】**

**一个拥抱创造奇迹的女子自称最美丽生命从癌症开始**

**【个人名片】**林贞，1987 年分配到厦门电业局，在一线生产班组工作，

8 年后调到办公室工作，从事接待、管理工作 10 年。工作上兢兢业业，任劳任怨，获得了领导和同事的好评。4 年前的患癌病症使她重新认识自己，也因此心灵顿悟：人生的意义在于勇敢面对各种挫折和困难，在于饱览人生旅途上的无限风光。

她由一名癌友成为一名义工，现在最大的心愿是能够做更多有利于自己、有利于社会的事情，有能力去帮助需要帮助的人。

**【他人评述】**她是女儿眼中的好妈妈，同事眼中的慈善人，更是同心慈善会志工眼中的优秀义工。一听到“林贞”这个名字，脑海里立即跳出那个脸上笑得像开了花似的都市知性女子，爽朗、自信又谦和。与之交往，如沐春风。

只要有问题请她帮忙，她可以帮上忙的，一定给你很肯定的答复；答应后，一定很努力地去帮你办事。交给她的事，都让人很放心。就算帮不上忙，她也会很体贴地安慰你。她是任何时候都愿意和你站在一起面对人生风雨、不离不弃的知己，令人很感动。

没有人能想象她曾是一个癌症患者。她总在笑。她比同龄的女人更年轻秀丽，一身连衣裙，纤腰挺拔，亭亭玉立。

如果癌症是一个魔鬼，这魔鬼永远都无法理解，4 年前，这个绝望哭泣的女人是怎么逃出它的魔掌的。“出逃”的时候，她带着二次化疗后的光头，带着 10 个发黑的指尖，还带着一个奇异拥抱后留下的路标和希望。

林贞说，我对老天的安排充满感激。它给了我癌症，又给了我健康，并让我充满能量，活得更自信、更庄严。回到内心，相信爱。

**被病魔的利爪攫在手里，她感受到了刻骨的无奈、恐惧与绝望**

这是一个生活富足、脾气急躁的职业女性。2006 年春节刚过，她突然发现自己内衣里出现咖啡色。次日沐浴，换下的内衣上再度出现了可疑的颜色。几天后，医院的穿刺和钼钯检查，揭示了恶魔的入侵：疑似乳腺癌。

全完了！这个叫林贞的女人，感到了自己浑身冰寒的死亡温度。她麻木地回到家，神志瘫痪了，彻夜失眠了：还能活几天?

朋友同事知道这个坏消息，都来宽慰她鼓励她。大家说，不要紧，有人都治好了，这没有什么。林贞漠然地听。事后她说，不是亲历者，没有被病魔的利爪攫在手里的人，对那种刻骨的无奈、恐惧与绝望，永远隔着一层。她说，你们是在动物园看到老虎，而我是一个人在山上遇到。当死亡临近时才感觉人原来是多么渺小和微不足道。

她第一次怀疑“勇敢”这词是人类编出来的。

**老太的一个拥抱，令她忍不住号啕大哭。从此，一颗灵性而敏感的心，开启了新的航道**

手术很顺利。单位的领导同事、亲朋好友在第一时间到医院看望她，给她很大的安慰。术后第三天，她在阳台上看书。旁边一位女人竟然和她看同样的书：《身心灵100问》。但比这本书更有力量的，是这位癌友。

这位女人在看护她晚期肝癌的父亲。1999年送走得了肝癌的丈夫不久，她自己又得了乳腺癌。但是，这位叫黄妙璇的女人，依然坚强健康地活着。她对生命的达观镇定，震撼了林贞：我一个乳腺癌就哭得乱七八糟，她接连承受常人难以想象的灾难，怎么能够不掉一滴眼泪？

黄妙璇是同心癌友关怀部部长。

几天后，6名同心癌友关怀部的志愿者来到病房。这个隶属同心慈善会的机构，大都是从生命沧桑中走过来的人。他们来看望黄妙璇的父亲。听说了林贞，一行人就到隔壁来看她。林贞说，一位七十多岁、满头白发的老太，看到我，什么话都没有说，走过来给了我一个长长的拥抱。不是礼节性的，和丈夫亲人的拥抱也完全不同，我感受着她的温暖和力量，眼泪顿时涌了出来。我忍不住号啕大哭，根本止不住。她轻轻拍着我的背。我尽情地哭，她起码抱了我5分钟，我就在她怀里哭了那么久。医生刚好经过那里，之后，医生问我，我说，我也不认识她。医生说，不认识，你怎么哭成那样？

林贞也说不清楚。回忆中，她眼睛湿润。她说：“那个有力的拥抱，传递的是无需语言的、最强烈的人间大爱。我绝望无助的心感受到了，所以无法克制。”

面对病痛，世人习惯依靠以医疗知识手段为代表的医生，和病魔作战。战争的输赢，由医生的能力、投入，以及疾病的难易度决定。但技术发达的人类，日益忽略了生命自身的能量。我们本来可以靠自己，可以和医生并肩作战，但是，我们忘记心灵，忘记了生命内在的强大。

拥抱林贞的老太，是家住厦门大学的陈超真老师。她30年前得了甲状腺癌，后来还发现了肿瘤。但是，依靠同心癌友关怀部的助力，她摆脱了癌症，成为了绝望者的救援人。她的一个拥抱，给一颗灵性而敏感的心，开启了新的航道。

**每天一小时旋转瑜伽，开始，她在瑜伽中眩晕、呕吐；后来，越转越轻盈。“现在，我让身边的人舒适。”**

林贞来到陈超真老师邀请她去的地方——同心癌友关怀部。它在瑞景新村，一位师兄个人出资租下的场所，给癌友们锻炼。从此，林贞拥有一个心灵的家园。

同心癌友关怀部进出的都是癌症、抑郁等健康受损的人，以及从疾病走出来的热忱志愿者们。大家一起做“心灵瑜伽”，在老师的帮助下旋转，一起开启内心的力量。在一次分享活动中，在大家的鼓励下，林贞第一次在公众面前摘掉了帽子，露出了自己的光头。她终于敢面对镜子里真实的自己了。

她天天去瑞景新村，每天一小时旋转瑜伽，每天和不同的病人分享。开始，她在瑜伽中眩晕、呕吐；后来，越转越轻盈。她觉得自己的垃圾废气在排出体外。期间，有的晚期病人离去了，但他们自我拯救的信念依然激励大家。她相信她身体的自我修复力量在启动、在发展。而内心的恐惧，日益为喜悦、宁静和信心所占据。

3个月后，林贞去上班了；半年过去了，她的身体越来越好。“恶疾，让我重新审察自己的人生。”林贞说，“我原来脾气太坏了，家里人都因此紧张。现在，我感受着宽容、不嗔恨的宁静，越来越感受爱的喜悦。我不再苛求女儿，我给她的是肯定和鼓励，是所有的正面信息。我让身边的人舒适，他们说，我变了一个人。”

“狂性自歇，歇即菩提。”林贞从内到外，感觉着生命的纯净和力量，感恩着亲人、朋友、同事的美好。2006年年底，在一场年度慈善晚会上，她勇敢地走上舞台，翩翩起舞。当主持人告诉观众，她是一名癌症患者时，台下掌声雷动。

**从那里出去的人，无论逢生面死，都有了对生命不同程度的从容和淡定，有了比普通胸怀更多的宽容、感恩和爱**

“爱成就了我的新生命，我必须把爱传递。”像当初陈超真老师那样，林贞也走近医院的病人，走向癌症患者的家庭。哪里有需要，她就去哪里。

有位医学专家给她的印象最深。那位了不起的专家，因为医术高超，拯救过许多癌症病人。后来，他被发现得了晚期癌症，很多病人为他难过惋惜。医生的朋友知道林贞不寻常的经历后，辗转找到她，请求她去看望那位专家朋友。林贞记得，那是2007年的夏天，她一边往他家而去，一边忐忑不安地想：他能听我的吗？人家是医学专家啊。

一进门，他的妻子流着泪水迎接她，而那位盛名在外的医生，神情憔悴地半躺在沙滩椅上。林贞熟悉这个被化疗“收拾”过的神形，她的心充满怜悯和爱惜。她坐在他的身边，一点一点地告诉他自己的经历。当她讲到癌友关怀部的“脊椎旋转”时，那位专家站了起来，当场要跟林贞学。

林贞说，可见他求生的欲望还是很强烈。但是，非常遗憾，他最终没有践诺，一次也没有到同心癌友关怀部来。这位医生也许习惯了相信现代医学技术。很多人永远都不会去正视自己内心的力量，去呼唤人与自然和谐的生命的本来律动。林贞记得他妻子送别她时，充满希望地央求她：小林，你一定要经常来看看我们！这是女人的直觉，她感受到了新生命的召唤。可是，当事人还是一次次错过了。

并非到了同心癌友关怀部，就个个都是癌症赢家。林贞也送别了多个朋友。但有一点，从那里出去的人，无论逢生面死，都有了对生命不同程度的从容和淡定，削弱或消除了对死的恐惧。他们明白了：即使肉体消损，他们的心仍然自在、解脱、愉悦，充满生命力。他们有了更多的宽容、感恩和爱。

林贞说，我因病入道，因祸得福。我对老天的安排充满感激。它给了我癌症，又给了我健康，并让我充满能量，活得更自信、更庄严。回到内心，相信爱。我知道老天的用意，我会把这个健康美好的信念一直传递下去。

## 一、注重发挥人的潜能

世界上的每一个人都有自己的弱点，都不能够完全凭自身的力量来满足自己的需要，我们每个人都需要别人的帮助。然而，每一个人又都有自己的潜力，都可能有过人之处。只要我们能够发现和挖掘这种潜力，就能够弥补我们的弱点，走出困境，最终实现自我。对每个人承认其缺陷，发现其优点，是义工最基本的客观态度。我们要相信：一个人之所以会陷入困境，就是因为它的潜能没有得到最大的发挥，由于某种原因被压抑。

我们的工作方向就是和求助者一起挖掘它的潜能，激发他的潜能，让他重获自信，最终走上自我发展的道路。无论目前一个人面临着多复杂的困境，我们都不要否认他的优点和潜能。我们始终要抱着一种希望去开展工作，绝对不能有悲观放弃的想法。作为义工，首先要有充满光和热的观念，才能成为一个给予别人光和热的人。只有这样，义工才能够给求助者正向的力量，让他感受激励的阳光。

## 二、注重引导实现价值

人有提升自身意义和价值的本性，这种追求贯穿个人的一生。人本心理学认为，人有对自己的行为、生活等赋予意义的能力。这种赋予意义的能力，并能促使人采取切实的行动去实现，让人们感受到自己是一个积极、自主的主体。如果人们赋予意义或者实现意义的行动受阻，就会有挫折感、缺乏目标、无力和疲惫，从而最终陷入一个不可自拔的困境。所以，义工要相信，在生活、工作中，即使表现最差的人，其内心深处都有努力做好的愿望，只不过这种愿望经历了太多的打击，使得他不得不将自己的这种愿望进行掩饰，甚至有时候表现出一种倔强的放弃。

义工须秉持每个人都有向善的愿望，每个人都在为向善进行各种各样努力的信念。义工要感受到这种愿望和努力，承认这种愿望和努力，坚定、乐观地站在他们身边，陪伴他们、声援他们、支持他们。也许，是因为自尊心或虚荣心，在内心深处我们常常希望得到别人的认可，外界的评价成为我们努力的一种动力。人们多数的行为，表现为展示给别人看的。这本无可厚非。作为义工，我们要理解人的这种努力，帮助和引导人们向更善的方向前进。

## 三、注重全人理念

从全人的定义来看，人不仅有生理需求，还有心理需求、社会需求和灵性需求。人的健康，不仅单指生理健康，还包括人在心理层面及社会层面的健康。人是生理、心理和社会三个方面协调统一的整体，是过去、现在和将来的统一体。

一个人的独特和与众不同之处，在于它的本质是全面性的，也就是说人的身体、心智以及精神有可能透过共同协力而融合出更大的力量；在于他能够将过去、现在和将来融为一体，这样的融合让人在面对问题的时候进行有效的权衡。“身体—心智—精神”三种力量所组成的圆融状态便是社会的缩影，过去—现在—未来的“我”相互参照，做出对自己的判断，是一个人自己所理解的存在的实质。

在全人理念看来，心理学史上出现的精神分析心理学、认知心理学、行为心理学、人本主义心理学等，都只是看到人的某一方面进行研究得出的观点，无论它多么深刻，都没有看到人心理的全部。学习心理学的人，甚至对某种心理学理论研究非常深的人，往往从心理学的某一个理论出发来分析人的心理问题，最终作出解决心理问题的方法。有的心理工作者，采用某种治疗模式对人进行心理治疗，这都是有很大风险的。

全人理念相信，就像我们用放大镜去观察一种植物的叶片，无论你看得多么仔细，得到多么惊人的发现，都不代表你认识了整个植物。研究人的心理和利用心理学知识对人开展工作是完全不同的两码事，研究人的心理我们可以有各个不同的角度，利用心理学知识对人开展工作一定要采取全人理念。就像研究植物我们可以有各个不同的角度，但是当我们判断这株植物有什么问题以及采用什么方法去处理问题的时候，我们心中一定要有整株植物。所以全人理念警告自以为是的科学工作者的心理工作者们——无论他是从动力心理学还是从行为心理学等出发，都不能真正地理解求助者。全人理念告诫我们，要对理论怀有敬畏之心，慎重地使用理论。那种掌握了一种理论和模式就一直拿它去“工作”的人是肤浅的，也是不负责任的。

受全人理念的启发，义工应该是善于通心的人，不但通自己的心，通他人的心，还通天地之心。他善于站在对方的角度感受对方的情绪和状态：无论对方有怎样的情绪和状态都先承接了再说，相信没有不能相通的地方，如果暂时没通，等一下兴许瞬间就通了；同时清醒地保持自己的状态和立场：在沟通时内省自己，如果没有通路那便是自己哪里还没有打开，要进一步走自我觉察之路；能以对方接受的方式来达成彼此的沟通：不止听见还要看见对方表情，不止看见，内心还要感受得到，不止有感受还要被感动。我们在助人的时候，一定不要将人破解开来，从一个方面去认识他。否则，我们就不能提供真正的帮助。

## 四、注重当下状态

一个人目前所呈现的状态，是他对其所生活的环境适应程度的结果显现，也是他当前面对生活处遇能采取的最佳方式。在生活中，经常有人觉得别人活得很痛苦，可是，当别人告诉他其实自己不痛苦的时候，这个人始终不能理解和接受。一个人是自己感受的最佳诠释者，老是觉得别人生活得很痛苦的人，不仅因为他不善于理解别人，更糟糕的是他内心存在着绝对主义的观念：人们应该拥有同样的道德、遵循同样的价值观念，过同样的“幸福生活”。一旦成为一个绝对主义者，人就缺乏对别人的基本理解，对别人的帮助也成为对别人的粗暴干涉，给别人增加了痛苦。

理解求助者需要我们接受一个基本的观念：在我们看来无论求助者的生活方式多么的痛苦，就他目前的资源已经是让他最快乐的方式了。求助者的方式，是他对目前环境的一种适应，而不是不适应。义工帮助求助者，要首先认识到这种适应，认识到目前的方式对求助者具有正向的功能。义工不能粗暴地把求助者从当前的状态中“解放”出来。所以，义工不能不顾及求助者的感受而提供强迫式服务。当求助者来求助，我们应当看到求助者的需求，同时也应当看到求助者对环境的依赖。我们还要从求助者的求助行为看到，求助者有非常强的自我调整能力，这是义工可以充分利用的求助者的潜力。义工帮助求助者，最终目的是增强求助者的适应性，所以义工还要从求助者的求助行为中看到求助者的适应困难，提供有效的帮助。

## 五、注重义工自我价值

义工是在做慈善，但更是一份工作。义工精神是全人类共同的宝贵财富，是基于人们的道德和良知，为他人和社会提供服务的一种奉献精神。对个人而言，这是一种身份的象征，是一种具有高尚人格的社会角色。对社会而言，它不仅是文明爱心的播种者，更是和谐社会的润滑剂。义工在慈善理念的驱动下，向需要的人提供各种帮助服务。无论是服务的资源，还是服务的方式，都具有强烈的慈善色彩。慈善组织的行为有很大的优势，就是无论人们的慈善行为是为了赎罪也好，求福报也好，都是行善者发自内心的行为，所以慈善行为的组织管理成本很低。但是慈善行为有先天的缺陷：人们是在各种行善的情感驱动下行为的，太强的情感性因素参与，让慈善行为有太强的不确定性；慈善行为是在行善者有爱的需要才有行为，不是困境中的人们有被帮助的需要才有行为。

义工组织不是一般意义上的慈善行为，而是有组织、有工作纪律和规范的。义工的工作也是有任务要求和考核指标的。国家制定了对义工及其组织进行管理的相关规定，明确了义工的权利和义务。从总体趋势来看，义工开始逐渐地脱离个人行为，走向规范化。做义工的人，虽然都是在本职工作之余来参与义工活动，但是他们仍是在参与社会工作。因此，义工服务不仅是一种慈善情怀，更是一份需要有责任心的工作。既然是一份工作，从业者就要接受相关的训练，有比较明确的工作任务，接受规范的工作考核，在工作中遵循职业操守和职业伦理道德。所有做义工的人，都应有这个理念。只有坚持义工是一份工作的理念，我们才能够最终摆脱慈善的不确定性，获得慈善事业的高效率。

认为义务工作是慈善为怀、乐善好施的表现，把义工工作看成一种单方面的施予；或者认为义务工作只是为了减轻专职人员的工作负担，把义工工作现为“廉价劳动力”；甚至认为只有那些不愁衣食及有大量空余时间的人，才有资格或才会参加义务工作。这些观念都是片面的，甚至是对义工工作的误解。

## 六、注重运用“同理心”

义工正在从“救助”走向“休戚与共”。传统的义工在慈善行动中，在地位上或多或少都有些优势，从而使得义工工作有丰富自上而下的给予意味。在工作过程中，义工很少考虑求助者的真实感受，而是更在意自己爱的欲望有没有得到满足。在多半情况下，求助者的需要是被义工定义了的，求助者在义工工作中是被动地反应，而不是积极主动地参与。传统的义工工作更多的是单方面的给予救助。现在义工理念认为，义工的助人工作，是义工和求助者共同工作，休戚与共，最终实现求助者摆脱困境的过程。在这样的工作过程中，义工要和求助者进行充分的沟通，不仅义工要向求助者表达义工的帮助愿望，也让求助者对义工所能提供的帮助有足够的了解。义工也要倾听求助者的诉求，对求助者的愿望全面把握，深刻认识求助者的困境，积极发现求助者拥有的资源和潜力。我们虽然强调义工和求助者的友谊关系由于帮助工作的完成，但是义工和求助者之间应该是工作关系，义工和求助者要达成合作的协议，就帮助的所有事项达成共识。

在帮助行动中，义工和求助者是平等的，双方有着共同的目标和利益，义工帮助求助者摆脱困境，求助者帮助义工完成工作。很多求助者的努力之所以不能奏效，是因为他不能置身事外客观冷静地看待自己的困境。义工首先要将求助者在自我意识上从困境中解放出来。在工作中，义工要对求助者进行教育，令求助者认识清楚其困境是义工和求助者共同的敌人，引导求助者能够反观自身，跳出事外看清楚自己的困境，从而激发求助者的积极性、主动性，与义工携手一致，共同战斗困难。义工和求助者不再是简单的救助关系，而是统一战线的战友共同面对困境，两者休戚与共，所以应该充分做到信息共享、密切合作。

## 七、注重对象增能

义工要通过自己的工作，实现求助者的增权。一个人陷入困境，有其自身的原因。所以，义工要引导、培养求助者具备为自己负责的意识和能力。但也无可否认，许多结构性的因素也会导致人们陷入困境。陷入困境中的人，多半是不能够在这些结构的因素中寻找到资源的人。求助者陷入困境，是因为求助者的权利被有意无意地剥夺了。就求助者自身的能力，他无法改变这种被剥夺的现状，求助者需要更为专业的帮助。所以，义工要通过自己的工作，提高人们在结构性因素中寻找资源的能力，我们把类似的工作叫作增权。这时候，义工要和求助者一起采取切实的行动，向全社会呼吁，得到社会的同情和理解。义工还要和求助者依靠各种组织，采取多种形式，向有关部门发出信息，寻求制度的改变。义工所作的这一切，就是要增强求助者合法的权力，使求助者能够行使制度和规定的权力，消除结构性困境。严格意义上讲，义工并不是一个寻求社会变革的人，更不是一个寻求革命的人，而是一个能够充分应用制度框架内资源的人。为了能够发掘和使用制度框架内资源来帮助求助者，义工要努力地丰富自己在政治、经济、法律、政策等方面的知识，丰富自己在组织、策划、宣传、行动等方面的技巧。

关于义工的正确理解还有，每个人都有参与社会事务的权利和促及社会进步的能力，每个人都有促进社会繁荣进步的义务公民责任。参与义务工作是表达这种“权利”及“义务”的积极和有效的形式。义工在服务他人、服务社会的同时，自身也得到提高、完善或发展，精神和心灵得到满足。因此，参与义务工作既是“助人”，亦是“自助”，亦是“乐人”，同时也“乐己”。参与义务工作，既是在帮助他人，服务社会，同时也是在传递爱心和传播文明。义工义务服务个人化、人性化的特征，可以有效地拉进人与人之间的心灵距离，减少疏远感，对缓解社会矛盾、促进社会稳定有一定的积极作用。这些理解也有助于义工的开展。

### ★ 互动分享环节

游戏：请每组派出一个代表，轮流头顶课本，完成以下流程，并尽量展示自己最美的仪态：

走——从台下走到讲台前（约 4 米）；

站——转身面向全体同学站好；

蹲——蹲下拾起地上的小玩具；

笑——拿到玩具后，站好微笑展示给同学看；

坐——展示后，走到不远处的椅子上坐下。

评一评：台下的同学评论谁的仪态最美 ，并总结出评价的标准是什么。

Tips：看起来像个领袖。

一个人的形象非常重要，政治家好比义工，也是如此。到底什么样的义工形象是最好的呢？

动作方面；

语言方面；

着装方面。

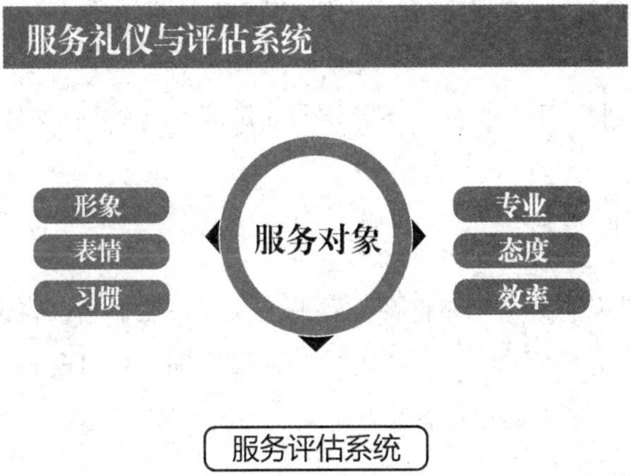


## 整体形象

1. 望

整洁、品位、热诚、主动；

着装、发型、表情、状态。

一个人长得丑并不可怕，可怕的是一个人有了丑态。

2. 闻

聆听、关注语音语调语速的细节及其所带来的情绪。

3. 问

尊重为先，“请”字当头。

4. 切

“慈 + 善”，自重得体。

## 仪表

1. 男义工

短发，清洁、整齐，不要太新潮；

精神饱满，面带微笑；

每天刮胡须，饭后洁牙。

2. 女义工

发型文雅、庄重，梳理整齐，长发要用发夹夹好，不扎马尾巴；

不化浓妆，面带微笑；

指甲不宜过长，并保持清洁。涂指甲油时须自然色。

3. 服装

上着义工服，下着长裤（不穿裙子或短裤），脚穿平底无声鞋。

### 仪态

1. 站姿

抬头，目视前方；挺胸直腰，肩平，双臂自然下垂；收腹，双腿并拢直立，脚尖分呈V字形，身体重心放到两脚中间。也可两脚分开，比肩略窄，双手合起，放在腹前或背后。

2. 坐姿

轻轻入座，至少坐满椅子的2/3，后背轻靠椅背，双膝自然并拢（男义工可略分开）。对坐谈话时，身体稍向前倾，表示尊重和谦虚。如果长时间端坐，可将两腿交叉重叠，但要注意将腿向回收。

3. 微笑

微笑是一种国际礼仪，能充分体现一个人的热情、修养和魅力。在面对服务对象、义工同仁时，要养成微笑的好习惯。

4. 出行

所有义工出行时排成两列，两两对齐，保持安静，不勾肩搭背，不嬉戏打闹。

## 第二节　服务原则

**【安心小语】**为了让社会更加美好、为了让自己的人生更有意义，来到同心，在服务中守护自己最初这念简单的发心，就是在点亮心灯照亮人生路。

【案例】

## 专职志工被“震”成爱心企业家

孙普惠带领的团队，正在用“云”技术助慈善阳光透明化。

**慈善梦**

孙普惠说：“我在做两件事，一是帮同心慈善会筹集行政办公经费，二是用‘云’技术为同心开发一套阳光透明的慈善软件。”

“如果厦门蓝天救援队队长水草是被‘震’进义工队伍的，那我就是被‘震’出慈善机构的！”孙普惠讲述这个比喻时满脸笑容。这位一直崇尚快乐慈善的男子，现在是厦门邑通软件科技有限公司董事长，但他还兼着同心慈善会副会长这个义务职位。

**因地震萌生创业念头**

“心急如焚！”孙普惠这样形容5年前那场大地震发生后的心情。当时，他是同心慈善基金会秘书长，是一名专职志工。

为了帮助灾区，孙普惠和2000多名同心义工走上大街小巷徒步募捐。3天时间，70多万元善款，这个纪录，在福建民间慈善机构募款史上都可以留下名次。

有了爱心款，孙普惠受同心委托，跟本报特派记者一起马上动身赶赴灾区。余震的危险和救灾的艰辛，孙普惠如今都不记得了，但他记着两位局长的话。

当地一个县的财政局局长和教育局局长对孙普惠说，希望有人能援建一所小学。孙普惠被告知，援建费用需要500万元至1000万元。“到了满目疮痍的灾区，我被深深地震撼了。在灾难面前，我们所募集的资金实在太渺小了，我整合社会资源的力量也太渺小了。”从那时候起，孙普惠便萌生了一个念头：要再次创业。

“假如身无分文的我去跟别人募1000万元爱心款，人家可能会怀疑我的能力和信用。但如果我是一名有一定经济实力的企业家，再去做大的慈善项目时，别人更容易信任我。”孙普惠说。

后来，同心慈善会换了秘书长，厦门商界多了一家公司———厦门邑通软件科技有限公司。

**帮慈善会筹集办公经费**

创业过程中，孙普惠一直没有忘记慈善梦。“我在做两件事，一是帮同心慈善会筹集行政办公经费，二是用‘云’技术为同心开发一套阳光透明的慈善软件。”采访中，孙普惠不愿意太多谈论他的企业，更多的是讲述他的慈善计划。

因为曾是同心专职志工，所以孙普惠深知专职志工的艰难，他在创业初成后，便着手募集同心行政办公经费。“我希望志工和义工们，能把更多精力投入到爱心项目执行中，而不要为行政办公经费的短缺而奔波。”孙普惠说，他于2006年就暗暗发过誓：这辈子活着，一定要做有益贫苦人的事。所以，当自己的企业慢慢产生效益时，这位本科学计算机专业、研究生学法律的男子，一直没有离开过慈善行业。

**“云”技术助慈善透明**

孙普惠还抽调了3名优秀的软件工程师组成团队，以当下最前端的“云”技术，义务为同心慈善会开发一套阳光透明的慈善软件。“简单地说，就是通过互联网，在需要资助者、慈善机构、志愿者、爱心人士之间，搭起一个阳光透明的网络平台。”孙普惠说，这套软件今年8月有望投用。而在日前举行的福建省“慈善走向现代化”圆桌会上，全国众多知名慈善人士都对这套软件的投用充满了期待。

谈及创业规划，孙普惠说，目前对自己领域的市场已做得比较扎实，产品和团队都比较成熟。也只有这样，孙普惠才能有更多时间做义工。其实，他的人生规划中，还有一个专职慈善梦：就是到2016年35岁时，再次专职做慈善。

“我会用剩下的几年时间，把企业打理好，到时就交给职业经理人或上市经营，然后全面退出管理岗位，专职做慈善。”孙普惠说。

**内心是一面镜子**

爱默生说，人们只看到他们想看到的东西。心理学认为，我们对外部世界认知产生的结果，其实是我们内在的观念对外投射的结果。我们对事物持什么样的看法，影响甚至决定我们对事物所采取的方式。我们常猜测别人接下来的动作或想法，这些多是基于自己的认知和想法。换句话说，推己及人，其实就是投射作用。然而，我们常常不分好坏就胡乱投射一通。随之而至的则是，我们把投射出来的自己保持在这个人身上。于是，我们所看到的、所接触到的这个人就会一直是我们所希望的那样（因为我们确实希望他是那样）。

社会心理学里也有一个类似的观点：你对别人什么态度，别人就会对你什么态度。就像台湾身心灵作家张德芬说的：外面没有别人，只有自己。心理学的概念叫作自我实现的预言。先是自我的预言，通过一系列相互的心理作用，这个预言最终实现成为现实。所以，如果我们要改变我们对待世界的方法，首先要检查和修正我们的内心观念。

义工服务工作是在我们这个世界上建设美丽和善良，在义工的内心世界里，必须有美丽和善良的观念。当抱有这类观念时，义工才能够将这些观点成功地投射到社会上，产生一系列良性反应，最终，在这个世界上建设美丽和善良。

## 一、自愿参与

自愿参加义工组织和义工服务。义工等各种慈善组织都在努力地向全社会进行慈善宣传，在全社会成功建立了慈善行为的道德观念。很多人心存善念，渴望为社会奉献，为有需要的人提供力所能及的帮助，在慈善道德的感召下，参加了义工组织。他们是自愿地参加义工组织，在义工的助人服务活动中，找到了自己的价值所在，内心感到快乐无比。也有一些人，本身并没有参加义工组织去帮助别人的愿望，但是他们知道，帮助别人是高尚的、符合道德需要的，他们就隐瞒自己的真实想法，在道德压力下参与义工组织。这些人并不是自愿参加义工组织的，在义工活动中不是真心付出，有的时候仅仅是做一个样子给别人看。有时候他们还一边做义工，一边对义工行为和组织表达不满，伤害了别的义工的情感，损坏了义工组织的荣誉。

很多人进入义工组织，参加了义工服务以后才慢慢理解，做义工不仅要求善意，还要有精力和物质的付出，是有代价的，所以他开始动摇了。只有真的认同才能在以后的工作中尽心尽力并且感到快乐，在面对压力的时候坚定地支撑过去。

人们的同一种行为下面的动机可能有很大的差距，义工行为也是如此。有的人是发自一颗善心，希望为社会的美丽和谐贡献自己一份绵薄之力。而有的人参加义工组织，可能是为了给自己捞一些资本，得到各种虚荣，总而言之，他们不是出于慈善考虑而参与义工组织的。真心为了慈善而加入义工组织的人，他们在助人工作中忠于自己的职责，帮助了有需求的人，将爱心洒向人间。而出为其他考虑进入义工组织的人，在义工组织里争权夺利、搬弄是非，不仅破坏了义工组织内部的和谐，搞得义工组织乌烟瘴气，也破坏了义工组织的公众形象，使得义工组织失去了良好的工作社会环境。

我们强调人们自愿参与义工组织，是说人们必须认同义工组织的慈善理念。我们欢迎愿意为慈善事业作出贡献的人加入我们义工的队伍。黄埔军校门口有一副对联："升官发财请走别路，贪生怕死莫入此门。"向有志于解救民族危难的热血青年发出邀请的同时，也向那些别有用心的混入革命队伍个人发出警告。鉴于一些社会事件影响了义工组织的公信力，增大了义工组织慈善活动的困难和压力，净化义工组织成为一个非常迫切的任务。我们义工组织也向人们发出同样的信息：真心慈善的人请进来，别有用心的人走开去！

很多人进入义工组织，参加了义工服务以后才慢慢理解，做义工不仅要求善意，还要有精力和物质的付出，是有代价的。有些人在义工的助人活动中参与积极性不高，甚至偷懒耍滑。有些人参加义工组织并不是基于对义工组织及其行为的深刻了解，而是因为好玩或者无聊而参与义工组织。只有内心真的认同慈善理念，才能在以后的工作中尽心尽力并且感到快乐，在面对压力的时候坚定地支撑过去。闻道有先后，我们不能简单地拒绝这些人。无论它是什么原因进入到义工组织，我们都有义务去感化他、引导他，端正和提高他对义工组织的认识，最终认同义工，真心地参与义工服务，为慈善事业作出贡献。

## 二、尊重他人

尊重所有义工活动中涉及的人和组织。

### （一）义工要充分地尊重求助者

在义工的心目中，更关注求助者的困境而不是求助者。求助者陷入困境，也许有很多个人原因。但是，义工坚持对事不对人的工作态度，努力发现求助者陷入困境的原因，想方设法和求助者一起帮助求助者走出困境。义工不主动打听求助者的隐私，即使求助者向义工倾诉自己的隐私，义工要做到为求助者保密。即使义工发现是由于求助者个性原因而导致求助者的困境，甚至发现求助者具有某些道德方面的缺陷，义工也不能对求助者进行说教，更不能进行挖苦打击。义工要相信，求助者来寻求帮助，这是一次帮助求助者的良好机会。只有求助者得到切切实实的帮助，他才能够接受义工，义工对求助者的教育才能够发挥作用。

《老子》说："君子行不言之教。"我们义工要作这样的君子。就像一个医生接待一个患有性病的病人，医生不去打听病人是如何得的性病，只要通过自己的医药技术来判断是什么病就足够了。医生也不能因为怀疑病人是因为不轨行为而感染性病，对病人产生厌恶而不予治疗。医生的职责是研究病情、采取措施，最终减少或者消除病人的伤痛。如果医生想教育病人，也必须是出于病人长期健康的考虑，绝对不能是泄私愤，在治疗产生效果以后对病人进行说服教育和生活方式的指导。义工要向一个尽职尽责的优秀医生学习，像医生消除病人的病痛一样，帮助求助者走出困境。

### （二）义工要尊重慈善资源的提供者

向义工提供慈善资源的人有多种考虑，有各种各样的经历。义工要看到的是这些人最终向义工组织提供了资源，令很多求助者得到了切切实实的帮助，他们为慈善事业作出了贡献。即使是有些人因为做错了事，内心感到惭愧，出于忏悔之心而向义工组织捐献了财物和劳动，我们也要表示热烈的欢迎和赞赏。所谓"知错就改善莫大焉"，我们要允许人们纠正自己的错误，所以我们不评价资源的提供者。

作一个义工应该意识到，人们向义工组织提供的资源无所谓多少，他们都对慈善事业尽了心，他们都作了他们力所能及的贡献，他们的捐献都同样的惠及民众。对所有向义工组织提供资源的人，我们要一视同仁，同样的尊重他们，千万不要有分别心。如果我们向捐献了很多财物的人献媚，却鄙视只捐献了一点点钱的人，我们就是趋炎附势、贪财好利、忘恩负义的人，就有愧于我们义工的称号。义工之所以强大，并不是单靠自己的力量，是主要靠自己的德行得到人们的认同，汇聚社会慈善的力量。如果我们骨子里是一个品德低下的人，却把自己伪装成一个慈善的使者，最终被人们视穿而抛弃。所以，我们要真诚地尊重每一个捐助义工组织的人。

### （三）义工要在工作中相互尊重

义工们来自各个地方、各个行业，有着不同的教育背景，为了同一个目标：建设一个美好善良的社会。在工作中，大家有不同的意见，有不同的做事方法和风格，很容易发生冲突。我们不应该害怕这种冲突，因为这种冲突可能会推动我们义工助人事业的进步。但是，如果管理不好这种冲突，就可能导致矛盾、不愉快、隔阂，不利于义工助人工作的开展，也不利于大家在义工组织中的成长。管理冲突的技巧有很多，这些技巧作用的发挥需要一个基本前提，就是大家要相互尊重。

在义工工作中，做到对同伴的尊重，也能克制自己，不情绪化工作。事实上，每个人都在乎自己的观点和方法，根本上还是想把事情做好，只不过看问题和思考问题的角度不同，而求同存异是最好的方法。所以，在义工组织里，后来的人要尊重前辈们的经验，前辈们要尊重后来人的创造性，同辈们要尊重彼此的个性，大家就可以相处融洽，其乐融融。我们来做义工，是要展示自己的良好品质的；我们来做义工，是要来开心的。认识到这一点，大家就更能够相互尊重、友好合作了。

## 三、量力而行

### （一）助人过程中要量力而行

要不要做义工，要量力而行。做好一名义工，不仅要坚持善良的理念，还要花时间、花体力，甚至要捐献自己的财物，所以仅仅认同义工的善良理念是不够的。义工就是要通过自己切切实实的行动，如果自己在时间、体力上不允许，不要勉强自己做义工。选择做一名义工，要做好充分的准备，要量力而行。否则，加入义工之后，由于条件所限，不能尽心尽力地做好义工，就不能使义工工作得到很好的持续。再者，在我们义工看来，能够同情、理解义工的行为，能够声援义工，也是一种慈善行为。要不要做义工，以什么样的方式参与义工，要量力而行。退一步说，一个人如果能够做好自己的本职工作，为社会作出了贡献，推动了社会的物质文明进步，能够为义工工作创造更好的环境，也是好的。做义工的终极目的就是传播爱，传播美丽善良的理念。一个人安分守己，做好本职工作，处理好人际关系，和做义工是殊途同归的。

### （二）助人过程要心中有善

助人也可以说是行善无大小。每个人的能力不同，自己的负担也有不同，我们不能强求每个人都做同样的事情，义工个人也不要强迫自己和别人相比。大家参加到义工组织里，每个人的助人愿望是一致的，都希望能够为这个社会创造美丽和传播善良，不会因为你我做得多一点还是少一点而进行区分。义工组织根据大家的能力进行了工作上的分工，只要完成自己的这份，就是为义工作出了最大的贡献，其功德是一样的。在义工个人的心目中，只要尽力尽心，就是实现了助人的愿望，就是做了慈善。只要做了善事，没有大小的区分，其本质是一样的。重要的区分在于做还是没有做，一个人有能力而没有去做，另一个人虽然只是做了一件小小的善事但是已经尽了最大的努力，这两人有着本质的不同。一个人路过，对地上的一个香蕉皮视而不见；第二个人路过，将地上的香蕉皮捡起来丢进垃圾桶。第二个人做的事情也仅仅是举手之劳，但是我们已经看出第二个人比第一个人道德高尚得多。做义工慈善工作，道理与此相同。

### （三）助人过程不要贪图做大事

作为一名优秀的义工，要量力而行，如果竭力地迫使自己做力所不能及的事情，会让自己身体、精神压力巨大，对义工个人是不利的。做好一名义工，对自己要善，才能够对别人、对社会真正的善。我们只有量力而行，才能圆满完成我们义工的助人工作，而不是虎头蛇尾。我们也只有量力而行，才能够在工作中做到游刃有余，不会耽误了自己的本职工作，也不会拖累家人。只有量力而行，我们才能够真正地感受到做义工的幸福快乐，才能够在以后的时日持续不断地做好义工工作。如果我们在做义工的过程中好大喜功，我们要认真地反省自己，我们为什么做义工，怎样才能做好义工。我们要有一颗平常心去做义工。我们是平常人，做平常事。义工是一个草根组织，参加义工的人大多数是普通平凡的人。义工组织要靠千千万万的善良的人共同参与才有无限的力量。

因此，我们要立足于自己的能力，脚踏实地去做，为需要帮助的人实实在在地做点事，决不可好高骛远。只要在我们能力范围内，我们就要尽其所能，我们也就问心无愧了。如果能用我们的行动去感动每一个人，让更多的爱心人士加入义工，那就是我们最大的收获了。只要这种精神影响、带动了更多人，就是实现了伟业。

## 第三节　服务目标

**【安心小语】**我们踏上行善修行之路的主要目的不是改正错误，而是停止错误，在停止错误的同时尽可能地为自己和整个世界创造并留下美好。

**【案例】**

### 历事练心：公益自我修行之道

**【编者的话】**来自闽南的大毛，身材高大，却心思细腻、热诚善良。他的文章是真实的自我反思，既有对资助关系中尊重“交易规律”与看重“利益相关方”应当孰轻孰重的思考，也有缘于个人闪念对“应当以何种心态接受资助”的道德层面探讨，最后回归自我，指出公益人应当更关注对个人和家人的爱。前行需要伴随反思，来自一线资助官的真实观点对于更多行业观察和探讨都弥足珍贵。

**【人物名片】**黄云龙，2011 年毕业后原本从事编导策划，2014 年入职福建省同心慈善基金会，现任“八闽公益行”项目官员。生性喜欢小朋友，多次联络组织小义工活动，在活动中与他们一起成长，在活动中展现自我价值。

有人说，在公益这样一个特殊的行业里，收获的就是四个字“历事炼心”。在忙于向前走的时候，这四个字听了也就是一笑而过，直到有一天，我翻到当年让我走进公益的起点——机构义工培训时期的心得，回顾当初如何走入这个行业，才发现这四个字的力量。

那次福建省同心慈善基金会举办的义工培训需要上八次课，除去春节，连续八个周日都得参加培训。“在报名之前，我询问过我的女友。因为她的工作是单休，一旦我参加了义工培训，就意味着接下来好几个月的时间，我们不能一起出去玩。对我来说，也意味着一两个月之后才能回家，这对往常一个月回家一两趟的我来说，是一件很不可想象的事情。起初女友很是反对，后来我多次保证，她才同意让我参加。在助教通知我第一次上课是这周日的时候，我懵了，因为第一次课就和堂弟婚礼撞期了——报名的时候忘记了。当我发现连上课的时间都保障不了的时候，我退缩了，去找助教退课。但在助教的鼓励下，才发现原来第一周是一日行活动，可以事后补……”

就这样，我一波三折地参与了机构的义工培训，之后又参与了义工践行，再之后，成为了机构中的一员。过去的两年里，我在这样一个行业历事炼心，而今回顾这段时光，分享几点心得，期望逐渐寻找自己的那颗心。

**重“心”更应重“术”，学会做好甲方**

如何做甲方，对于基金会项目官员来说是必须修炼的功课。这几年，在机构听到最多的名词就是“利益相关方”，仿佛如果在项目过程中没有正确处理好这个关系，就是一个失败的项目，因此在开展项目的时候，我们把很多精力放在了实现和谐的利益相关方的关系上。而有时，慈善的人情就理所当然地被堂皇摆在台面上，当作对“利益相关方”的一种回馈、一种补偿，人情似乎还得“堂堂正正”。

可是很多时候我们都忘记了，即便慈善的甲方乙方，也存在交易关系。而一个“人情味”十足的交易关系，很有可能会违背市场的正常规律，造成慈善的成本越来越高，也会导致慈善在很多人眼里就是一个“善于募款、困于花钱”的形象。而更多的时候，这个“甲方”也当得很憋屈，花了钱还要背上差名声。这种回馈方式往往伤害了交易的双方。

**资助者不应成为道德绑架的对象**

曾经看过一个故事：有一位父亲在临终时，告诫儿子以后遇到困难，要去找帮助过自己的人求助，而不要去找你帮助过的人。

年轻的我对这个故事的理解是，帮助过你的人会觉得有义务继续帮助你，而你帮助过的人会觉得你是挟恩图报而不尽力。走过两年资助之路后，我发现，现在的慈善也会这样道德绑架着这么一群曾经的助人者，让他们更多更多地继续支持下去。

原本我觉得这种想法和行为属于其他机构，直到有一天，我发现我也有这种念头。当时，我们要召开总结会，我下意识地就想去找为我们提供办公场地的理事单位，请他们将每天的午会换一个地方开，以便为我们“腾地”。这是一件小事，正好当天理事单位要开运动会，没有举行午会，似乎可以套用一切都是最好的安排来理解。可我依然发现了这个念头的可怕，这不正是我平常所厌恶的视别人的馈赠为理所当然乃至得寸进尺的“道德绑架”吗？

原来不是其他机构，也不是很远，原来就在我们身边。

**家人也应当是我们的服务对象**

入行前，有先行者说我们同心基金会是“女人当男人用，男人当超人用”，当时我的理解是大家都很拼，都有一种为公益事业奉献终身的觉悟。入行两年之后，我对这句话有了另外一种解读方式：当作为慈善人士的女人不再是女人，男人不再是男人的时候，自己都没办法做好自己的本分，怎么能够做好家庭中的另一半？

每当机构中大活动开启的时候，也是大家最累的时候。一方面琐细事项多，另一方面很难得到家庭的支持——有时候想找个肩膀依靠，得到的回应却往往是，“你活该，谁让你去做公益”。这个时候，作为公益人的我很容易把自己摆到道德制高点：我在做这么有意义的活动，你不支持就算了，还说风凉话？

这样的结果是，夫妻陷入冷战。随着活动越开展越大，夫妻的矛盾也越来越大。有段时间，我连续几个月，每月都只在家里待七八天。有一天买了个差旅洗漱包方便出差的时候携带，晒给老婆看的时候，她突然就哭了，因为她知道我又要出差了。

我忽然意识到，陪她的时间越来越少，甚至在她身上倾注的情感也在习惯中越来越少——我们更多的时候把情感给了我们的服务对象，回到家的时候，放下了所有，也放下了心。直到有一天，我听到一个师姐说："义工也是各色人都有，有时候我们也要把他们当成我们要服务的对象，这样你才能正确妥善地对待他们。"这句话让我想到了自身和家庭，我们是不是也一直这样以为家人是我们的同行者，而没有发现其实她们也需要我们去用心呵护，而家人更应该是我们最大的服务对象。

成功的人生并不一定需要赚多少钱，也并不攀比服务了多少服务对象，帮助多少人找到自我，而是自我的一种修炼，就像《大学》里面说的"修身、齐家、治国、平天下"。我们需要更多的自我修养和思考。回首公益起点，两年过去，女友成了老婆，义工也成了职工。既然选择了前行，就应该说一声"我愿意"，并在人生中努力做一个好丈夫好老伴、好员工好志工。

义工服务目标是以帮助他人为己任，也就是行善积德，同时在奉献精神的驱使下行善，在行善之中也使自我获得充实和提升，不断地实现自我完善。

## 一、成功者有非常明确的人生目标：行善

现代职业生涯规划的理论告诉我们，目标明确的人比缺乏目标的人更容易获得成功，有计划的人比没有计划的人更容易获得成功。人的时间、精力是有限的，将有限的时间和精力投入到一个比较明确的事业中，集中精力完成一件事，成功的可能性就会大大增加。另外，明确的目标更容易激起人的潜能，让人全力以赴地去完成一件事，积极的情绪状态令困难和挫折对人的影响力变小，进一步提高人成功的可能性。相反，目标涣散，甚至毫无目标，人就会自由散漫。时光在不知不觉中溜走，做事情不能全神贯注，做事的成功率大大降低。更重要的是，在生活中、工作中，我们都是需要激励的。

从激励的来源来分，有两种激励：他人激励和自我激励。一个人在生活、工作中努力，之前，可能需要别人激励他，但是一旦获得成功，他就能够从这个成功中得到自我激励，在以后的生活、工作中以

更积极的姿态面对挫折和压力，更大程度地开发自己的潜能，获得更多的成功。别人看到他的成功，就会给他赞许、表扬和鼓励，得到别人的激励，他的自我价值就会提升，就会引导他在更高层面上努力和成功。这是一个他人激励和自我激励良性循环过程。另一些人的循环过程可能与此恰恰相反，其结果是不断地堕入深渊。但是，哪些人的努力会得到别人赞扬和鼓励并不是偶然的。只有一个人的努力目标是为了促进大众的福祉，为了促进社会的文明进步，才能得到人们的认可、赞扬和鼓励。也只有是朝这个方向努力的人，在遇到挫折的时候才能得到别人真诚的指导和帮助。

中国人说，三十而立，这个“立”就是立志向。古代人的平均寿命比较短，三十岁已经是老大不小的了，但还是强调三十而立，这里应该有“只要有志向什么时候都不算晚”的意思。所以《论语·里仁》说：“子曰：‘朝闻道，夕死可矣。’”可见，正确的方向、志向、目标是多么重要。在圣人看来，一个人找到了正确的人生方向，就是明白了生与死的意义，就能够活得明白了。

人本主义心理学认为，人有关于价值、意义的本能追求。据生理心理学的研究报告，当人感觉到有价值、有意义的时候，人的内分泌会出现积极平衡，各项指标达到极佳的状态，不仅思维和行动敏捷，免疫力水平大大提高，抗打击和挫折能力也有很大提升，人感觉会心情愉悦，神清气爽，精神百倍。相反，如果人感觉不到有价值和有意义，就会感到空虚、无聊、无力、疲惫。这个时候，人的思维和行动迟钝，甚至内分泌也会失调，免疫力水平降低，精神萎靡、悲观失望、体弱多病。我们很多人之所以活得浑浑噩噩，就是因为他觉得没有找到值得让他努力的目标。生活中有的人，懒懒散散、游游荡荡，让人心生厌恶。其实，这种缺乏生存感的状态，也不是他们自己需要的，他们自己也经常讨厌自己的状态。这些人，不是缺时间，也不

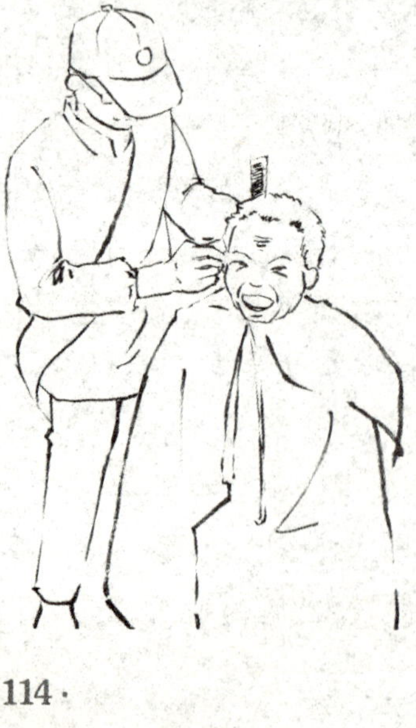

是缺智力，更不是缺精力，他们只不过是没有找到自己的方向。就像大海中漂浮着的一条船，之所以随波逐流，甚至原地打转，是因为它没有方向舵。一个缺乏目标的健康的人，只要找到正确的方向，马上就如同焕发青春，斗志昂扬、精神百倍地投入到工作中。那种不知疲倦，充满着成就感，每天都会充实的感觉，是大家都渴望的。那么，就请确立正确的人生方向：为了大众的福祉，为促进社会文明进步，努力！

## 二、成功者充分利用了自己的资源：为善

前文分析的物质、知识技术和心理能量三种资源，对于一个人的成功都是至关重要的，缺乏其中的一种或几种，人就会陷入困境。受《易经》的启发，《老子》说："天之道，损有余而补不足"。上天十分公允，赋予我们大家的资源在总量上是相当的。但是，我们中有的人成功了，有的人失败了。总结人们的成功与失败，我们可以得出这样一个结论：成功者未必是一个各项资源都充沛的人，但却是一个对各项资源都能够充分利用的人。

有一句话说得很好：我不可以延长生命的长度，但我可以增加生命的宽度和深度。我们的生命，是由一年年、一天天、一小时一小时、一分钟一分钟组成的。一个人可以无所事事地度过每一分钟、每一天、每一年，

最终这辈子一事无成，抱憾终身。一个人也可以勤勉高效地利用每一分钟、每一天、每一年，一辈子硕果累累，快乐一生。有人心中是有理想的，但是苦于找不到足够的时间，来实现这人生的宏愿，最后空有志向。而成功者的时间也是这么多，只不过他是在别人吹牛聊天、逛街逗乐、发呆无聊的时候，趁机去完成自己的理想。

荀子在《劝学》中说："不积跬步，无以至千里；不积小流，无以成江海。"成功的人，是善于积累的人。荀子教给了我们正确的努力方式。那么，我们积累什么呢？刘备在遗诏中谆谆教导其子："勿以恶小而为之，勿以善小而不为"值得我们借鉴。《太上感应篇》说："诸恶莫作，众善奉行，久久必获吉庆。"先贤给我们指明了一个正确的方向：我们要积累福报，就要充分利用我们的资源：我们的时间、我们的能力，力所能及的帮助需要帮助的人，做一个对别人有用的人，对社会有用的人。

善无大小，能为方为善。我们有很多人都希望能够帮助别人，那就马上开始吧！

## 三、成功者不断地提升自己：完善

只有美好的愿望并不能成就一件事，我们需要切切实实的行动将美好变成现实。因为没有掌握一个有效的行动方法，有人常常发愿，但是却迟迟不能行动起来，或者曾经有过很多次行动的尝试，最终却放弃了。

荀子在《劝学》中说："吾尝终日而思矣，不如须臾之所学也；吾尝跂而望矣，不如登高之博见也。登高而招，臂非加长也，而见者远；顺风

而呼，声非加疾也，而闻者彰。假舆马者，非利足也，而致千里；假舟楫（船桨）者，非能水也，而绝江河。君子生非异也，善假于物也。”君子能够成就一件事，不是因为他和我们一般人有多么大的不同，而是因为他能够充分利用身边的资源，善于假借这些资源，发挥自己的优势，回避自己的劣势，最终成就自己。发现和利用资源的能力，除了人本身所具有的悟性，更重要的是我们不断地学习和锻炼。

中国有句古话：“工欲善其事，必先利其器。”这意味着，即使我们手上真的拥有了某种资源，如果我们不琢磨如何用好这个资源——利其器，资源的效用也不能得到最大限度地发挥。就像我们手上已经有一把斧头，如果我们不能够把斧头磨得更锋利，我们仍然不能够利用这把斧头顺利地将木柴砍下来。学习和实践，是完善我们自身的必经的过程。与其改变世界，不如改变自己。我们心中有善念，希望能够帮助别人，希望建设一个美好的世界。我们要首先完善自己，学会和提高帮助别人的能力。帮助别人，先从帮助自己开始。完善世界，首先要从完善自己开始。

我们要常常像照镜子一样的审查一下自己：我是不是一个有善念的人，是不是一个充分为善的人，是不是一个为为善而不断提高自己、完善自己的人。

## 第四节 服务范畴

**【安心小语】**当人在脆弱的时候能向外求助就已经是放下身段了，因此我们要同理他们的心情，不要随意拒绝，要了解他们背后的不堪与对爱的渴望和对生活的希望。同时也要懂得随分随力正视自己与机构的能力，不能因为不忍拒绝而让自己与机构进退两难，越帮越忙。

**【案例】**

### 无偿献血志愿者

林瑞班，男，1971 年出生。1997 年 9 月，他联系 8 位无偿献血志愿者，筹备成立无偿献血志愿者组织。在他的倡导组织下，1998 年 5 月，三明市成立了全国首家无偿献血志愿者协会，这是全国第一个无偿献血志愿者协会。1999 年网络刚开始盛行，他就在网络上宣传无偿献血。2003 年 5 月 9 日，林瑞班和周翠林在三明市中心血站的流动采血车里，以无偿献血的特殊方式完成了自己的婚礼。5 月 18 日，夫妻俩为中国造血干细胞捐献者资料库福建省分库提供了头两例造血干细胞样本资料。2004 年底，建起自己的“爱心献血屋”网站，开展了“网络宣传献血捐髓世界行”活动。他还利用三维立体图、树叶独奏等艺术形式宣传无偿献血。他坚持了 13 年。他带头并组织志愿者参与“中华骨髓库”建设，积极参加捐资助学活动。他先后获得全国十大社会公益之星、中华慈善奖等荣誉称号。

义工服务的范畴，一般来说是与服务对象的需求相匹配，同时也与义工本身所能够给予服务对象的帮助相一致，只有这样才能够有效地达成服务和满足服务对象的需要。比较准确的义工的服务范畴界定是：从内涵上讲，是义工组织提供的促进社会文明、和谐进步的服务和物质帮助。从外延上讲，是回应求助者的需求并且在义工组织服务能力范围内的，政府公共服务覆盖范围之外的社会服务。为了表述方便，本节把义工的服务范畴进行一个简单的划分。

## 一、按求助的内容划分

### 第一大类——物质及服务帮助

对求助者的物质帮助有三种形式：第一种形式是义工捐献自己的财物，在义工活动中直接交到求助者手上，帮助求助者摆脱物质缺乏的困境。我们平时把这种形式叫作直接慈善。由于直接慈善省掉了中间环节，资源的利用具有较高的效率。但是，直接慈善需要捐献财物的义工亲历亲为，花费义工大量的时间跟踪整个服务过程。在这个过程中，很多工作并不是捐献财物的义工所专长，使得义工的整个工作效率并不高。所以，义工组织并不鼓励直接慈善。但是，近些年来一些负面信息严重影响义工组织的社会公信力，人们将财物捐献给义工组织，委托义工组织举办慈善活动的意愿大大降低。因此，近些年来直接慈善有增加的倾向。

第二种形式是人们将财物捐献给义工组织，指定或不指定财物的用向，通过义工组织的工作安排，将财物输送给求助者。这是义工服务里最常见的物质帮助形式。在这项工作中，义工组织实际上是一个财物的集散地和分配中心，义工组织通过自己科学高效的工作，将财物及时准确地送到求助者手上，帮助求助者摆脱无助困境。近些年来，由于义工组织运作成本过高，大量的消耗了捐助者的资源，饱受民众非议。精简机构、科学调配、减少流通环节，提高分配和输送效率，成为义工组织重点改革内容。最大限度地公开义工组织的工作流程，接受民众监督，杜绝义工组织的腐败现象，是增强义工组织公信力的有效途径。

第三种形式是为求助者提供可以通过劳动交换得到财物的机会。这种方式，可以最大限度地减轻社会负担，利用和锻炼求助者的能力，培养求助者的责任感，自己动手丰衣足食。这是一个很有发展前景的形式。义工组织通过和职业介绍机构、劳动用工部门、技术培训机构等建立良好的关系，为求助者争取合适的工作机会，然后和求助者签订帮扶约定。求助者获得劳动机会以后，通过自己的努力工作获得收入，满足自己的生活需要。

求助者由于经济困难，没有支付能力购买到所需要的服务，义工组织免费提供相应的服务。比如说义工组织游说医疗部门向贫困病人提供免费的医药服务。或者义工组织开展社会募捐，同时游说医疗部门减少医疗费用，确保贫困病人得到所需要的医疗服务。一些孤寡老人、留守儿童缺乏陪护，处在不安全、精神孤寂等不良情绪状态中，义工组织安排人员，或者游说专业人员向他们提供陪伴和护理服务。由于经济、社会条件落后，部分群体（主要是儿童）得不到适当的教育，义工组织募集教育资源向他们提供帮助，比如说支教、募捐图书教具等。还有些人由于经济困顿或者没有时间和能力，家用设备、房屋、生产器具年久失修，义工组织向其提供维修服务。这些都是义工组织成员或者义工组织动员慈善人士直接向求助者提供的服务。

**第二大类：知识技术帮助**

俗话说，授之以鱼，不如授之以渔。如果一个人拥有一技之长，就可能获得更多的劳动机会，不仅解决了自己的经济困境，也能因此获得大量的人际关系，成功避免社会困境。比较公允地来讲，我们这个社会的每个人提供的资源都是一样的。有些人之所以会陷入困境，就是因为他缺乏某些知识，以至于不能发现和利用资源。所以，向这些人传授必要的知识，改良他们的知识结构，可以预防他们再次陷入困境。

传授给求助者的技术，包括生产技术、管理技术、人际技术等多方面。在技术传授时要注意：第一，义工组织要根据求助者自身的特征量身定做，要看求助者能够做好什么，自身的条件有什么长处来定，而不是义工自己会什么就传授给求助者什么技术。第二，义工组织要根据求助者所处的地域和社会环境来确定传授给求助者什么样的技术，要做到因地制宜。第三，义工组织传授给求助者技术，又有一定的发展眼光。传授给求助者的技术要能跟上时代的发展，不能够传授给求助者马上就要淘汰的技术。第四，义工组织要传授给求助者简单易学的技术，太过复杂、需要较多知识基础才能掌握的技术最好不要传授给求助者，否则会事倍功半。

改良和丰富求助者的知识结构，可以帮助求助者避免陷入困境。从根源上来讲，求助者会陷入困境，就是因为其知识结构落后于社会时代的发展。所以改良和丰富求助者的知识结构，能够从根本上提升求助者的适应能力，避免陷入困境。向求助者进行知识输入有两种形式。第一种，临时向求助者介绍某种专项知识，比如法律援助、政策咨询等。义工这项求助者介绍了这些知识，就能够起到帮助求助者的作用。第二种，为求助者安排专项课程。求助者上完这些课程之后，能够进行创新性思维，能够较快地接受新事物，自发产生应对技术，从而避免陷入困境。

义工向求助者传授知识时候要注意：首先，要符合我们国家的意识形态和法律，不得向求助者传授有悖于意识形态和法律的观念和知识。有些人趁求助者陷入困境需要帮助的时候，宣传宗教迷信思想，这是违法犯罪，义工绝对不能做。其次，所传授的知识应该具有一定的系统性。对求助者知识的传授不是一锤子买卖，义工要有负责到底的精神，对求助者传授知识要系统完整，能够帮助求助者依靠这个知识，开拓视野，发现发展思路，能够技术创新。最后，对求助者传授的知识，应该符合社会发展趋势，具有一定的前瞻性，是面向未来的知识。

**第三大类：心灵心理帮助**

在义工服务的过程中我们发现，陷入困境中的人大多具有某种心理困境，这也许是他们陷入困境和持续陷入困境的内部原因。或者求助者本来就有心理困境，使得他不能充分发现自己的潜能，不能充分利用各种资源，最终陷入困境。有的人自卑自闭，或者有强烈的害羞心理，不善于捕捉机会。有的人有太强的敌意，不能够恰当地处理人际冲突，缺乏稳定的人际关系。总之，这些求助者内心有一种或几种病态心理存在，严重影响了求助者获得知识技术、社会资源。或者求助者在陷入困境之后，在很长的时间内都处在困境中，遭受一系列压力、挫折，使得求助者长期处于应激状态，形成不良的反射，认知发生偏差，发展出多种心理防御机制，生活无意义感增强。多种不良心理状态，最终导致求助者一蹶不振，有的求助者甚至在生理上已经出现不适病变，身体健康一落千丈。这些求助者遭受多重压力，单单一方面的帮助是不能够令求助者走出困境的，对这类求助者，心理援助是必要的。

但是，义工组织并不是专业的心理咨询和治疗机构，本着负责任的态度，如果义工组织的确发现求助者存在心理困境，应该建议求助者接受专业的心理咨询和治疗机构的服务。我们在这里谈的义工组织的心理帮助，仅仅是义工组织转介的心理咨询服务。但是，既然是以义工组织名义进行的心理帮助，义工组织就要负起相应的责任来。

义工组织所提供的心理援助要注意以下几点：第一，心理帮助必须专业。义工组织转介的心理服务机构和服务提供者一定要有相关资质。近些年来，心理健康逐渐为人们所理解和关注，心理健康服务成为人们的重大需要。严格意义上来讲，心理咨询、心理辅导和心理治疗是不同的三个心理工作，心理工作者说接受训练和执业所需要的资质也有较大差距。但是国内心理服务领域始终没有对三者进行区分。国内的心理工作者的教育、培训、考核有诸多不严谨的地方，心理咨询师几乎泛滥成灾，心理咨询师所助提供的服务也良莠不齐。鲁迅先生说，作为一个医生，一定要医术精量，否则和屠夫没什么分别。心理工作者也是一个医生，应该有这种严谨的态度。所以，义工组织在向求助者转介心理服务的时候一定要慎重。

第二，按照心理服务的原则，义工组织不提供强迫式心理服务。但是，如果义工经过专业判断发现求助者确实需要心理矫正，本着对求助者负责的态度，义工应该建议求助者接受心理服务。义工可以在和求助者签订帮助协议的时候，将求助者必须接受心理服务作为一个条款写进去。受传统文化的影响，很多求助者仍然把接受心理服务看成是一件丢人的事。

义工要说服求助者，端正求助者对心理服务的认识，采取和心理服务提供者合作的态度以提高心理帮助的效果。

第三，心理服务的提供者应该是一个具有智慧的人。义工在对求助者进行心理帮助的过程中发现，大多数求助者的心理困境，源于其缺乏生活的智慧，不善于化解生活中的矛盾，最终越走越偏而陷入困境。所以，心理服务的提供者应该是一个具有智慧的人，能够向求助者传授简单实用的人生智慧，提高思维效率、越过人生关隘，变成一个成熟的人，从而在根本意义上摆脱困境。

对求助者所提供的心理服务内容可以根据义工组织的资源进行调整，主要应包括心理咨询与训练、成长教育，目的在于增强求助者的心理能量，提高心理素质，优化其思维方式。

义工的服务范畴还有一种比较流行的分类方法，就是根据服务对象的不同，把义工服务范畴进行划分，读者可以在很多资料上查到相关内容。

## 二、按特定类别划分

### 第一大类：对特殊人群的帮助

有一部分人总是比别人更容易陷入困境，比如孤独老人、贫困妇女、孤儿和贫困儿童、残疾人、贫困病人等。这些人由于自身条件存在着缺陷，不能适应社会的强烈竞争，所获得的社会资源比别的群体要少得多，所以他们会更容易陷入困境。以上特殊人群是社会的弱势群体，是义工组织的传统服务对象。

从社会公正意义上来讲，社会弱势群体是权利被剥夺的群体，这有悖于社会公正。所以，义工组织对特殊人群来说提供的帮助主要包括：增权、赋能和物质帮助。义工组织通过社会行动，引起社会同情，推动社会和政府发生变革，制定保护社会弱势群体权益的社会政策。义工还可以最大可能地将弱势群体组织起来，争取用同一个声音说话，获得最大的话语权，通过向政府喊话的形式促进政府出台有利于弱势群体的社会政策。义工组织还可以积极影响学术领域，引发学术领域对弱势群体的关注和研究，促使学者向政府提出科学的建议，最后形成保护和增强弱势群体利益的社会政策出台。

马克思主义理论告诉我们，团结就是力量。弱势群体数量庞大，但是其利益却长期被忽视甚至被剥夺，保护弱势群体的利益，最终还要弱势群体自己行动起来。行动起来必须先团结起来。所以，义工组织要经常教育弱势群体成员，让他们认识到自己的利益所在，意识到行动起来的必要性。义工组织还要做力所能及的组织工作，帮助弱势群体团结起来。必要的时候，义工组织要走在前面，带领弱势群体奔走呼号，开展各方面的努力，直至最终保护和提升了自己的利益。

**第二大类：对特殊地区的帮助**

我们国家的经济社会发展存在着地区之间的不平衡，还存在着自然、人文环境较差，资源稀薄的贫困地区、边远地区。这些地区和东部等发达地区城市进行竞争的过程当中，处于天然的劣势，当地的人们，自然也会陷入困境。当然，这些地区的人们可以采取离开这些地区的方式来摆脱困境。但是这种方式不能最终改变这些地区的落后面貌，总是还会有些人因此而陷入困境。还有些地区，由于受到突然的自然灾害而整体上陷入困境。

由于困境有较强的地域性，此类义工工作，多半专题专项、专款专用、对口救助。义工组织在开展工作的时候，比如说募捐、输送物资等，总是打着这些地区的名义进行。

**第三大类：对特殊时期的帮助**

由于突发的自然灾害、人为灾难使得人们陷入困境，义工组织提供针对性的帮助。比如，地震、海啸、传染病、战争、迁徙等都可能会让人们陷入困境。这样的困境有一些特点：第一，暂时性。灾难突然发生，不可能一直持续。第二，困境的程度往往十分严重。第三，同时具有地域性。义工组织提供的帮助，也根据这类困境的特点的不同。总体上来讲，这类帮助需要的资源是十分庞大的，组织的强度也是很大的，各项工作之间的配合程度也是要求比较高的。一般情况下，这类援助工作都是由政府来主导，义工组织积极配合政府。

当然，只要是有求助者的地方，都是可能有义工工作的地方。所以，理论上义工的服务范畴应该是有求助者的需求来确定。但是，义工及其组织的能力是有限的，做不到有求必应。再者，义工及其组织要保证自己服务的质量，就要做大量的准备工作。经过义工精心打造并且最终提供给求助者的服务，只是迎合了求助者一部分需要。这两个原因在主客观方面限制了义工的服务范畴。

义工服务范畴

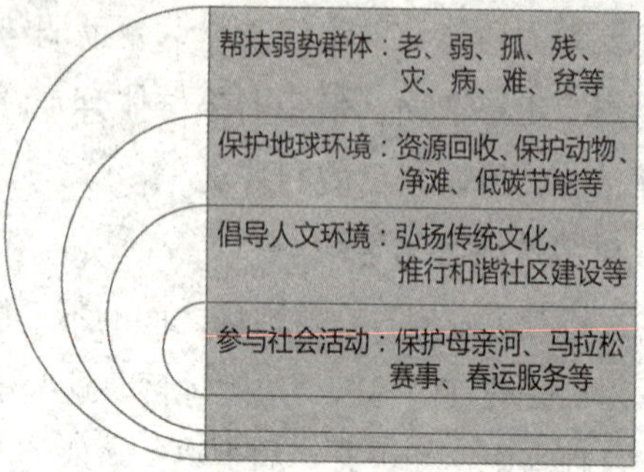


**★ 互动分享环节**

小组讨论：

1. 你在哪些场合见到过义工？
2. 你见到过的义工都在做些什么？
3. 这些义工给了你什么样的启示？

# 第五节　沟通技巧

**【安心小语】**不要理所当然地认为对方能揣测出你的心思，也不要假定对方不需要知道你的心思。活在当下意味着与人互动的当下要做好你该做的沟通，不要有任何假定。

**【案例】**

**沟通的义工服务**

陈赛男，女，1984年出生。教育学硕士学位，教师，家庭咨询师。莆田市一支青年志愿者服务队的老志愿者，现为福建省莆田市荔城区麟峰小学的一名高级教师。她从2005年至今，每年定期关爱并扶助莆田市特殊教育学校盲生部和莆田市黄石福利院的孩子，并为社会上需要家庭咨询服务的人免费提供咨询服务，尽力帮助身边的人，让他们深切体会到了亲人般的关怀体贴和社会大家庭的温暖。2008年，就读于研究生三年级的陈赛男看到中国汉语国际推广办公室的网站在招聘志愿者。在核对8条标准都符合，并经过导师同意后，她投出了简历。一个月之后，通过中国语言专家的专业测评后，最终面对加拿大校长们的亲自面试。她用那灿烂的微笑、开放的心态、流利的口语，打动了在场的校长们，成为全国4个公派到加拿大魁北克省担任汉语教师志愿者的人选之一。

到加拿大魁北克省College Notre - Dame - De - L' assomption中学后，她承担起教授汉语、中国文化等课程，举办了元宵灯笼节、太极拳表演等活动，并吸引了当地居民来选修夜晚的汉语课。一年的任期很快结束，她所在学校的校长，亲切地叫她“我家的第四个宝宝”，并提供接下来的两年工作合同（由于个人家庭原因，陈赛男最终没有留下）。2009年回国后，中国汉办给她颁发了“优秀志愿者”证书，表彰她在两国文化交流方面作出的贡献。

我们进入了一个沟通的时代，提高交流水平成为人们的共同意识。本节主要内容是和大家分享我在做义工的过程中总结的沟通经验，如果大家需要更全面的沟通知识，可以买一本书自己看一看。作者要提醒大家的是，作为一种技巧的沟通，经验比书本知识更重要，如果大家在书本上看到了相关的技巧，一定要马上用到自己的工作中。

## 一、沟通的基本知识和智慧

### （一）信息在沟通中的作用

沟通的经验以及关于沟通的心理学统计研究发现，在沟通的过程中，我们向对方发出并且被对方接收的信息统计为100%。其中，语言信息占7%，声音语调信息占38%，肢体语言信息占55%，合起来，我们发现非语言信息占93%。由此我们可以知道，如果我们想提高在工作中的沟通水平，努力地锻炼自己的口才，大概是误入歧途了。在沟通的过程中，对方更多地从我们的非语言信息中，或被暗示，或是感受到，从而得到了意图表达的内容。

了解到这个知识对我们的工作沟通非常重要。为了更清楚地说明上面的知识，我需要借用心理学中专业的词汇表达。弗洛伊德认为，我们在与人互动的过程中，是行为在两个层面进行运作：意识行为和潜意识行为。相应地，我们向对方发出的信息也分为两个层面：意识信息和潜意识信息。意识信息主要就是我们的语言信息，潜意识信息主要就是我们的肢体动作和声音语调。稍有生活经验的人都知道，人类的语言可以有意识的编织，所以谎言充斥着我们的世界。人类会撒谎，当然也会识别谎言。而人的潜意识是真实的，潜意识信息是我们内心声音的真实表达。如果不是一个训练有素的撒谎者，人的肢体语言和声音语调很少能够骗到人。有经验的人或者细心的人，学会了看人说话，能够很容易从对方的语言信息和非语言信息的差距中看到对方真实地表达。在工作中，很多义工总是试图用自己的语言向对方传递信息，有的时候我们甚至会说一些与我们内心的真实想法完全不同的语言。但是，此时此刻，我们的非语言信息却将我们出卖了。看到我们在撒谎，对方可能出于多种考虑而没有揭穿我们，但是我们对他说的语言信息的效果会大打折扣。

所以，一个善于沟通的义工，一定是一个善于使用非语言信息的人。准确地使用非语言信息的前提是义工内心的真诚。人们一般是信了才听而不是听了才信。在工作中，义工总是努力地说服求助者，希望他能够相信自己说的话。但是沟通心理学的研究却发现，在沟通的过程中，人们往往是在信的基础上才有兴趣和耐心听别人的表达，而不是听了别人的表达才信。如果我们说的内容别人压根儿就不信，他是没有信心和耐心听下去的；如果他好像在听，只不过是出于礼貌地敷衍。

所以，在开始正式沟通之前，我们有必要搞清楚求助者到底信什么。求助者信什么，是义工发起和求助者的沟通的契机。如果我们想表达内容和求助者当前信仰的内容完全相反，我们要有足够的耐心，在沟通的过程中进行迂回，避免与求助者直接冲突而遭到他的反感或者反抗。

### （二）情绪控制是沟通中极为重要的内容

沟通的目的有很多，如果我们的义工就是为了说服求助者，希望求助者最后能够按照义工所建议的方式行事，我们一定要搞清楚说服的重点。动力心理学告诉我们，人的行为受意识和潜意识的控制，而潜意识的控制更为强大一些。如果我们能够将信息悄然地输入求助者的潜意识，就意味着我们能够在内心深处说服求助者按照我们希望的方式发生改变。动力心理学发现，人的潜意识总是伴随着人的某种情感，而潜意识进入人的大脑变成库存，是以情绪的方式进入记忆的。由此我们得出一个结论：我们必须唤起求助者某种情感，同时将与这种情感相适应的语言信息发出，才能够形成求助者的潜意识，在内心深处促发求助者的行为。

通过以上讨论可知，说服性沟通的重要内容，就是对求助者的情绪管理。在沟通的过程中，义工对求助者的情绪管理越是准确、到位，越能够实现义工的说服目的。

自恋是人的本性，无论是古代的哲学家，还是近现代的心理学家都发现了这一个人类的本能需要。在沟通的过程中，如果我们相信需求引导原则，我们就要时刻铭记人类的这一基本需要。我们在与求助者沟通的时候，客观上我们处于优势，而求助者处于较低的位置。这个时候我们要充分考虑到求助者自恋的需要，在表达上谦虚、谨慎，甚至我们的声音都要低声、温和，在座位安排上也要做到和对方平等，同时在语言上对对方表示欣赏，多看到他的优点长处。只有这样，求助者才认为义工理解了他，看到了他的价值。如果在沟通的过程中，义工高高在上，颐指气使，会让求助者的自尊心、虚荣心受到严重伤害，潜意识里的自我防御被激发，在外部表现为反抗和拒绝，义工帮助求助者的愿望也得不到实现。

## 二、解决义工在工作中沟通的心态问题

在沟通的过程中，心态也是至关重要的。多年的义工经验中，我发现有几种心态非常不利于在义工组织内部和义工与求助者之间沟通，现总结出来与大家分享。

### （一）与领导沟通没胆量

也有些义工对领导心怀本能的畏惧，在与领导沟通的过程中不敢说话，特别是有意见的话。为了更好地搞好义工工作，义工组织的领导要随

时掌握义工的工作状态，要了解义工的工作情绪，及时发现问题和解决。但是，有的义工担心真诚地表达自己的意见会给自己带来不便，他们担心自己说批评性的话会导致领导不愉快，或者他们担心自己的意见得不到领导的尊重、自己的自尊心受到伤害。也有义工自身对义工组织缺乏应有的关心，对自己的工作缺乏责任感，因而不能提出准确、有效的意见。总而言之，他们和领导沟通的时候没有胆量。但是，这些义工有话不敢讲，内心是压抑的，对组织和活动也心怀不满。这些情绪都极坏地影响了义工工作的积极性，破坏了工作的品质。

### （二）与同伴沟通没真情

义工在工作的过程中，要经常分享自己在工作中的经验。有的时候，义工还要明确地指出同伴的工作失误，才能够帮助同伴改进工作。有的时候，义工要对同伴取得的成绩表示真诚的赞赏，大家相互鼓励，感受集体的温暖。但是，有的义工担心批评别人会导致自己人际关系不好，或者担心别人对自己产生不良的看法；有的人可能是因为缺乏语言表达技巧，担心自己对别人的批评表达不当。总之，他们都不敢开诚布公地批评同伴。相反，有的人为了获得别人的好感，没有原则虚伪地夸奖别人，无端地指出别人的优点，制造一团和气的假象。与同伴沟通没真情，是导致社团内沟通缺乏效率的糟糕心态。

### （三）与求助者沟通没心情

以为自己见多识广或者缺乏对求助者的同理心，有些义工对求助者所表达的困难表示不屑，对求助者的痛苦无动于衷。这些义工在安慰求助者的时候，站着说话不腰疼，不能让求助者感受到温暖。在向求助者提供建议的时候，不能考虑求助者的实际困难，总是说一些“何不食肉糜”之类的荒唐话。在向求助者提供知识和技术的时候，不能从实际出发，向求助者提供切实有效的帮助。这些问题都源于义工在和求助者沟通的时候缺乏应有的心情，而缺乏心情的根本原因在于他们对爱的理解是十分表面，缺乏慈悲心。

只有端正心态，我们才能够在和求助者的沟通中取得良好的效果。良好的心态包括尊重、同理心、体谅、接纳、不批判等。这些内容读者可以在其他的沟通书籍中阅读到。

## 三、沟通的基本技巧

在理解沟通的基本智慧和端正心态的基础上，充分运用沟通的技巧，可以大大提高沟通效率。

### （一）沟通要素

沟通是平静地看自己的内心！

1. 表达你要的，而不是不要的。

2. 表达你的感受，而不是情绪（比如：表达自己现在是愤怒的，而不是愤怒地去表达）。

3. 表达你的需求，而不是抱怨。（直接表达自己的需求，一般大家都是，你猜我想要什么？你猜不到说明你不在乎我，然后就开始抱怨了。）

4. 表达你要去的方向，而不是抱怨你所在的位置。（看目标，而不是陷在事件里。）

### （二）全息沟通

所谓全息沟通，是说在沟通的过程中，我们要充分利用对方现有的知识库，制造环境因素，向对方发出语言、声音、肢体语言等全方位信息。令求助者在我们设定的严密环境中，使得自己心中的知识库与我们发出的信息完全契合，达到说服对方的目的。

举例说明。大家都知道三国演义里诸葛亮的空城计。司马懿看到诸葛亮在城头悠然自得地抚琴，而城上下没有一个士兵防守。司马懿怀疑诸葛亮使诈，不敢攻城，引兵而退。事后才知道城内空虚，使用了空城计。司马懿因为自己上当受骗失去攻城的良机而后悔不已。阅读上面的空城计故事，要思考一个问题：诸葛亮使用了什么沟通技术，成功地说服司马懿放弃攻城？

首先，诸葛亮在城头抚琴，让司马懿感到非常震惊。在司马懿的意识里，诸葛亮一直在指挥千军万马；只有在指挥千军万马，诸葛亮才能够泰然自若。如果城内空虚，诸葛亮应该惶惶然不知所终，怎么可能在城头泰然自若地抚琴？诸葛亮的动作作为一种强有力的动作语言进入到司马懿的潜意识里，让司马懿深深地相信其中必有诈！其次，司马懿多疑成性，他总是相信别人意图害他，不愿意相信别人表面表现的一切。诸葛亮投其所好，让司马懿顺利产生有意谋害他的想法以及产生猜透诸葛亮心思的感觉，两人“心灵相通”。在司马懿自认为“猜透”诸葛亮心思而得意中，诸葛亮的空城计成功。最后，司马懿大兵压境，而诸葛亮孑身一人。在这种情境中，司马懿有强烈的心理优势，充分相信自己的判断。司马懿根本想不到，在这种情况下诸葛亮还能气闲神定地撒谎。司马懿得意忘形以致失去判断，中了诸葛亮的计谋。

诸葛亮成功地游说司马懿退兵，归功于他使用了全息沟通的技巧。

在和求助者沟通的过程中，义工要善于使用全息沟通。首先，义工要充分了解求助者的价值观、思想、判断等内容，在表达自己观点的时候，要充分契合求助者自身的观念。其次，制造一个有利于求助者产生信任的环境。为了达到沟通效果，义工要精心地选择和布置不同现场。最后，义工要精巧地准备自己要发出的信息，恰当运用语言信息、语音声调信息、肢体语言信息，做到语言信息和非语言信息的一致，在意识和潜意识两个层面同时影响求助者。

### （三）先跟后引

在多半情况下，求助者在困境中长期挣扎，在内心深处已经或多或少地形成了对于目前困境的合理化解释，求助者对困境已经部分地接受了。因此，在帮助求助者的过程中，义工的表达总是部分地和求助者内心的观念相抵触。为了避免求助者对义工产生抵触情绪，在潜意识里产生对义工的拒绝，严重削弱帮助效果，义工在和求助者沟通的时候，要坚持“先跟后引”的沟通技巧。

所谓“先跟”，是说义工要首先跟随求助者内心的观念，顺承求助者内心的观念，促使求助者对义工产生基本的认同，从而打消顾虑，消除心理防线，接纳义工，接受义工的表达和帮助。所谓“后引”，是说义工的最终目的还是要引导求助者转变观念，消除对困境的合理化解释，产生摆脱困境的充分动机，在义工的陪伴下最终走出困境。在沟通中，如何把握先跟后引的转化，是一个经验的问题。我要提醒义工的是，如果先跟的火候不到，过于急躁地开始后引程序，那样可能导致求助者突然间回到最原始的状态，所以义工千万不要操之过急。

举例说明。我们想说服一个带着孩子的职业乞讨者停止乞讨生活，接受技术培训。这个乞讨者经过长久的乞讨，在内心已经认同这个挣钱的方式，产生了自己从事这个职业的合理化解释。如果我们一上来就告诉他乞讨是可耻的，他必然不接受你的说法而转身离去。如果你跟上去想多说几句，甚至会遭到他的辱骂。

为了和乞讨者沟通成功，我们首先要琢磨这名乞讨者内心的想法。他认为只要不偷不抢，挣钱都是合理的。他认为自己每天站在街头也是一种辛苦的劳动，也是凭能力吃饭；他认为上学读书最终也是为了挣钱，晚挣钱不如早挣钱好；他认为自己是一个弱者，只能靠牺牲自己尊严的方式获得收入；他认为自己生活节俭，乞讨来的钱都是为了孩子将来的生活，这没有什么不对的；他也羡慕别人家的小孩可以体体面面地上学……为了能够更好地帮助乞讨者，我们还要更充分地去了解求助者内心的想法。

其次，在一个合适的时间，我们表达能够让乞讨者产生认同感的信息：乞讨很辛苦，乞讨能够给孩子挣钱，乞讨也是一种劳动，乞讨是他目前最有效的劳动……一直说到我们看到乞讨者表情放松，有很强的表达欲望，这时我们可以有意识地停下来，聆听乞讨者的倾诉。乞讨者倾诉必然会谈到这个工作多么辛苦、多么没有尊严、多么得不偿失、他内心多么痛苦，我们就要随声附和他，认同他的痛苦。然后我们问他，有没有努力尝试过一些其他的工作？一般情况下，乞讨者不会告诉你乞讨是他的一份工作。他会告诉你为了找到一份合适的工作他做了很多努力，最终无济于事，才变成这个样子。直到现在，他内心都想找到一份体面的工作挣钱养家。如果这个时候我们再重复一下乞讨者内心负面的感受：换什么工作呢？这份工作虽然很丢人，但是也挣钱，这份工作虽然没有前途，但也可以养家糊口……记住，在说到负面感受的时候，要重复和加强语气。这样一来，受到压迫的乞讨者可能要分辨他很想找到一份体面的工作，即使辛苦一点也没关系。当看到乞讨者情绪有这种变化时，我们就要抓住时机引导乞讨者建立放弃乞讨、找到一份新工作的信心，并且以十分肯定的语气告诉他：我们能帮你。

## 四、萨提亚沟通法

要一致性表达，让你内外和谐。

我一致性，为了真实的表达。

你认识我，为了更深的联结。

在一致性的状态中，

我接纳我时间的有限性，

我接纳我精力的有限性，

我接纳我能力的有限性，

我接纳我智慧的有限性，

当我接纳我自己的局限性，就一定会接纳别人的局限性。

萨提亚家庭治疗模式国际督导师、武汉心天地心理咨询公司创办人骆霞老师，多年跟随国际萨提亚家庭治疗大师约翰·贝曼和玛丽亚·葛莫利学习和运用家庭治疗模式，总结出一致性沟通的四个步骤，简单、易学、实用，这四个步骤是：

第一，当我看到、听到的时候，用我的五感，即眼、耳、鼻、舌、身陈述事件。

第二，我感到（喜、怒、惊、恐、悲、惧、忧等），表达感受。

第三，对感受的解释只解释自己的感受，不评判、指责对方。

第四，我的决定、请求、期望。

下面有一篇文章，感动了很多人，从中我们可以看到一致性沟通的魅力。

### 开车跟着老父走

那年，父亲常到集镇上做小生意。我每天早晨用我的车把父亲和他的货物载到集镇后返回，下午6点钟我再开车去把他接回来。

一个下午，找了几个朋友一起打牌、喝酒。我完全沉浸在打牌喝酒的乐趣之中，一时忘记了接父亲回家。等到我想到这事的时候，已经是晚上

7：30 了。我急忙放下杯子，驱车去接父亲。

路上我就想，父亲如果知道我因打牌喝酒而迟到的话一定会非常生气，思来想去，我决定说谎，告诉他今天因接到了紧急任务加班，所以来晚了。

怀着忐忑不安的心情，我把车有惊无险地开到了我们约定的地点。父亲正坐在街边的一个角落里抽烟。我向父亲解释说我本来是想尽快地赶过来的，但是由于加班，所以今天来晚了。父亲听了我的话，抬起头用一种怪怪的眼神看了我好一会儿。那眼神让我不知所措。

许久，父亲才对我说："我感到非常失望！你竟然对我撒谎。"我小声地嘟囔："我讲的全是实话呀。"父亲又一次看了我一眼，很镇定地说道："当你没有按时出现的时候，我打电话给你，你却关机。我又打电话问你妈你是否有事，她告诉我你下午没上班，并说你出去的时候是开着车的。后来，我打电话到你办公室，你的同事说你下午没到单位去。我担心你出事，就一直给你打电话，但你一直不开机。现在，你一身酒味。你一解释，我就知道你是在说谎。"

一种羞愧感顿时袭遍了我的全身，我无奈地承认了我喝酒打牌的事。"我很生气，不是对你，是对我自己。"父亲沙哑着嗓音继续说，"你看，我今天已经认识到，作为父亲我其实是很失败的。其一，如果这么多年，我对你严于律己的教育使你仍然觉得你必须对我撒谎，我必须深刻地做一次反省：为什么我的儿子因为这事而不能跟他的父亲说真话？其二，让我更担心，我也预感到了危险。当初买车的时候，你给我作过保证，在任何时候'开车不喝酒，喝酒不开车'，但你今晚喝了酒后竟然把车开来接我。这一方面是对我的不尊重，另一方面也是对你、对他人生命的不负责。你自己作的保证都能很快食言，那我就很担心你以后的安全。"顿了顿，父亲又说道："所以，我现在坚决不坐你的车，而且，我要走回家去，算是这些年对我在你的教育问题上所犯错误的惩罚，也是对你酒后驾车的严重不满。"

"可是，从这儿回家整整有 10 里路，你已是 50 多岁的人了！"我一听，急了，赶紧劝父亲上车。可他平静地说："你不用管，我惩罚的是我自己。"结果，无论我怎样劝解，父亲始终不上车。他把剩下的货物用一根竹竿挑起来搭在肩上，沿着尘土弥漫的道路往前走，而我则缓缓地开车跟着他……看着父亲微驼的背影，我心酸得真想大哭一场。

整整10里路，父亲始终没有回头看我一眼。我一直跟在他身后，用车灯给他照亮。这10里路，我们父子俩用了整整70分钟才走完，可它却成了我生命中最深刻的一段历程。

## 第六节　服务技巧

**【安心小语】**配合，不是迎合、不是讨好，是对自己的尊重、对伙伴的尊重。学会配合，配合团队、配合家人、配合伙伴，才有可能学会成为自己的主导。

在义工服务中主要有个案服务、团体服务，还有大型活动。无论是什么样的服务，最终都要达到“共赢三有”。

第一，参与者有收获：受助对象、义工、媒体、共建单位、政府等。

第二，活动有成绩：增员、募款、项目得到认同，达到计划目标。

第三，影响力有提升：不良的第一印象需要经历16次的努力才能修正。

建立一个名牌只在一夜之间；建立一个品牌则需要日积月累，精耕细作。无论是个案服务还是团体服务，特别是大型活动，志愿者活动普遍具有“事多、人多、关注多”的特点。因此做好每个服务的三阶段管理是义工服务需要掌握的服务技巧。

### 一、活动前（前行）

1. 确定主题、目的、（发起人——评估可行性）；

2. 确定召集者，召集者制定策划方案，负责协调；

3. 确定参与人员：通知、宣导、分工、培训；确定全员了解工作分工、进程、人力及工作目的。

### 二、活动中（正行）

1. 沉稳不对立；

2. 主动请示主动汇报进程；

3. 认真执行活动方案；

4. 及时处理突发问题；

5. 及时跟进服务目标，配合机构宗旨做好服务品质保障。

## 三、活动后（结行）

1. 总结活动、全面检讨（对事不对人，细节是否回应主题）；

2. 分享参与心得、形成书面记录；

3. 义工工作绩效的评核；

4. 个案的优秀传承；

5. 书面总结归档结案；

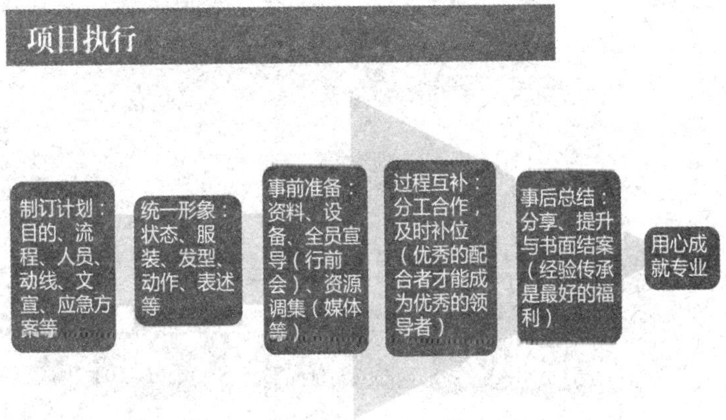


6. 任何服务都离不开“三定原则”，即定时间、定地点、定形式；

7. 任何服务都切忌拍脑袋直接上马，应先有图纸后施工；

8. 服务计划设计要素（6W+4H+2C）；

6W——

- What　活动的性质：你在做什么；
- Why　活动目标：了解服务对象的需要；我们要帮助案主改善到什么程度；
- Who　活动参与人：机构负责此项目的人、参与的义工有谁、主事者、配合者；
- Whom　服务对象、类别；

- When　时间；
- Where　活动地点。

4H——

- How often　服务的时间频率；
- How long　服务的时间跨度；
- How to do　如何实现活动目标；
- How much　财务预算、物资预算。

2C——

- 活动性质的安全风险（如山体环保）；
- 活动实现的安全风险（预计的困难：人员缺席、气候变化等）。

9. 计划赶不上变化，任何服务计划都要有替代方案。

**义工服务三莫**

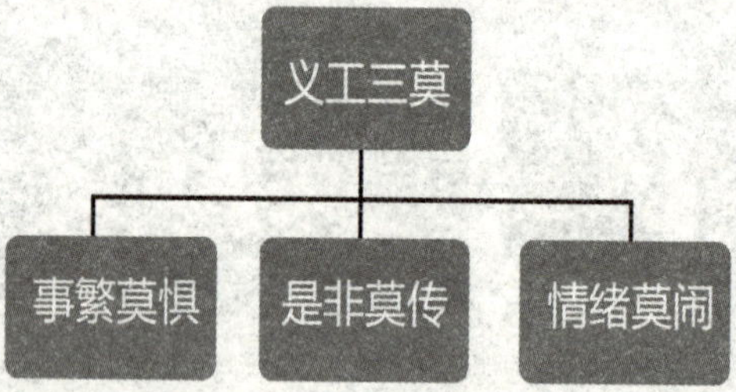


**★【练习：慈悲地倾听】**

在沟通中，造成我们障碍痛苦的是我们失去了链接，没有看到、听到和感受到。我们彼此之间没有沟通，沟通的前提是学会听。

“听”的繁体字是“聽”，从字形上看“聽”，以耳为王，双眼专注地看着对方，一心一意地关注对方。

慈：心上有兹，兹代表此时此刻，即是现在当下，意味着要把心放在此时此刻。

悲：心上有非，接纳所有的不同，接纳所有是非对错。

**慈悲地倾听**

第一，保持放松的坐姿，两个人的膝盖对着膝盖，手掌心对着手掌心，其中一只手向上，另一只手向下。

第二，全心全意地注视着对方的眼睛，真正地看到对方。

第三，闭上嘴巴，不打断，不评判，不要求，不讲究，不辩解，不指责。

第四，感受对方的感受，用心交流。

第五，用眼神、肢体语言回应对方。

分 A、B 角轮流倾听和分享。A 分享时，B 慈悲地倾听。分享时间 3 分钟。

结束后，B 对 A 说："亲爱的，我听到了你，我看到你了，我感受着你的感受，我们在一起。"A 和 B 说："谢谢你，亲爱的，我感受到你了。"

彼此看着对方，说："谢谢你的信任，我们在一起。"

手掌心链接着手掌心，一起呼吸，交换伙伴，B 分享 3 分钟，A 慈悲地倾听。

学会沟通。社会沟通需要一个长期的过程才能有所建树，但是却容易毁于一旦。制造轰动事件可以迅速地实现社会对义工组织的认识，但是后期维护的成本也相当高。人们似乎更倾向于对义工组织保持怀疑，而解释一般不能冰释民众的怀疑，让义工组织运作得更加透明是有效地消除民众怀疑的方法。

体验是一种很好的社会沟通方法，越来越多的民众参与义工实践，义工组织越是能够得到民众的理解和支持。当然，义工组织也需要保持其独特的一面。

**参考文献：**

李玉亮主编．义工管理实务．中国社会出版社，2011.

# 第四章　义工管理

【安心小语】尊重自己、尊重每一个人，不是形式、不是口号，是对自己贴心的体恤。当坏情绪出现时能接纳自己的现状，看着情绪的起起落落而不把坏情绪散播到别人身上。管理好自己的情绪，随时保持好心情，就是尊重自己的体现。

【引　言】社会服务不仅关系到社会福利和民生发展，对人的全面发展直接提供服务和帮助，而且对社会主义核心价值体系的建设、促进公平和正义、培养公民意识和公共精神等都具有重要的现实意义。义工如何能够更好地参与社会服务和社会发展，在服务中传播义工精神，实现服务价值，促进中国社会建设和社会经济全面发展，作为承载义工参与社会服务的载体——社会服务组织，建立健全义工管理体系已经成为当今中国社会转型和社会管理创新的重要任务之一。

【学习目标】本章主要学习掌握义工管理的核心要素、义工的自我认知、义工自我修养、情绪管理、义工类型和义工的绩效管理。通过学习了解义工和掌握对于义工个体管理的一系列基本要素，从而促进义工个体以及义工组织对义工的认知。

## 第一节　管理核心

【安心小语】爱与尊重，不应该是堂皇的场面话，应是柔软自己的身心，用心体察、耐心倾听，全然感知对方的需要与诉求，以实际行动来回应对方。

【案例】

## 鹏星社工说

该给志愿者“有偿”回馈了。志愿者无偿，大抵没有问题，不过那只是限于经济层面。人都有自我实现的需求，志愿者也需要精神的鼓励和肯定。志愿者资源有偿，可以从两方面解释。一方面，志愿者服务虽然没有经济收益，但也不能让他们倒贴，而应该对其从事志愿服务予以适当的补贴，比如交通费用。部分志愿者开车做服务，区区几块交通补贴自然不会看重，这时不妨以消暑凉饮的方式回馈；对于普通学生，则不妨将多次的交通补贴一次发放。另一方面，社工应该给志愿者以情感上的回应，给予他们认可与尊重。囿于“钱少”的困境，就不妨多采取一些“花钱少、效益好”的方式，比如在他们生日的时候奉上一张手写的小卡片；或某些特殊节日，如妇女节、感恩节，给志愿者一条问候短信。

如果只注重招募，而轻视志愿者资源的维护与长期经营，志愿者出于新奇等原因可能会在短期内有响应，但注定不会持久。而一旦他们“走人”，重新招募志愿者的时间、精力以及培训等成本也会大于对志愿者资源进行维护所需的零碎时间。天下没有免费的午餐，义工资源也是如此，他们需要的反馈和奖励不在于经济和物质，而在于精神和情感。

根据人本主义的管理理念，义工管理的核心是人的发展，即在义工服务中所有参与者的发展，包括服务对象、组织成员和义工本人都得到全方位的发展。义工管理是在人本主义的管理理念下，运用现代管理专业技能，通过计划、组织、协调和激励，合理配置人力资源，支持义工自愿、不为报酬而有效地完成社会服务与发展的使命目标，满足服务对象的需求，同时使提供服务的义工获得自我价值实现，创造多重社会价值的系列活动。义工管理的最终目的是实现组织和社区的公益使命，创造多重的社会价值。

## 一、管理要素

实施义工管理的主体主要是承担义工服务管理责任和使用义工的组织。义工管理的核心是人的发展（包括服务对象、组织成员、义工本人和其他利益相关者）。结合人本主义管理理念，义工者的管理要素有以下八个方面：

### （一）目标

组织要有目标，参与社会服务的公益组织的目标是通过义工协调和统一的以实现组织公益目的的具体体现，即目标。

### （二）激励

管理者应根据义工的不同特点和需求方式，采取各种正确和有效的激励方式，来调动义工的积极性和主动性，进而促其为社会更好地服务。

### （三）权变领导

管理者应根据外部环境因素的影响，采取不同的组织方式和领导方式，来制定不同的管理策略和方法。

### （四）培养式管理

管理者应当加强对义工的素质和技能培训，同时还应该加强义工个人价值观的培养和塑造。

### （五）创造良好的工作环境

管理者应为义工创造良好的工作环境，包括一系列完善的组织制度和文化等，进而使义工更好地为参与组织服务，创造更大的社会价值。

### （六）文化整合

管理者应通过有效培训和激励方式来培养义工对组织文化的认同感，引导其行为与思想，从而实现文化整合的目标。

### （七）注重平衡发展

组织的效益在管理者的眼中应该看成是手段而不是最终的管理目的，

管理者应该学会处理和平衡利益主体的相互关系，真正实现组织以人为本的目标。

### （八）完善社会角色

管理者应当帮助义工实现社会角色的转换和定位，帮助其重新认识到自己在社会中应担当什么样的角色、承担什么样的任务，更好地实现自己的人生观和价值观。

## 二、需求假设

人本主义思想的核心和内涵与义工管理理念相符。人本管理是以人的全面发展为核心，把“人”看做是管理活动中最重要的因素，并把人作为管理的主体，强调充分利用和开发组织中的人的积极性和主动性，进而更好地为组织服务，在管理实践中真正实现人的全面发展，实现组织的最终目标。我们也从案例中看到人本管理在义工管理中如能恰当使用，将发挥其积极作用。

从人本主义思想的内涵而言，人本管理把管理中需要的各项要素从以人为本的角度进行了全面的阐释，其管理的最终目的是实现人的全面发展。以人为本的管理思想有两层含义：一是人被看作是管理中的首要因素，调动被管理者的积极性、主动性和创造性是每一个管理者进行管理的日的，这是它的浅表内涵；二是使每一个被管理者有足够的发展空间，在管理活动中不断地磨炼自己的意志品质，追求自由而全面的发展，真正实现自己的人生价值。

因而，从义工团队建设的角度来看，需要从以下要素来关注义工的发展。

### （一）自愿性、自我选择和决策

尊重义工的自愿性和自我选择权，以义工的需求、能力、特长、兴趣、心理状况等综合情况来科学地决策义工能够胜任的最合适的服务与工作。

### （二）参与行动和创造

采用“参与式管理”的新型管理方式，即让义工不同程度地参加团队决策的研究和讨论。同时，管理者做好自身定位，在参与讨论过程中，鼓励义工从不同方面一起探讨、建立和完善制度提出建议等，把个人需要同组织目标结合起来。

### （三）激发潜能和能力建设

“人都需要挥自己的潜力，表现自己的才能。当人的潜力充分发挥出来，才能相应表现出来时，人会获得强大的满足感。”人们除了上述的“经济需求”和“社会需求”之外，还有一种想充分运用自己的各种能力，发挥自身潜力的欲望。组织和团队要为义工提升能力和发挥潜能提供必要的支持，例如相适应的培训和适合的工作机会等。

### （四）评估与反思

为了更好地凝聚义工，需要帮助义工感受到在义工服务过程中自我的成长。例如，可以在每次活动中，注意观察每个义工，总结分析他/她们的特点和长处。活动结束后，对于有发展潜力的义工，进行有针对性的重点交流和沟通，发掘其继续投身义工事业的热情和动力，使其成为后续活动的主力。如果是长期服务的义工，义工督导可以有针对性地与义工一起制定发展评估计划，定期进行评估和反思，可以包括个人体验、专业能力等方面。

### （五）成果共享

管理人员不能只注重指挥、监督、计划、控制和组织等，而更应重视与义工之间的关系，培养和形成义工的归属感和整体感。在服务过程中，引导义工对成就或自我价值的个人感觉，包括他人对自己的认可与尊重，将团队的成果归功于所有团队成员，与之共享。管理者应建立科学的业绩评估体系和激励机制，要不断给予团队成员成长和晋升机会。

### （六）体验快乐

管理人员不应只注意完成工作任务，要善于倾听义工的意见和想法，把注意的重点放在关心人和满足人的需求上。快乐常常来自于对友谊、爱情以及隶属关系需求的满足。团队建设时需要建立温馨和谐人际关系，领导者应注重团队间的友谊，对团队成员的个人发展和家庭生活等给予关注，有组织开展丰富的团体活动，让大家感受到团队互助关爱所带来的快乐。

## 三、人的需要

马斯洛在20世纪50年代提出了“需要层次论”，他认为人有五种基本需要，依次构成需要的层次：

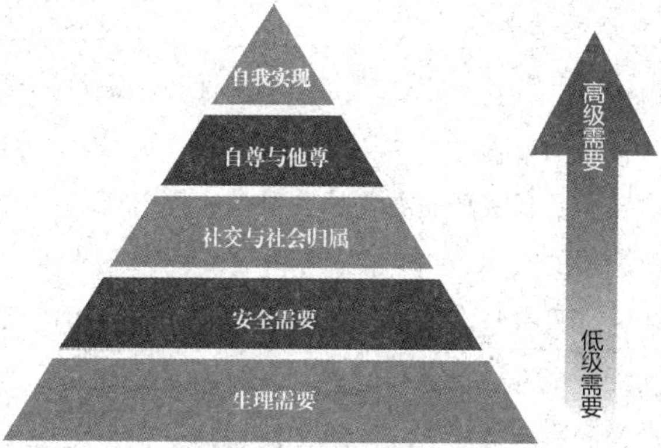


1. 生理需要

这是人类维持自身生存的最基本需要，包括饥、渴、衣、住、性的方面需要。如果这些需要得不到满足，人类的生存就成了问题。马斯洛认为，只有这些最基本的需要满足达到维持生存所必需的程度后，其他的需要才能成为新的激励因素。

2. 安全需要

这是人类要求保障自身安全、摆脱事业或财产损失等威胁，避免职业病的侵袭、解除严酷的监督等方面的需要。马斯洛认为，整个有机体是一个追求安全的机制，人的感受器官、效应器官、智能和其他能量主要是寻求安全的工具。

3. 社交与社会归属的需要

这一层次的需要包括两个方面的内容。一是归属的需要，即人都有一种归属一个群体的感情，希望成为群体中的一员，并相互关心和照顾。二是友爱的需要，即人人都需要伙伴之间、同事之间的关系融洽或保持友谊和忠诚；人人都希望得到爱情，希望爱别人，也渴望接受别人的爱。

4. 自尊与他尊的需要

人人都希望自己有稳定的社会地位，个人的能力和成就能得到社会的认可。尊重的需要又可分为内部尊重和外部尊重。内部尊重，即自尊，是指一个人希望在各种不同情境中有实力、能胜任、充满信心、能独立自主。外部尊重是指一个人希望有地位、有威信，受到别人的尊重、信赖和高度评价。

5. 自我实现的需要

这是最高层次的需要。它是指实现个人理想、抱负，发挥个人的最大潜能，完成与自己能力相称的一切事情的需要，也是一种创造和自我价值得到体现的需要。自我实现的需要是在努力实现自己的潜力，使自己越来越成为自己所期望的人物。

马斯洛认为，只有基本满足了低级需要后才会产生高级需要，最占优势的需要将支配一个人的意识和行为，高级需要出现之后，低级需要仍然存在，但对行为的影响减弱了。同时，他看到了人与动物在需要方面的区别，低级需要是人与动物共有的，而高级需要则是人所特有的。

## 四、人的发展

人的发展作为义工管理的核心，可以从下述三个方面进行解读。

### （一）人是义工管理的核心

义工管理注重人的因素，体现了人本主义管理思想，与物本管理思想把人视作管理客体相反。人本管理思想把人视为管理的核心，管理既是对自身价值的实现，同时又影响他人行为，进而使人更好地为组织和社会服务，并实现个人自身的发展和完成组织使命。义工管理尤其体现了人是管理核心。

### （二）要实现利益相关者的共同发展

义工管理除了提供义工服务、达成组织目标之外，还要从义工服务的利益相关者，特别是服务对象发展和义工成长的角度，帮助他们实现自我价值。只有将服务对象、义工和组织三者的发展结合起来，义工的积极性、主动性和创造性才能得以充分发挥，社会服务组织才能获得长久和持续的义工支持与社会公信力。

### （三）要注重个体人的全面发展

对义工管理而言，不仅要注重义工的学习成长和专业服务技能提升，还要特别关注其社会交往、人际关系、个人情感、家庭生活各方面的成长与发展。人本主义管理思想的目的是充分挖掘人在管理活动中的各种潜能，使人充分发挥自己的创造力，更好地为组织服务，实现社会服务的最终目标，同时体现自我价值和实现自身发展。

**义工人力资源管理内容**

| 管理职能 | 义工人力资源管理 | 说明 |
| --- | --- | --- |
| 规划 | 1. 需求评估<br>2. 整体性的方案规划<br>3. 阶段性的方案规划<br>4. 经费<br>5. 相关的策略——行销、创新、网络合作等 | 了解机构对人力资源需求的方向，调查所需要的人力及目前义工参与动机和状态，根据长期、中期、短期的阶段性，编制义工管理预算、募款、财务管理、宣传、创新方案、区域网络等数据信息 |
| 组织 | 1. 义工组织的结构设计<br>2. 义工的分组、分工<br>3. 规范的制度<br>4. 制度的制定<br>5. 授权<br>6. 义工的工作流程<br>7. 义工的招募及甄选<br>8. 义工的教育训练 | 1. 义工服务章程、出席规定、伦理守则与工作规范<br>2. 义工甄选、奖励、考评及福利制度<br>3. 参与决策、团队运作<br>4. 详尽的义工工作规划、明确的工作说明书<br>5. 义工的来源、资格限定、甄选方式<br>6. 重技巧或个人成长、职前训练、在职训练 |
| 领导 | 1. 督导形态<br>2. 沟通协调<br>3. 福利及激励 | 1. 督导领导形态、督导与义工的关系<br>2. 义工组织间、人际间的沟通<br>3. 保险、表扬、其他义工联系活动 |
| 控制 | 1. 建立义工工作评估标准和方法<br>2. 义工基本资料建档<br>3. 义工需求及满意度评估 | 如：服务次数、出勤状况、评估项目、由谁评估、时数登记、参加训练记录，作为下年度计划参考的标准 |

## 五、离职管理

在义工服务的末期，义工即将离开岗位，或告别组织，组织需要提前规划义工离任前的安排，帮助义工顺利完成工作总结和交接。义工的离职管理也是一个重要的学习过程，可以借此了解义工离职的原因，给义工提供反馈，同时也收集义工对于组织的反馈和建议。有效的离职管理可为组织赢得一位长期的支持者，并通过离职义工的推荐扩大组织的社会资源网络。这不仅是一段义工服务的结束，更有可能是新的义工服务旅程的开始。

## 六、管理挑战

由于义工群体的特征，必然存在着对义工人员管理的困境与挑战，主要包括以下方面。

### （一）个人自由意志与组织集体管理

由于义工的自愿性体现了个人的自由意志，而义工管理体现的是组织和集体意志，因此集合大多数义工意志的组织使命可能是义工管理的核心价值。

### （二）公民权利与责任风险

义工参与社会服务是实践公民权利，同时就需要承担相应的社会责任。有些义工凭着一时热情和冲动承诺或投入服务，却未能履约或善终，给组织和社会带来更多的责任风险。因此，需要组织建立风险阀门，提高义工的公民意识，尽量将风险控制在义工服务之前。因而，风险管理体系的建立在义工管理中有着其不可忽视的必要性和必然性。

### （三）无偿与义工服务津贴

报酬是劳动付出的市场价值，包含有成本和现金物质回报；而服务津贴只是在服务中发生的成本补贴。义工是不为报酬而从事社会服务的，服务成本由组织承担的可以领取服务津贴，也可以由义工个人承担。服务津贴的合理配置，在一定程度上，影响义工服务的可持续性。

### （四）义工服务成本与廉价劳动力

义工不为报酬而参与社会服务，一些专业和优质的义工服务无法计量服务成本。有些组织为此忽视了对义工管理的成本投入和鼓励，使义工成为“廉价劳动力”而得不到应有的支持。义工服务需要管理成本投入，以避免义工投入与社会服务成本的过度消耗和重复性浪费。

### （五）开放性与流动性

义工管理是基于尊重和民主，具有非强制的开放性和包容性。义工进出组织具有较大的自由度，组织的义工数量因此呈现流动性。正是这种流动性，一方面可为组织带来新鲜血液，促进更高的管理需求；另一方面，也可为社会传播正向的组织价值理念和塑造社会服务精神。

### （六）非职业性与专业化

社会发展需要更多的专业化义工服务以满足特殊情况、特殊群体的需求，而许多义工是在职业以外从事体验式非专业的义工服务。这就需要义工组织通过管理来吸引和配置适合的专业义工去创造更高的社会价值。

### （七）多元化与团队凝聚力

每个义工都可能有不同的价值观和发展需求，他们在服务中学习如何团队合作。这个过程，既可促进团队创造力及生产力的最大化，但同时也给团队管理带来多元化挑战。重视团队建设，鼓励、倡导、营造积极性和建设性氛围，有利于义工团队建设和发展。

### （八）过失与责任

无论是服务对象、义工或者组织，都可能在服务过程中出现过失而带来政治、经济、精神和人身等损失。如何对待基于爱心和善意的过失，就成为许多组织的“良心”困扰。事实上，正因为义工服务具有“公共性”这一属性，受社会道德伦理、法律法规和管理制度制约与监督，任何人和组织只要给公共利益造成损失，均不能免责。除了义工、服务对象承担其应负的责任，组织亦要承担管理责任，有时甚至是全部的责任。结合义工管理的实践，组织对义工过失的“处罚”主要是暂停其社会服务，并进行教育和告诫；而对于服务对象的过失则需要根据实际情况进行特殊处理。

### （九）义工服务价值评估与无成就感

由于义工服务价值缺乏评估机制和标准，义工服务价值难以得到社会、组织，甚至是义工本人的认可，从而导致或影响义工和组织因无成就感而失去义工服务动力。基于这点，义工组织需建立健全义工服务的记录、监测、评估与激励机制，动态和客观反映义工服务的时长及其社会价值，让每一个义工能够从服务中学习与收获。倡导和传播义工服务的价值，推动宏观管理层面的义工体系的建设与完善，从而让义工精神更加地发扬光大。

### （十）义工管理不当与义工失灵

义工的自愿性来自于其内心的驱动，外部的诱因、激励、障碍、限制，或者行政强制都可能会影响自愿性动机。一旦义工感受到“被义工”，或者社会服务组织和义工组织在开展义工服务活动中受到强制或限制，则可能会导致义工失灵，影响义工服务事业的健康发展。因此，无论是政府、企业，还是社会组织，都负有营造良好的义工服务环境的责任，共同参与建立健全宏观和微观的义工管理体系。

### ★ 互动分享环节

**管理好自己的时间**

现代管理大师彼德·德鲁克有这样一句名言：“时间是最高贵而有限的资源，不能管理时间，便什么都不能管理。”英国博物学家赫胥黎说得更形象：“时间是最不偏私的，给任何人都是24小时，同时时间是最偏私的，给任何人都不是24小时。”

当代成功人士的一个共同的特点就是，他们都是时间管理的高手。

我们无法使时间停留、倒流，但我们可以控制时间的“流向”，这就是通过有效的时间管理，让时光流向有意义的地方。

从第一代的时间管理理论“着重利用便条与备忘录，在忙碌中调配时间与精力”，发展到了现在，第四代时间管理理论已从整个个人管理的角

度来看待时间管理问题，而个人管理的实质就是生命管理。因此，在正式介绍时间管理的具体方法之前，我们先同大家一起做个游戏，来加深你对这个观点的理解，这将有助于你提高对时间管理的重要性和紧迫性的认识。

这是引自中国台湾地区的一个十分经典的培训游戏，只有你亲自去做，才能够有更加深刻的体会。

时间的游戏：

假如现在你个人的生命处于 0～100 岁之间，接下来我们来玩一个游戏。

请准备一张长条纸用笔将它划成 10 份（中间部分刚好每两列一份代表生命中的 10 年，分别写上 10、20 等，最左边的空余部分写上“生”字，最右边的空余部分写上“死”字）。

下面我给大家出几个问题，请大家按我提的要求去做：

第一个问题：请问你现在几岁？（把相应的部分从前面撕掉。）

过去的生命是再也回不来了！请撕彻底撕干净！

第二个问题：请问你想活到几岁？（如果不想活到 100 岁的话就从后面把那部分撕掉。）

第三个问题：请问你想几岁退休？（请把相应的退休以后的部分从后面撕下来，不用撕碎，放在桌子上。）

就剩这么长了，这是你可以用来工作的时间。

第四个问题：请问一天 24 小时你会如何分配？

一般人通常是睡觉 8 小时（有人还不止呢），占了一天的 1/3。吃饭、休息、聊天、摸鱼、看电视、游玩等又占了 1/3。其实真正可以工作、有生产力的约8小时，只剩1/3。

所以请将剩下来的折成三等份，并把2/3撕下来，并放在桌子上。

第五个问题：比比看。

请用左手拿起剩下的1/3，用右手把退休那一段和刚才撕下的2/3加在一起，并请思考一下您要用左手的1/3工作赚钱，提供自己另外2/3的吃喝玩乐及退休后的生活。

第六个问题：想一想。

你要赚多少钱、存多少钱才能养活自己上述的日子，这还不包括给父母、子女、配偶的哦。

第七个问题：请问你现在有何感想？

第八个问题：请问你会如何看待你的未来？

## 第二节　自我认知

**【安心小语】**只有超越那个被自我评判设限的自己，度化那个被情绪困住的自己，才能活出真正的自我。

**【案例】**

### 同心义工说

很多人认为去做义工就是去做好事帮助别人，我们有一个想帮助别人的良好愿望是必需的。但是，仅仅有这种良好的愿望还远远不够。我们帮助别人，要有良好的效果发生，要善始善终。在帮助别人的工作中，我们会成功，也会失败；会得到成功的鼓励，也会遭到失败的挫折；工作的过程中可能会很顺利，也可能会遇到极大的困难。为了更好地帮助求助者，我们要有大量的知识储备，也要通过调查、访谈、咨询来了解求助者及其具体困难。为了更好地完成工作，我们也要和义工组织的其他人员密切合作，形成一个有效的工作团队。

做义工并非一腔热血、愿意身心奉献就能做好的工作，而是需要我们有持之以恒的爱心、耐心和能力去坚持。所有这些，都需要我们做好充分的准备。

## 一、明确成为义工的动机和目的

毫不讳言，通过调查发现以及我们自身做义工的经验，人们参加义工组织的原因丰富多样：有的人参加义工组织，是希望向社会奉献自己的爱心和力量，把我们这个社会建设得更加美丽；有的人参加义工组织，是希望能够在其中得到学习和锻炼的，在将来能够更好地适应社会的发展；有的人参加义工组织，是希望能够拥有一个团队生活，消除自己的孤寂感；有的人参加义工组织，是想在义工组织内交一些好朋友，拓展自己未来的事业；有的人参加义工组织的，是因为自己的生活乏味无聊，来到义工组织内打发时间的；有的人参加义工组织，甚至还有一些不可告人的别有用心的目的。多年来做义工的体验告诉我，大多数人们参加义工组织都抱着一种善良的愿望，是希望为社会做一些有益的事情而加入义工组织的。即使是这样，我们仍然要明确我们参加义工组织的动机和目的。

大家都知道中国有一句古话：人无远虑，必有近忧。很多人都知道这句话的意思是说，人啊，如果没有远大的理想，眼前就会有令人忧心的事情发生。为什么是这样呢？

### （一）做好义工工作，需要我们有“远虑”，打消“近虑”

如果参加义工组织，是因为我们自己的生活无聊乏味，来义工组织就是为了打发时间、寻乐子的，这就是“近虑”。如果是这样，那么必然非常在意一次义工活动能不能让自己感到开心；如果不开心，这次义工活动就没有任何意义。在义工活动中，如果我们受到管束、感到压力、遭到失败，那就会不开心，义工活动对我们来说就是痛苦的，会因此厌恶甚至痛恨义工工作。如果我们参加义工组织，是为了在义工中间结识朋友、拓宽自己的人际关系从而有利于自己的业务开展，这也是“近虑”。参加义工组织，是为了向求助者提供帮助的，我们是为了更好地向求助者提供服务而团结协作，并不是为了交朋友而进入义工组织。如果只是单纯地为了拓宽人际关系而加入义工组织，是违背义工组织的初衷的，本末倒置，最终也不能达到目的。如果不能达到“交朋友”的目的，对那些仅为此目的而参加义工组织的人，义工活动还有什么意义呢？它必然会感到辛苦、无聊，感到我们煞有介事。这些消极的情绪在义工组织中传播开来，对他自己和其他员工都是一种伤害。如果参加义工组织是为了得到学习和锻炼，在将来的时间里能够更好地适应社会，这是“远虑”。做好任何工作，都需要技术和知识；想成就一番事业，也都需要得到别人的帮助。我们到底需要什么样的知识和技术，只有在实际工作中才能够让我们找到答案。参加义工组织活动，对于纯朴善良的人们，是一个良好的社会实践选择。在活动中，我们会认识到怎么才能够学以致用，认识到什么是真正的知识。义工组织是一个善良人的群体，在这个组织中大家互敬互爱、互相帮助，建立起和谐的有益的人际关系。义工组织给人们提供一个风险小、建立工作上的和谐人际关系的小环境。在义工组织中得到人际训练的人，能够更好地适应在大社会环境中的人际关系处理。希望向社会奉献自己的爱心和力量，尽自己的一份绵薄之力把这个社会建设得更加美丽，这是最值得推崇的“远虑”。一个人，只有能够向社会贡献一份力量，能够促进这个社会的发展，才能够被社会需要而成为一个有用的人，成为一个成功的人。如果我们希望家庭成功，我们就要成为对家庭有贡献的人；希望事业成功，我们就要成为一个对社会有贡献的人。一个对社会没有贡献的人，社会是不需要他的，他也是不能够被社会宠爱和接纳的。爱一个人，我们才能够容忍他，才能够默默地奉献给他。爱社会，我们才能够接受这个社会的不足，我们才能够奉献社会，忍受辛苦去将这个社会建设得更加美好。只有有这种远虑，我们才能够把在义工工作中所遇到的挫折、困难、非议，理解为我们在成长的道路上必不可少的磨炼，是我们进步的阶梯。

### （二）做好义工工作，需要我们有“奉献”，有“爱心”

加入义工组织，我们不以物质报酬为目的，充分利用自己的时间、技能等资源，自愿地为他人和社会提供服务和帮助。我们的成功，要以我们是不是真正让他人和社会得到帮助而摆脱了困境，是不是得到人们的肯定和支持为标准来判定。我们要深刻地认识到义工的含义，认识到“送人玫瑰，手有余香。”只有具备“我奉献，我快乐”的义工精神，我们才能够义无反顾地加入到义工组织，快乐地接受义工组织给我们安排的所有助人活动，诚心诚意地与所有助人者合作。

成为义工，首先要有一定的业余时间。如果您时间紧张，要利用您所有的时间去开展个人业务，在所有的场合来开展个人业务，即使您很有爱心，也不合适做义工。做义工，要做好心理准备，能将一定的业余时间贡献给求助者和社会。

其次，作为一名义工要享受奉献的过程，学会自我激励。也许，我们帮助求助者，为社会奉献，付出了很多。但，别人才感受到一点点，甚至整个社会根本不知道我们做了什么，也没有给予我们任何赞扬和奖励。对此，对我们都应该毫不气馁，以更旺盛的热情投入到助人工作中，为社会作更大的贡献。当我们奉献社会的时候，我们的内心已经悄然发生变化，我们会因此更健康、更快乐、更坚定。我们做义工，不图名、不图利，奉献社会本身就让我们快乐无比。在助人的过程中，我们给予了我们能够给予的，得到了我们可以得到的，这本身就是一件非常幸福的事情。

最后，我们要做好心理准备去接受非议、不理解甚至拒绝。每个人的世界观都不一样，我们不能强求所有的人都认同我们的工作。我们的关注点应该在我们的工作是不是真正促进了这个社会的美丽变化，而不是别人的认同。在工作的过程中，我们会遭受各种各样的非议和不理解。有的人可能会觉得我们是沽名钓誉的人，或者认为我们是一群幼稚的人。他们没有做义工，体察不到义工的内心世界，没有看到义工为社会所作出的贡献，所以他们才会有非议和不理解。我们只有更加坚定信念，做得更多，让这个世界发生更为显著的变化，感动更多人，才能够最终消除各种非议和不理解。在工作中，我们也会遭到别人的拒绝。也许，这个人被伤害太多太深，所以他不相信这个世界上还有善意。也许，这个人被遗弃的感觉太过强烈，或者他在无助的状态中挣扎得太久，最终放弃了这个世界。遇到这样的人，我们就要更加热情、耐心地付出，温暖他、感化他、靠近他、帮助他，消除他对这个世界的敌意，增强他对世界的信心，走出自己封闭的小世界，融入到社会的大家庭中，感受这个世界的阳光和温暖。

## 二、结合自身条件，有所作为

社会心理学有一个概念叫作“上帝情结”，是说很多人都有一种冲动，希望能够像上帝那样无所不能，在需要的时候帮助所有人，拯救全人类。如果一个人有上帝情结，并推动他去帮助别人、奉献全社会，这是一件好事情。但是，人毕竟不是上帝，不能够像上帝那样万能。人的时间有限，精力和能力也有限。在帮助别人、奉献社会的过程中，我们不是一定要帮助所有人，像万能的上帝那样阳光普照这个世界才算是成功的义工。一个成功的义工，是能结合自身条件，尽自己的能力而有所作为。首先，我们内心一定要打消不切实际的宏伟愿望，建立切实可行的目标。我们是血肉之躯，只要发挥自身的能力，做力所能及的事情就是善。做义工，不好高骛远，踏踏实实地做好我们眼前的事情，改变我们身边的人和事，我们就是成功的。我们要考虑自己的身体是否能承受较为繁重的工作，生活和工作中能不能抽出一些时间来参加义工活动，经济实力是否允许我们节约一些钱出来周济别人。

如果我们太过勉强自己，为了帮助别人而伤害了自己的身体，或为了去做义工而旷课或旷工，甚至未成年人不顾家人的劝阻而去参加义工活动，都是不应该的。我们爱别人、爱社会，要从爱自己、爱家人做起。我们不需要造作的爱心，也不需要不顾一切去付出的行为。如果连自己和身边的人都照顾不好的话，是没有资格去照顾和关怀别人的。这，是大家必须端正的心态。义工组织并不鼓励义工们“舍小家为大家”的精神。如果，有人为了帮助他人、奉献社会，而抛家舍业，让自己和家庭蒙受巨大的痛苦，可能会得到社会及某些组织的赞赏；但是，这不符合义工组织的价值观念。义工可以奉献，但不是要牺牲。

## 三、要有成熟稳重的心理素质

参加义工组织工作多年，我和很多义工合作过。我感觉到很多人，特别是一些学生和比较年轻的人，参加义工工作的时候个个都是满腔热血。他们不怕苦不怕累，但缺乏理性的态度和实际的工作体验，在义工服务中也常容易有情绪化的行为表现。

在义工服务中，工作热情是必要的，而谦虚谨慎的工作态度更为重要。很多人，对助人活动有误解，不能深刻地认识到求助者的困难，总是把问题看得太过简单。常常在面对同一困难上，义工热情洋溢，而求助者则忧心忡忡。义工不能体会到求助者的忧虑，感受不到求助者消极情绪，也因此在助人的过程中不能形成两者的有效合作。有些义工，看到求助者如此消极，感到心灰意冷甚至不快，帮助求助者的热情也大大降低。其实，义工在开始的时候过分乐观，很容易失去求助者的信任。谦虚谨慎的态度更能让求助者感觉义工理解了自己，因而有更高的安全感来接受义工的帮助。

义工在工作中，忽视或者不能看到求助者自身的努力，可令求助者的挫败感加深。求助者无论陷在多大的困境中，无论现在看来他多么弱小不堪，我们都应该承认他为摆脱困境所做的努力和尝试。即使求助者已经向义工求助，求助者仍然在持续的努力中。义工要意识到这一点，才能够正确地看待求助者，才能给予求助者适当的支持和鼓励。如果看不到这一点，求助者的努力动机将遭到打击或抑制，甚至求助者的人格也会受到伤害。作为一名义工，一定要有欣赏求助者的心态，才能更好地鼓励求助者，得到求助者的信任与合作，义工才能够将自己帮助的力量传输给求助者。

无论事情有多困难多复杂，无论求助者的处境多么的不堪想象，义工都不要惊慌失措，大惊失色。义工一定要给求助者一个稳重、成熟的心理印象。义工面对困难的态度和表现，会给求助者强烈的心理暗示。如果义工心理不成熟，表现得惊慌、恐惧，会在求助者的潜意识里形成问题得不到解决的想法，对求助者形成不良的反向暗示，影响了问题解决的效率。付出爱心，并不是盲目的。在活动前及实施过程中，要认真听取活动负责人对该次活动内容的相关讲解，清楚了解你参加该次活动的义工服务内容和性质。有不明白的一定要在活动前问清楚问明白，不要在活动过程中无所适从。义工若在服务对象面前表现退缩或放弃的话，往往会比你从未对他们施以援手要糟糕得多，同时也会对别人的自尊心带来一定的伤害。义工须认真地先了解自己所要做的工作内容和性质，再根据自己的个性、优势来选择适合自己的义工工作项目。

有的人喜欢出风头，喜欢被人看到和欣赏。他们以为参加义工活动就一定是要到现场去参与才算是真正参加了。其实，很多时候站在最前线的未必是英雄，往往在幕后默默支持的工作者才是真正的英雄。参加义工组织，要甘于接受默默无闻的幕后工作。即使到义工工作的最前线，也要踏踏实实、一丝不苟地做好工作，不能只是走形式做样子吸引眼球。我们做事情是为了追求心安理得，不是做给无关的人看的。那种只有别人看到才做事的想法和行为是不成熟的心理表现。

很多第一次初为义工的人，他们真实地感受到了自己的力量，见证了自己的爱心和付出，也会不由自主地感到骄傲，并出现一些骄傲自满的心态。而做了一段时间的义工，可能觉得自己资格老有经验，在新的义工面前，往往容易摆出一副资深的姿态，不顾他人的意见和想法，经常出现一些个人主义、固执己见的过激行为。这些都是不可取的心态，往往会影响团队的合作精神。参加义工活动是一个漫长坚持的过程，需要团体共同的奋斗和努力，个人英雄主义是成不了事的。

**★ 互动分享环节**

**游戏：我是谁？我是一个什么样的人？**

我是谁？这是一个充满了思辨和叩问的永恒话题。中国有句古话，叫做“人贵有自知之明”，这个“贵”字，不单是宝贵，而且是稀少，物以稀为贵嘛！睫在眼前最难见，人短于自知。

老子说：“知人者智，自知者明；胜人者有力，自胜者强。”西方人崇拜的德尔菲神庙上也刻着一行警告人们的字：“认识你自己！”

这个游戏就是针对你是如何看待自己而设计的。

好，请拿出一张白纸，开始我们的游戏。

请在白纸上，纵向画出4条线，也就是把白纸分成四格。

请在白纸的左侧一栏写上——

1. 身高；2. 体重；3. 相貌；4. 出身阶层；5. 文化程度；6. 性别；7. 性格；8. 人际关系；9. 职业；10. 配偶；11. 家庭；12. 收入；13. 爱好；14. 住宅面积；15. 健康状况；16. 理想抱负……

左侧写满之后，请在白纸的上方从左至右写上：“真实的我 ——理想的我——别人眼中的我”。

好了，现在我们这张表的基本构架就出来了，剩下的事就是你按照刚才列出的条目填上答案。

具体填法，有两种形式：一种是竖填，先一鼓作气地填出真实的自己的情况。比如你是一位男士，身高1.72米，体重65公斤，相貌中等，出身阶层是职员，文化程度是大专毕业……填完了第一竖栏，你的大致情况就勾勒出来了。然后再填右边的那一栏，就是——“理想中的我”，建议你也一气呵成。期冀自己怎样，就大大方方地写出来，不必担忧它是否可行。比如身高，你希望自己高大如NBA球星，不妨就写个1.98米，还觉不过瘾，填上2.22米也无妨。如果你期望窈窕如模特，也可以大胆设想身高1.75米，体重48公斤。至于相貌，可大笔一挥写上“刘德华”或“凯瑟琳·赫本”。至于出身阶层，更可以写上“王室贵族”或是“亿万富翁”。总而言之，你曾怎样想过，就大大方方地写来。

还有一种是横填，可如下操作。以“收入”一项为例，先写上你的实际状况，比如“月薪2000元”；再移向右侧的那栏，即“理想的我”，你可以填上“月薪8000元”。至于“别人眼中的我”，也许因为你经常出手大方，仗义疏财，人家以为你的月薪起码5000元以上了。也许因为你要攒钱娶媳妇或做着轿车梦，省吃俭用，小气吝啬，别人还以为你收入只有1000块钱呢！

填完之后，再仔细看一遍。我们会发现，每个人对自己的评价和自己的理想之间，竟有那么大的差距。归根到底一句话——你已拥有的，你不喜欢。

世上有一些事情可以改变，也有一些事情不能选择。谁都希望自己国色天香，英武过人，天资聪颖，出类拔萃；谁都希望噙着银勺子出世，一帆风顺，坐享其成……可惜这不符合事物发展规律，是一厢情愿的白日梦。

对于不能改变的事物，捶胸顿足，怨天尤人也于事无补。要想保持心态健康平和，重要的原则就是对那些我们所不能改变的事物安然接纳。这不是消极的宿命，而是积极的达观和智慧。当我们承认自己的不完美，也接纳自己的不完美，坦然面对自己的不完美时，我们也会对他人的多样性有了更多的包容和欣赏。千万不要小看了接纳自己外表不完美这件事，它是接纳万物的门票。

“理想的我”和“真实的我”，不相符合之处多吗？数一数到底有多少条？看看这些条款之中，有哪些是可以改变的？有哪些是不可更改的？对那些经过努力可以更改的，你将如何努力？改变的代价你能否承担？对那些不可改变的，今后你能否真正坦然笑纳？

“真实的我”和“别人眼中的我”之间有多大差距？如果别人眼中的你，和实际生活中的你，反差太大，你可要好好找找原因了。某学校里，一位非常幽默爽朗的同学突然死了，死因不明。看情形像是自杀，但无论是老师还是同学，都说这样一位同学是绝不会自杀的，说不定是谋杀。事件惊动了公安局，展开了周密的调查，找到了这个男生藏起来的日记，才知道他因为个矮体胖，经常遭到大家调侃，非常难过和自卑。为了少被别人嘲笑，他学会了自嘲，经常是同学们还没有提到他体胖时，他就抢先发话，拿自己的缺点调侃开涮。大家都以为他很想得开，也乐得打趣，他就成了大伙的开心果。他在日记里写到，我之所以把自己的伤疤揭开，就是乞求大家不要再拿我逗乐了。我自己都把自己贬成了这样，你们就不要说了！但是，大家还是不放过我，把快乐建立在我的痛苦之上。看来要最终摆脱这痛苦，我只有结束自己的生命了……

这可能是一个极端的例子，但在我们的生活中，我们违背自己的意志，只是为了一博别人的欢喜，这样的事情还少吗？为了他人的好印象，其实我们一直在委屈一个人，那就是我们自己。一位美国诗人有诗句：“你不要不停地变化，来取悦于我。我爱你，是爱你的本色。”

请记住——务必活出一个真实的自己！否则我们会很累很累。如果你经常扭曲自己，让真实的自我躲藏起来，企图用假象蒙蔽你周围的人，那么，你伪装得越像，你付出的代价就越多。情况严重的，会走向精神分裂。

还记得郭冬临的小品《有事您说话》吗？小品中的主人公是厂里的一名普通职工，他希望别人能够高看自己一眼，他希望在别人眼里自己是一个有头有脸、关系广泛、神通广大的有本事的人。但他并没有在工作中努力，而是一味地帮人家办事。大家觉得他挺热心，有什么事都求他，对此他即使办不了也为了顾全面子而答应下来。为了替科长买火车卧铺票，他先谎称自己铁路上有熟人，然后再连夜冒着寒风去火车站排队，要是排不上再自己搭上钱从票贩子手里买高价票。最终事情办完了，拿到票的科长喜笑颜开，连夸小郭有本事，可他背后的辛酸只有他自己知道。他这样做就是想让别人认可自己，不愿承认自己比别人差，怕伤及同事的感情或是得罪上司。可到头来自己得了“面子”却累坏了身子，还让家人为之落泪。在现实中，总有一些人为了面子奔波一生，总想让别人高看自己一眼，结果最后留给自己的还是烦恼一堆。其实，他们输的不是他们的个人能力，也不是他们的行为技巧，而是这个不名一钱的薄薄的脸面。如果我们能够正视面子，认识到其实在现实生活中，比面子重要的东西还有很多。放下那些没有价值的面子，放下“别人眼中的我”，我们的生活就不会有那么多的痛苦。“死要面子活受罪”，放下面子，做你自己，人生才更精彩。

人生活得安详、轻松、自在、快乐、幸福，就在于尽可能地把“现实的我”、“理想的我”与“别人眼中的我”有机地统一和一致起来。健康的自我形象，会导引我们走向自尊自信自爱的人生。那时你将发现，你的内心深处是多么的神奇和安全。我们就会多一些快乐，多一些勇敢，多一些聪慧，多一些轻装前进的勇气。你就会思索你的这个“真我”，和别的人比起来，最大的优势在哪里？真正的目标在哪里？你能不能把所有的资源都用到自己的优势上，朝向矢志不渝的目标奋进?!

游戏总结：游戏结束时，请你静下心来，想一想，问一问自己，我对“真实的我”满意吗？如果不满意，有哪些地方是通过努力可以改变的？我尽到自己的努力和责任了吗？我是否经常为无法改变的自我而忧心忡忡？我是否太过在意别人的评价，以至于活在了别人的期望与阴影之中？我为“理想的我”制定过一个切实可行的行动计划了吗？我是否在持续不断地为理想而行动？我的“真实的我”与“别人眼中的我”与“理想的我”是否基本一致？如果出入较大，原因是什么？

## 第三节　自我修养

**【安心小语】**“同心”意味着同理心。同理心是我们与人为善的基础，更是义工做好爱心服务的基础。只有站在对方立场和他（她）一起感同身受，才能切实地帮到对方。

【案例】

## 厦门慈善儿童院　绽放藏族“格桑”花

他叫丹增格桑，厦门小白鹭民间舞团的一名舞蹈演员，1992 年出生的这个藏族大男孩，从小就失去了双亲，12 岁那年他从四川甘孜藏族自治州来到厦门，开启了一段影响他至今的新生活。

2004 年 5 月，格桑成为厦门首家民间儿童福利机构—翔安区同心儿童院收养的第一批孩子，从无依无靠到数十人的“大家庭”，刚开始，格桑感受更多的是新鲜和好奇。回忆起儿童院送自己到小学读书的那段时光，格桑的心情显得五味杂陈。

由于文化基础较差，学习起来吃力，生性活泼的格桑，上小学时经常在课堂上捣乱，最后被学校劝退。聊到这里，格桑略带歉意地笑了笑，他表示很感谢同心儿童院当时并没有放弃他，而是另外为他找了小白鹭艺术学校学习跳舞。

经历了这次风波，格桑开始认真对待自己的学业，也许是身体中带着藏族天生的舞蹈才华，格桑坚持完成了在艺术学校 6 年的学习。毕业后，他曾回老家待了一年。

回到藏区的一年，格桑没有跳舞，却经常看到别人跳舞，每次看到别人跳舞，他就特别想跳，平日里要是没有压腿，就感觉身体好像不对劲，因为已经习惯跳舞了。短暂地离开后，格桑回到了厦门，舞技出众的他最终被厦门知名的小白鹭民间舞团录用至今。

感恩是格桑在提到儿童院时最常说的话语。他告诉记者，虽然离开了儿童院，但现在一个月都会回去三四次。遇到儿童院各项活动，他还会主动进行义务表演。每次回来，他会教藏族的孩子们藏语，陪他们打打球，跳跳舞，心情感觉特别好。

格桑的转变，让看着他长大的同心儿童院院长黄双春很是欣慰，她告诉记者：“作为慈善机构，同心儿童院创办十年至今，已代养了因家庭原因前来的 270 多名孩子。对于没家的孩子来说，他最期待的是有家，能够有个着落地方，而不是在街上流浪。现在这个社会吃饱穿暖基本上没问题，可是他的心灵没有归属。而儿童院的这个家，给他的就是这个心灵归属。”

在藏语里，格桑是幸福的意思，如今，格桑这朵已经从儿童院里绽放的“幸福之花”，依然记着“自己的根”在儿童院。

格桑说：“儿童院对我（来说）感情是更深，因为那是我的家。”

义工在助人工作中，面临的任务有着很丰富的层次，因此，有些工作甚至需要义工有专业性训练知识或能力。作为一名普通的义工，只有不断增加自己的知识，才能更好地为求助者服务，为社会作更多更大的贡献。整体来讲，义工就是做人的工作，解决社会问题。对人的行为、思维规律，对社会的运行规律，了解得越深刻，在义工工作中就会越有效率。想成为一名优秀的义工，要掌握的知识包括社会学、心理学、教育学和社会政策等。

## 一、社会学方面的知识

研究和解决社会问题一定要遵循规律，社会学就是研究社会运行规律的科学。中国人民大学社会学系教授郑杭生先生把社会学定义为研究社会良性运行和协调发展的科学。这个定义抓住了社会学研究的本质。社会学是伴随着现代工业社会发展而发展起来的科学，社会学为义工工作提供了广泛的知识基础，以大类划分，至少有三类知识对义工工作是不可或缺的。

### （一）有关人类行为的知识

社会学是关于社会行为和人类群体的系统研究，它首先关注社会关系对人的态度和行为的影响，关注社会以怎样的方式得以建立和发生变迁。有关这方面的大量论述，有助于义工理解他所置身于其中的社会。

### （二）有关社会问题的知识

社会学，至今主要致力于研究20世纪初形成的经验社会学所热衷的课题——社会问题。社会学研究家庭危机和解体，夫妻冲突、亲子冲突、各种形式的犯罪和越轨行为、青年的业余追求、老人尤其是孤独而无力赡养自己的老人，还研究社会选择过程、上层的出身优势和下层的出身劣势以及对民主的阻碍。社会学家们对这些社会问题的剖析为直接面对社会问题的义工提供了重要的学习和启迪。

## （三）有关社会研究的知识

社会学自产生以来发展出一整套社会调查研究方法，如抽样调查、问卷调查、参与观察、田野研究、直接访谈、间接采访、各方研究、群体研究、社区研究、比较研究、跨文化比较研究等，这些研究方法可以直接被义工所应用。社会学倾向于从总体上、从社会现象之间的相互关系来认识和解决社会问题，这给我们提供了一个解决社会问题深刻而有效的思路。社会学有非常丰富的理论派别，任何一个派别都可以给我们提供一个理解社会现象的极其深入的视角。应用社会学一直致力于研究社会现实问题，并提出了行之有效的解决方法。义工选择通过自己的工作将社会建设得更美好，那也意味着不得不面对社会各种各样的问题。义工对社会问题理解得越深刻，在解决社会问题的过程中采取的方法越科学，义工工作取得的成效也就越大。

以义工常面对的贫困问题为例，社会学研究能够为义工提供较为科学的理解和解决问题的思路。社会学认为，可以将贫困分为初生贫困和次生贫困两种。一些心智正常、身体健康的人，由于处在比较差的自然环境中，其自身虽非常努力，但仍处在非常贫困的状态中，这种贫困叫作初生贫困。但是，也有很多人，心智正常、身体健康，自然环境也不差。由于家里穷，没有经受过良好的教育，或掌握知识和技术，在这个环境中只能进行比较低层次的劳动，劳动收益比较低，而处于贫困状态，这种贫困叫做次生贫困。相对来讲，初生贫困更多的是由于社会原因导致的。如果经过我们的分析，求助者的贫困属于次生贫困，我们需要调整政策，提高教育水平来帮助求助者效果更好。在解决贫困问题的过程中，我们要分清到底是哪一种贫困，采取更有针对性的应对措施，以比较小的投入取得解决问题的成功。为了了解求助者的贫困到底是属于哪种类型，我们要运用社会调查研究的相关知识搜集资料，整理和分析资料，做出科学的调查报告，对求助者的困难有一个直观正确的了解。在此基础上，我们再利用社会学关于贫困、社会分层、社会流动、社会政策等相关知识，制定一个合理的帮扶计划。

## 二、心理学方面的知识

我们要帮助求助者走出困境，需要先了解人的思维、行为规律，才能够对他提供切实有效的帮助。对人开展工作而不了解人，义工帮助人就是一句空话。心理健康服务、精神障碍及其恢复、情感问题等都是义工服务的重要内容。在义工助人的实践中，义工常常与心理学家和心理分析专家携手合作，帮助求助者摆脱心理困境。

心理学有着悠久的发展渊源。作为一门独立的学科，心理学从19世纪末20世纪初以来，有了长足的发展，学派纷呈，大师辈出。心理学以其独特的视角打开了一个又一个认识的盲区，大大丰富了人类对自身的认识。心理学的影响远远超出了狭隘的学科范围，有些观念甚至渗透到了普通人的日常生活意识之中。与日常生活紧密相关的义工工作，也不可避免地受到心理学的冲击。

心理学对义工的影响可以简单地归结为对心理层面的重视，也就是说，义工在调查、分析、处理求助者的问题时，应当高度关注求助者的思想、观念、态度、情绪等心理方面的因素。但是，若进一步地探究却又会使问题变得复杂起来。心理学本身有各种不同的分支和流派，他们各自又以不同的方式为人们所接受。

普通心理学阐述了人的意识的特征和作用，详尽地研究和分析了人的感觉、知觉、思维、记忆、语言、情绪和情感、意志、能力、气质以及性格等，与人的行为有关的精神层面的问题。精神分析不停留于任何心理现象的表面价值，认为在任何心理现象的背后都藏匿着其他更重要、更有深远意义的精神作用，因而，它要寻根问底地来揭露表象深处的东西。弗洛伊德说：“我们并不愿意单纯地去描述现象和类别现象，而是要把它们作为某种势力在精神内发挥作用的信号，作为某些正在力求达到一种目的的倾向，某些共同合作和相互反抗的表现来加以理解。我们寻求精神现象的一个动力的概念。”心理学的研究成果是富有创造性的，它们拓宽了义工的眼界，提供了认识人的行为、解析社会问题的新的视角，从而能够促进义工服务的发展。义工从普通心理学和精神分析心理学中汲取思想养料，可以把它们用于对求助者的帮助工作，增加义工服务的学术内涵。社会心理学可以为义工理解团体、社区以及各种类型的社会互动现象提供富有启迪意义的知识和学习。“社会心理学是系统研究社会行为的科学。它涉及我们如何认识其他人，如何对别人作出反应和别人如何对我们作出反应，以及我们是怎样受所在的社会环境影响的。社会心理学研究的是人与人之间相互作用的所有领域，包括与社会现象直接相关的各种行为。社会心理学一直瞩目的主题，包括大部分各种重要的人际之间的行为和情感——喜好、爱情、侵犯行为、遵从、合作倾向、交往和影响……从某种意义上来说，一个人对人们如何相互影响所能提出的任何问题，都包括在社会心理学研究范围之内。”社会心理学研究的对象与义工关注的对象是极为相似的，尽管社会心理学没有，也不可能尽如人意的完成它所设想的使命和宏大目标，但这并不妨碍它实际上可以为义工提供重要的知识基础。

心理学是一门关于心灵的科学，它从心理的层面研究、解释人的行为，试图建立严格的逻辑框架和完整的概念体系。心理学这一纯粹的学术追求以及它所取得的成就使它与义工服务相区别，至少到目前为止，义工服务远没有建立起自己的逻辑体系。

心理学与义工服务一样具有直接实践的品格。心理学家经常与义工协力合作，共同解决社会问题。这种合作一方面证明两者有共同点，另一方面也表明两者有差异，而差异经常是合作的重要前提。两者在处理社会问题中的差异主要表现在三个方面：一是义工倾向于利用总体的社区资源来改善社会关系，有时也利用经济的手段，如提供无偿的经济援助等；心理学家常常借助于药物、病床、门诊所、医院来帮助病人，随着大量新的药物的出现，药物在治疗心理疾病中的使用越来越广泛。二是义工把求助者个人的家庭、夫妻、团体看作一个发挥的社会功能的整体，与他们共同工作，实现对求助者的帮助。心理学家的注意力集中于个人，个人的无意识和内在的精神因素。三是义工可能设法强化与发展个人、团体和社区的潜能，强调自强自助。心理学家发展出一套技术手段来诊断治疗疾病。

义工可以运用心理学的知识或者直接与心理学家合作对求助者提供服务，义工掌握的心理学知识越丰富，对求助者的精神世界就理解得越深刻，能够在更深层次上对求助者提供帮助。

除了社会学和心理学的知识之外，义工还要掌握教育学的相关知识。在前文中，已经给大家分析过，知识技术匮乏是求助者经常存在的困境。为了能够将求助者从困境中解脱出来，义工要经常向求助者提供必要的知识，才能让求助者变得强大。为了能将知识有效地传输给求助者，义工就需要了解教育和学习的规律，提高教育的效率。除必要的知识外，求助者还需要了解相关的社会政策。任何一个发展到现代的社会，国家都设置了一系列的社会政策，来保护公民的权益，提高公民的福利。有些求助者不了解这些政策，因而不能够充分利用这些政策满足自己的需要。义工可向求助者介绍职业技能知识，推荐相关福利政策。甚至义工还要亲自带领求助者向相关部门咨询社会政策，充分实现求助者的福利。虽然法律赋予每个公民合法的权利，但是求助者由于自身的能力无法主张这些权利，他的权利被剥夺了。义工在帮助求助者的过程中，有时也需要了解和利用法律的相关规定，伸张正义，为求助者主张他的法律权利。

义工的知识越丰富，越能有效地帮助求助者，可以和专业人士进行更好地跨界合作来提高服务质量。义工将在未来的实践中更清楚地认识到这一点，“一个好义工，不但是一个有爱心的人，还是一个有方法帮助别人的人。”他，需要成为一个勤奋学习多方面知识的人。

## 三、服从团队的领导

人们参加义工组织都是自愿的，义工组织对义工实行民主管理，在义工组织里义工享受充分的自由。义工如果认为自己提供的是无偿的服务，所以义工活动是可以不需要领导，自己自由安排。这种看法是完全错误的。本书前文已经向大家分析过，义工活动最注重的是团队合作和服从安排，这是义工组织发展壮大和向社会提供更高层次服务的根本。每一个义工组织，都有相关的组织纪律，工作区、宣传纪律等。义工参加义工组织，必须遵守义工组织的相关纪律，接受义工活动安排，和其他义工合作。自由主义的思想是对义工组织的严重伤害，绝对不允许在义工组织中存在。如果义工有自由主义的念头，需要深思内省，改变自己的思想观念，提高组织意识，否则就需要离开义工组织。

在每次义工活动中，义工组织都会安排相应的管理人员去领导现场参与的义工，这并不是对参加义工活动的人的凌驾，而是出于对义工组织活动效率的保证。如果缺乏组织管理，义工之间就不能够形成很好的合作，甚至会产生更大的混乱，这样不仅丧失了义工组织的效率，也是对义工组织公信力的严重伤害。作为一名义工，只有在义工组织的管理中，才能够充分发挥自己的能力，实现帮助别人和社会的愿望。一个义工也只有接受管理，才能够在义工组织中得到锻炼和成长，才能够让自己不断地成熟、强大。

义工组织发展壮大之后，会有各种层次、性格各异的义工。在义工活动中，每一个义工都会有自己的看法和意见，有的时候很难判断谁是谁非。即使义工组织有议事程序和决策程序，也不能完全消除大家的不同意见。作为一名义工，在工作中，尤其是面对特大紧急灾害的时候，我们要放弃个人意志，以大局为重，认真执行义工组织领导安排的工作，和同伴们做好配合。即使是我们所不认同的工作，我们只能保留自己的意见，尊重义工组织的决策，先把工作做好。在义工工作中，切忌把个人不良情绪带到助人活动中，伤害无辜的求助者。一切问题等到助人活动结束以后，在正常的义工组织议事程序中讨论。

### ★ 互动分享环节

**【场景扮演】**

小 A 是个全职太太，资助了儿童院的院童。有一天，她突然心血来潮决定去儿童院带她资助的儿童出去玩。到了儿童院，院里的老师对小 A 说："请你在开放日来吧。现在孩子们刚刚放学，还要忙着写作业。他还有自己的活动计划，突然到访可能会吓到孩子。"

"什么？喂，我是来献爱心的，而且这孩子是我资助的，你们居然不让我看？"小 A 生气地走出办公室时说。这时，刚好她资助的院童小 C 和其他小朋友放学回来，说说笑笑地进入院里。小 A 叫住院童小 C，"小 C 我来看你了！哎哟，你的衣服怎么这么难看？"不由分说就冲过人群，脱下小 C 的衣服，换上自己带来的新衣服。

所有小朋友突然愣愣地看着小 C，小 C 一脸惊慌，完全被吓呆了，小

A 接着说："你们这些孤儿就是没见识，那么难看的衣服还穿着走来走去。小 C，我告诉你，我既然资助了你，就要让你跟别人不一样，让大家知道你是我资助的，等下我带你去吃麦当劳。"

院童小 C 好一阵子才缓过神来，把小 A 穿在他身上的衣服脱下来，扔到地板上，回到自己的房间，关起门来丝毫不理会小 A。

小 A 很生气地对院长说："你们是怎样教育的?！这些孤儿目中无人，没有礼貌，我是看他们可怜才来献爱心，居然还把我的衣服扔在地板上，不识好歹！"小 A 很生气地开车回家了。

**【讨论】**

情景中有哪些不尊重别人的行为？为什么小 A 献爱心，还让自己这么不快乐？要有怎样的心态参与到慈善中，能让自己收获慈善的快乐与喜悦？

小 A 很想做义工，报名参加义工培训。小 A 很生气地去跟介绍他资助院童的义工倾诉在儿童院的遭遇。义工微笑着问她，你小时候和小朋友们玩的时候喜欢被父母打扰吗？你小时候喜欢父母带着他们的朋友亲戚到你房间吗？你小时候喜欢父母随时调整你的计划吗？小 A 终于明白了，觉得自己应该参与义工学习。

学习被安排在第五组。小 A 很生气她没被安排在第一组，认为大家看不起她，因为没工作，是个全职太太，便找中心主任理论。到了中心，大家正在忙着从一楼搬运东西到三楼，顺便招呼小 A："你要不要帮忙扛东西？"小 A 想："开玩笑，我好歹是林太太，家里的活还是保姆干的，叫我扛东西，太过分了。也不请我坐下。我来做义工的，你们负责劳力。"

小 A 不想参加学习了，但碍于介绍她来同心的义工朋友情面，坚持听完课了，受益不少。毕业实践课上大家讨论要做敬老实践还是义卖，有的说去儿童院支教，有的说做社区服务，最后剩下敬老院和义卖活动全体表决二选一。小 A 认为：敬老院都有收费，并得到了政府的资助，不应该去而应该去义卖，虽然义卖卖不了多少钱，但可以宣传同心，挣钱再少也是钱，可以为同心做好事。但同学们认为老人院虽然有收费，却是非营利机构，而目前老人院的老人更需要陪伴，比起宣传同心来说，敬老服务可以让自己学到更多的知识，大部分人认为还是做敬老服务好。这时，小 A 觉得这是看不起她，说：“你们都不听我的话，我也帮不上忙，你们爱干嘛就干嘛。我退出了”。

【讨论】

一、以上的情景体现了哪些伦理上的冲突，你觉得要怎样才能做一个快乐的义工？

1. 过于期待好心有好报；

2. 自己给自己太多压力；

3. 太注重与外人比较；

4. 易因为小事发怒。

二、怎样才能做个快乐义工，心境快乐，心情坦然，情绪稳定，心存感恩？

心情坦然意味着无惧挫折。上天给人一份困难时，同时也给人一份智慧，人生遇到困难是理所当然。

讨论刚才的案例，如果你是院长，你是班长，遇到这样的事情，你会有什么样的情绪？当你是小 A 时，同样的事情选择不同，会有不同的发生，请同学上来演绎。

角色分配：

甲：正向情绪；

乙：平静；

丙：不确定；

丁：负向情绪。

当你站在那个位置时，你心里的感受是怎样？

## 第四节　情绪管理

**【安心小语】**把向外指责、要求、期待的心转向向内观察，观察自己的念头、感受、情绪、语言、语音语调，觉察自己的每个当下，就能更好地和自己在一起。

【案例】

## 藏在白米饭下的招牌菜

二十年前某日黄昏，有一名看似大学生的男孩徘徊在台北街头的一家自助餐店前，等到吃饭的客人大致都离开了，他才面带羞赧地走进店里。“师傅，请给我一碗白饭。谢谢！”男孩低着头说。店内刚创业的年轻老板夫妻，见他没有选菜，一阵纳闷，却也没有多问，立刻就盛满满一碗的白饭递给他。男孩付钱的同时，不好意思地说了一句：“我可以在饭上淋点菜汤吗？”老板娘笑着回答：“没关系，你尽管用，不要钱！”男孩吃饭吃到一半，想到淋菜汤不要钱，于是又多叫了一碗。“一碗不够，是吗？我这次再给你盛多一点！”老板很热情地回应。“不是的，我要拿回去装在便当盒里，明天带到学校当午餐！”老板听了，在心里猜想，男孩可能来自南部乡下经济环境不是很好的家庭，为了不肯放弃读书的机会，独自一人北上求学，甚至可能半工半读，处境的困难可想而知。于是，老板悄悄在餐盒的底部先放入了一大匙店里的招牌菜，最后才将白饭满满覆盖上去，乍看之下，以为就只是白饭而已。老板娘见状，明白老板想帮助那名男孩，但却搞不懂为什么不将菜大大方方地放在米饭上，却要藏在米饭底下。老板贴着老板娘的耳说：“男孩若是一眼就见到白饭加料，说不定会认为我们是在施舍他，这不等于直接伤害了他的自尊吗？这样，他下次一定不好意思再来。如果转到别家一直只是吃白饭，怎么有体力读书呢？”“你真是好人，帮了人还替对方保留面子！”“我不好，你会愿意嫁给吗？”年轻的老板夫妻，沉浸在助人的快乐里。“谢谢，我吃饱了。再见！”男孩起身离开。当男孩拿到沉甸甸的餐盒时，不禁回头望了老板夫妻一眼。“要加油喔！明天见！”老板向男孩挥手致意，话语中透露着请男孩明天再来店里用餐。男孩眼中泛起泪光，却也没有让老板夫妻看见。从此，男孩除了连续假日以外，几乎每天黄昏都会来，同样在店里吃一碗白饭，再外带一碗走。当然，带走的那一碗白饭底下，每天都藏着不一样的秘密，直到男孩毕业。往后的二十年里，这家自助餐店就再也不曾出现过男孩的身影了。某一天，将近五十岁的自助餐店老板夫妻，接到市政府强制拆除违章建筑店面的通告，面对中年失业，平日积蓄又都给了在国外攻读学位的人，想到生活无依，经济陷入困境，不禁在店里抱头痛哭了起来。就在这个时候，一位身穿名牌西装，像是大公司经理级的人物突然来访。“你们好，我是某大企业的副总经理。我们总经理命我前来，希望能请你们在我们即将要启用的办公大楼里开自助餐厅，一切的设备与食材均由公司出资准备，你们仅须带领厨师负责菜肴的烹煮。至于盈利的部分，你们和公司各占一半!”“你们公司的总经理是谁？为什么要对我们这么好？我们不记得有认识这么高贵的人物!”老板夫妻一脸疑惑。“你们夫妻是我们总经理的大恩人兼好朋友。总经理尤其喜欢吃你们店里的鲁蛋和肉燥。我就只知道这么多，其他的，等你们见了面再谈吧!”终于，那每次用餐只叫一碗白饭的男孩，再度现身了。经过二十年艰辛的创业，男孩成功地建立了自己的事业王国。眼前这一切，全都得感谢自助餐老板夫妻的鼓励与暗助，否则，他当初根本无法顺利完成学业。话过往事，老板夫妻打算告辞，总经理起身对他们深深一鞠躬并恭敬地说：“加油喔！公司以后还要靠你们帮忙。明天见!”欢喜“施”，感恩“受”，人间处处有温情。

在服务的过程中，我们如果能改变人的情绪，就可以成功地“绑架”人的潜意识。以说服为目的的沟通，核心在于情绪管理。现在，在大多数的书店都可以买到情绪管理的书籍，读者可以买来认真研读，提高自己的情绪管理技巧。同样的，情绪管理也是一个经验的积累，希望能够在很短的时间内提高自己情绪管理技巧的读者，需要有老师指导和训练——甚至读书也是需要老师指导的。

## 一、言简意赅

“能量”这个概念已经被大家所熟悉和理解，我借用这个概念向大家解释沟通。我们若要说服一个求助者，要说服求助者的信心和愿望，说服求助者的动机，甚至我们要说服求助者能够使用的体力，这些汇集在一起成为我们能够说服求助者的能量。这些能量如果汇集在一句话和一个动作上，必将对求助者产生强烈地冲击，令求助者内心失衡，最终接受我们的说服。如果我们将这些能量分散地附着在千言万语上，这些千言万语对求助者零敲碎打，每一句话都不能让求助者感受到能量，最终求助者必然无动于衷。我们还没有这样的水平能够将我们说服的能量转化成一句话——那需要高度的智慧。但是，我们在和求助者沟通的时候，要尽可能地做到言简意赅。否则，我们说话太过啰唆，就会严重降低每一句话所承载的能量，不能够改变求助者。

生活中，我们经常听到有人说“苦口婆心”、“反反复复”、“千言万语”——它们总是和废话联系在一起。所谓“真经一句话，假经万言书，”然也！

## 二、主动倾听

对大家来说，说给别人听是很容易的，听别人说却很困难，让别人知道我们在听别人说更加困难。可是，我们听别人说，不就是为了让别人知道我们在听她说吗？谈到这里，我想读者已经明白，让求助者知道我们在倾听他说话，是一个重要沟通技巧。

为了表现这个技巧，我们要做到主动倾听。

第一，在倾听求助者说话的时候，我们要用动作来表现出我们已经听到他说的话，并且听懂了他说的话。

第二，当求助者已完整地表达了他的意思，倾听者应及时总结他刚才说的话，把他的意思完整的准确地复述出来。

第三，在听求助者说话的过程中，如果我们不明白求助者表达的某项内容，我们要等求助者将一个意思完整表达之后，以温和求知的语气向对方真诚咨询。

第四，如果求助者表达的内容相当长，相当丰富，我们有必要征得求助者同意后，用纸和笔将他说的内容简单地记录下来。

第五，及时准确地回答求助者的提问。

## 三、掌握弱势群体的特点

### （一）平等

求助者遭受生活的磨难，在内心深处很可能会感到自卑，因此得到别人尊重的愿望也更为强烈。在和求助者沟通的过程中，和求助者保持平等的沟通姿态，有利于得到求助者的合作，使求助者更为真诚、深刻地表达。义工，也因此得到求助者更加真实详细的资料。

1. 座位的高低一致

我们能做到的是，在座位安排上要和求助者平等。如果义工坐的凳子较高，而求助者的较矮，求助者会感到一种压力，感受到求助者和义工之间的不平等。

2. 言行的平易近人

在沟通的过程中，义工要大量使用求助者熟悉的语言，避免专业词汇。使用专业词汇，会让求助者产生义工高高在上的感觉。义工使用求助者熟悉的语言，可以让求助者感觉到义工平易近人，增加义工的亲和力。

3. 着装的大众化

在工作过程中，义工在衣着打扮上要尽可能平民化、大众化，如果有条件，可以穿着和求助者相近的衣物。相似的衣饰，可以迅速在求助者心中形成平等的印象，在沟通的过程中消除距离感。

### （二）简单

在困境中有太长时间的煎熬，求助者多半有久旱求甘霖的急切心情，因此也可能会变得多疑。义工要理解求助者的这份迫切心情，在和求助者沟通的过程中表达要简单。我们使用的语言只要求助者能够听懂就可以。我们要说的话如果一句能说清楚的，绝对不说两句。如果我们说的话非常复杂，会给求助者一种不得要领、绕弯子的感觉，求助者就会怀疑我们的动机。生活的经验告诉我们，如果有一个人这么说话的时候，斟词酌句、吞吞吐吐、犹犹豫豫、闪闪烁烁，我们就怀疑他隐藏了某种动机，绝对不像他表面说的那么简单。我们和求助者沟通，所使用的语言一定要简单明了，平易朴实。

### （三）启发

求助者陷入困境的原因，有时候连求助者本人也说不清楚。不是求助者在有意地隐瞒义工，而是太多的虚假记忆已经混淆了求助者的意识。为了真实地了解求助者，我们要帮助求助者澄清认识，发现真实的原因，表达出自己最真切的想法，就要采取不同的方式对求助者进行重复提问。为了避免给求助者增加压力，我们一定要注意变换方法问同一个问题，并且恰当地把握我们对同一个问题提问的间隔时间。有的时候，求助者不能选择恰当的表达方式和词汇，我们也要帮助求助者澄清他到底想表达什么。我们可以通过引导式话语，启发求助者的思维，列举几个相近的词汇供求助者选择，直到求助者认为选择某个词汇已经能够准确地表达自己的意思为止。

### （四）信息溢出和信息缺失

几乎每一个求助者都有一些不堪回首的往事，即使求助者主动向我们求助，求助者在表达自己的时候也会有意无意地向义工隐瞒自己。义工要知道，求助者隐瞒的内容，往往是义工要了解求助者困境的重要信息。因此，义工要能非常敏感地觉察和发现求助者所隐瞒的信息。为了帮助读者能够提高自己在这方面的技巧，我向大家介绍两个在沟通心理学里非常重要的概念：信息溢出和信息缺失。

所谓信息溢出，是指在沟通的过程中，对方语言或者动作所表达的信息明显超出我们所需要的信息。这部分溢出的信息来自于沟通者的潜意识。例如，我们问对方吃饭了吗，对方本来应该回答吃了或者没吃。如果对方回答，“吃了。娃娃鱼真难吃！”其中“娃娃鱼真难吃”，就是溢出的信息。我们通过对方溢出的信息可以判断，对方在有意识向我们炫耀。与此相反的情况，就是信息缺失了。在和求助者沟通的过程中，无论信息溢出还是信息缺失，都是求助者潜意识的表达，我们要善于利用这些信息探究求助者内心的真实信息。

讲求实效，就要坚持从实际出发，实事求是，口号变成行动，力戒形式主义、表面文章。在义工组织的慈善理念时，聚会讲演，做动员，搞一些活动营造气氛是必要的，但不能只停留在此，更不能“聚会上说起来感人肺腑，社会上做起来蜻蜓点水，杂事忙起来抛之脑后”。义工领导者本着对慈善事业高度负责的精神，一以贯之地把义工服务做起来。每一次工作，义工都需要做一个任务清单，在计划上要详尽细致。义工动员要深入广泛，义工分工要合理恰当，义工在时间上要舍得付出。义工组织在资源上要努力支持，尽力为义工搭起良好的工作平台，提供良好的工作条件，创造良好的工作环境。

## 四、讲求实效

讲求实效，就要掌握助人技术，坚持按规律办事。义工服务是需要深刻认识的工作，是有较高技术含量的工作，义工服务有其自身的规律。考虑到求助者的困境形成因素和形成过程的千差万别，开展义工的助人工作也要因人而异，因群体而异。既要注意共性，也要注意个性，特别应探讨符合本地区本组织的助人工作实际的内容、方法、手段，绝不能机械模仿或照抄照搬他人经验。义工要深入社会、家庭，深入求助者的生活实际，多了解求助者的状况，多分析求助者困境发生的原因，多依据求助者的生活实际制定措施，进一步增强助人工作的针对性和实效性。

衡量助人服务的标准之一，就是我们的工作有没有发生实效。讲求实效，要求对义工的助人工作有科学的评价系统。管理学理论告诉我们，人们会去做你要检查的工作，而不是你布置的工作。检查的制度要有刚性，弹性太大就会导致失去标准。检查须要到位，否则等于不检查。有效检查的重要措施之一，就是建立科学的评估系统。由于求助者的困境不是一朝一夕形成的，义工的帮助也难有立竿见影般的效果，真正付出辛勤劳动的可能一时看不到成绩，偷懒耍滑的未必受到批评。因此，唯有建立义工工作的科学评估系统，才能客观公正地评估义工的劳动，才能奖优罚劣，以保证义工组织的助人工作持之以恒地开展下去。

## 五、乐于沟通

从事义工服务，乐于沟通是个人才能的表现形式之一。沟通包括公共沟通和社会沟通。公共沟通是指利用个人和组织公共关系权利，说服影响公众的过程。

在公共沟通中，信息的发送者（演说者）向听众发送某种信息（发表演说）。演说者通常在正式的环境中，传送一种高度结构化的信息，所利用的沟通渠道尽管与人际沟通和团队沟通相同，因听众人数增多，所以声音更高，手势幅度更大，所有沟通渠道也随之扩大。一般来说，在公共沟通中，听众可以做出非语言的反馈，但语言反馈的机会却受到限制。作为社会团体，公共沟通是必要的。义工组织需要的公共沟通技巧和其他团体的公共沟通技巧没有本质的区别，本书不再赘述。

社会沟通是指沟通对象不是特指某个人，而是意图影响全社会的信息发出和反馈行为。由于社会和个人在接收信息方面有不同的心理——社会心理，人们在社会沟通过程中表达信息的方式也和个人有很大的不同。

鉴于义工组织的社会公信力对于义工组织有着生命攸关的影响，义工组织的社会沟通能力十分重要。目前，有很多关于公益组织、慈善组织公信力的研究，成果颇丰。义工组织和公益组织、慈善组织有许多相似的地方，可以借鉴这些研究成果。

## 六、做好义工工作的准备

如果你想做义工，那么，你每次参与义工服务都应该做好必要的准备。

### （一）助人前的准备

义工参与助人之前，需要进行个人能力的评估，以此判定是否适合救助工作，如：个人心理慰藉能力，及与个人相关的重要因素，如下所列。

1. 健康状况

如：身体状况、心理情绪问题、过去一年内有否重大变动、早期丧失等负性事件，工作中的饮食禁忌，身体需要服药的需要等。

2. 家庭因素

如：家庭是否支持并做好准备长时间离开，是否有人承担你的家庭责任与义务；是否有未解决的家庭和人际关系影响你的义工工作；当你完成义工工作回来，是否有一个良好的支持环境欢迎你的归来。

3. 工作因素

如：你的老板支持你的义工工作吗？工作环境允许你离开吗？你的工作职位是否允许你灵活的长时间离开？你的同事是否赞成你的缺席，并在你回来时表示欢迎。

## （二）助人中的自我照顾

义工工作中，义工的自我照顾，包括：管理个人资源，照顾家庭孩子与宠物计划，得到足够的锻炼，膳食营养、放松。义工还需学习有规律地应用压力管理，如：常规拜访寻求督导，分享观点，寻找困难解决策略，练习简单的放松技术，分享低落的情绪，识别自我生理需要，对饮食、睡眠、疲劳的感知和自我照顾策略，增加积极活动，个人宗教信仰寻求心灵慰藉，花时间与朋友及其他义工伙伴一起释放压力，写作绘画，限制咖啡因、烟草和依赖性药物使用。

## （三）助人中自我照顾的误区

义工在助人过程中，由于服务量的增加、服务时间的延长等因素比较容易导致过度或不当地自我照顾。因此，义工需要避免卷入自我照顾的误区中，以免影响最初参与义工活动的初衷。义工在自我照顾方面，常易产生的误区有：由于延长了没有同事的单独工作，昼夜不停地工作，消极的自我暗示，强化失败和无能的情绪，过度使用药物、食物作为支持；花时间休息是自私的；其他人昼夜不停地工作，我也应该；义工的需要比救助者的需要更重要；我可以通过一直工作最大限度的奉献；只有我能做，等等。

## （四）义工需要个人恢复

助人后，组织应尽可能给予义工支持和照顾。如：鼓励义工休假，沟通信息，鼓励义工需要时寻求咨询，提供信息帮助，提供压力管理教育，开展义工的联谊和表彰活动，等等。

## （五）助人后的自我调整

义工在提供服务后，自我调节可通过下列方法。如：寻求社会支持，与其他义工伙伴联系讨论助人工作，增加同伴支持；如持续感到压力，您可以：接受正式的帮助调整助人工作的内容或方式，增加休闲活动，注意营养和锻炼，养成好的睡眠习惯，练习接受他人，尝试不做负责人和专家，坚持写日记清除烦恼。请尽量避免使用酒精、过量药物，一个月内做出任何生活或工作上重大改变的决策，消极评价你的救助工作。

★ 互动分享环节

【场景扮演】

助学圆梦项目组接到来自大山深处的高中生小王的申请，需要派出3名义工，而从市中心到小王家有4个小时的车程。义工们约好在万达广场见面，但由于万达广场人太多，等到所有人集合完毕，已近中午。到达小王的村庄了解情况时，获悉：一年前有个自称慈善组织的来走访过，拍了一堆照片，吃了好多鸡鸭后就不见踪影了，村里人由期待转变成愤怒，因此，对义工产生质疑。面对村里人的质疑与拒绝帮助，义工依然要完成调查任务。

力求表现冲突；

思考应有怎样的装备取信于民；

出发前需要作什么功课（准备）；

考虑如何制订服务计划。

疗愈练习：情绪解脱—火式呼吸

火式呼吸是来自于佛教的一个燃烧业力的练习。火式呼吸法是泰国僧人 Charn Chano 带入这个世界的珍贵礼物。

火式呼吸要领：

1. 全身放松，闭上嘴巴和眼睛，用鼻子呼吸。

2. 火式呼吸的力量来自于丹田和太阳神经丛，吸气时，肚子鼓起来，呼气时，肚子瘪进去。

3. 呼吸时，用力、放松，感受双脚坚实地踩在地板上，双手举起向下，类似打气的动作，有助于扬升能量。

4. 在初步练习时可以不加入口诀，在熟悉以后，可以加入口诀和观想。口诀应用：在吸气的时候，心里想着一个音——pong（砰），呼气的时候心里想着 Youp（呦噗）。注意，仅仅只是想着这个声音而不是发出声音，同时观想有一道光进入身体，打开足心涌泉穴，所有的病气、浊气都由足心进入地心，转化为地球所需要的能量。

5. 在这个练习当中，大家要用定时器。如果一开始练习时有担心，每天可以先坚持练习 5 分钟，连续 7 天之后，每天增加到 7 分钟或 10 分钟，再练习连续 7 天。

6. 这个练习必须要在早晨做。因为火式呼吸有燃烧业力的作用，会升腾我们的能量，如果在晚上做，有的同学可能会睡不着。因此一定要在早晨做。

7. 在呼吸中，无论出现生命不同阶段的画面，或者出现的各种感觉，都保持在呼吸里，不停地呼吸，你就回到当下。唯一的秘诀和要求就是保持呼吸。

8. 有些人在开始做这个呼吸后会有些头晕目眩的感觉。如果有这种现象，可以休息一下。如果有耳鸣、晃动感和头脑发轻的感觉都是完全正常的，因为你的身体得适应新的呼吸模式和对神经产生的新的刺激。有时候这些症状是由于体内的毒素和这种呼吸技巧引起的其他化学分泌造成的，可通过喝大量的水和吃清淡的食物得到缓解。

## 第五节　义工类型

**【安心小语】**照顾好自己与家人是做义工的前提，与家人和自己相处好了，才能和世界好好相处。

**【案例】**

### 在生命的尽头遇见彼岸的光
### ——刘凤华奶奶专访

⊙

在生命的尽头，遇见彼岸的光，
于是，点亮自己，
成为你的光！

✻

在刘奶奶的目光里，
看到一颗菩萨的心，

她只对自己用功，然后对世界有用！

▼

**【专访人物】**刘凤华奶奶

**【人物背景】**1937 年 11 月出生，现年 80 岁。原长汀县南区小学退休校长，任职期间，曾获省教书育人先进个人、省十佳校长及全国支持关心体育优秀工作者；历任十年校长期间，所在学校每年都被评为省先进单位。长汀县同心学校创始人，2003 年同心癌友关怀部癌症三期癌友。

**与同心结缘：生命像奇迹一样生长**

2003 年 5 月，刘奶奶的先生逝世，而刘奶奶也在此刻被检查出身患乳腺癌三期癌症。刘奶奶在长汀动完手术后，来到厦门接受西医治疗，经历了 6 次化疗 25 次放疗。2004 年 4 月调理康复阶段，刘奶奶在报纸上看到同心癌友关怀部的宣传报道，便来到了同心慈善会，从此与同心结缘。

在同心癌友关怀部，刘奶奶非常精进地练习旋转。即便是在忙碌的厦门同心儿童院当义工期间，刘奶奶也依然坚持每天早上一个人旋转 3 个小时。在没有团体共修的情况下，刘奶奶自己督促自己一步一个脚印地踏实用功。此后，刘奶奶把同心癌友关怀部学习到的旋转瑜伽也带到了长汀，与不愿面对癌症的患者和家属现身说法，用自己的生命关心、陪伴新癌友，分享个人心得，为身边人带去希望和快乐。

在长汀同心癌友关怀圆场，刘奶奶 4 次对接台湾“新生命”协会的老师，请老师为长汀癌症患者辅导授课。在刘奶奶的努力下，现在的长汀“癌友关怀”圆场终于有了活力，每星期都有 10 多个癌友在旋转。

2005 年 8 月，刘奶奶参加同心慈善会的纳新活动，了解到同心儿童院需要义工支持，便义无反顾地坚持往返厦门市内和翔安区同心儿童院之间，每周一早上坐 2 个多小时的早班车到翔安区，再转公交车到澳头同心儿童院，每周五下午再返回厦门岛内与家人团聚。回想起这两年的风雨兼程，刘奶奶笑着说一点都不觉得累，心里很幸福、很开心。

身为退休校长的刘奶奶关注孩子们的学业，也丰富孩子们的业余生活。在刘奶奶的指导下，孩子们的学习成绩刷刷刷地往上涨，孩子们喜欢的乒乓球运动、篮球运动、书法也常常在比赛中获奖。为了更好地陪护孩子们的身心成长，刘奶奶向孩子们所在的澳头小学校长申请了一个陪读座位，旁听老师讲课，并在课后专门辅导儿童院的孩子们学习。在刘奶奶的心里，每一个孩子都一样重要，每一个孩子都值得被爱，她渴望自己的那份爱能够更多地眷顾到每一个孩子。

**把一颗爱的种子播撒在长汀**

2008 年五一节期间，刘奶奶跟随组织前往安徽弘愿寺参学，想起老家的孩子们和癌友们到厦门的诸多不便，于是就在佛前发愿：要在老家成立长汀同心儿童院，创建同心癌友关怀圆场，服务长汀的父老乡亲。

回到厦门后，刘奶奶与广普法师沟通了创办儿童院的想法，广普法师非常支持，并提出要在外地承办儿童院，需要两个基础条件：一是有人，二是有场地。

2009 年，刘奶奶毅然放弃享受与子孙的天伦之乐，回到长汀老家，当下做了一个决定，将自己老家的房子重新装修，作为长汀同心儿童院的基地。刘奶奶凭借着她那 30 年的教龄，桃李满天下的影响力，在同心慈善会的支持下，于 2010 年 12 月正式成立同心慈善会长汀联络处。现在同心慈善会长汀联络处有个人会员 600 多人、团体会员 100 户、家庭会员 120 多户，大家口口相传，为爱而来。

很多会员捐款时说不要收据，理由是："你都把自己的钱捐出来了，我们还怕会贪污吗?"尽管如此，刘奶奶依然一分钱一笔账地记录每一笔信任善款，并将每一分钱都用在同心儿童院的孩子们身上。

同心慈善会还有一条原则：没有调查，就没有发言权。所有的孤儿代养都要经过入户调查，审核确认后，才能成为支助服务对象。为了收集服务对象的资料，刘奶奶就与团队伙伴们坐着摩托车上山下乡，走村入户挨家挨户地做调查，从最初代养 3 名孤儿，到之后的代养 7 名，再发展到后来的 19 名。

渐渐地，家里的房子住不下了，同心慈善会的优秀家庭会员沈金木合家就腾出自己一楼的房子作为孩子们的宿舍。之后，河田镇蔡坊村书记王日荣看到孩子们宿舍拥挤，村委就决定无偿提供蔡坊村村委大楼（原水东坊小学）作为同心学校。2012 年 6 月 28 日，孩子们开始在全新的环境里生活。

2012 年 3 月，长汀同心儿童院由原长汀县南区小学退休校长刘凤华奶奶发起，在厦门同心慈善会副会长郑明天、理事施珊娜和社会各界爱心人士的资助下正式创办，成为一家集中代养特别困难孩子并帮助其完成学业的慈善机构。2014 年，长汀同心儿童院正式注册为长汀县同心学校，服务于闽西地区的特殊家庭。

迄今为止，长汀县同心学校集中代养30 多位孩子，孩子们分别在就近的小学、中学就读，周末时回到同心学校。同心学校按每人每月 500 元的生活标准，为孩子们免费提供起居服务，并安排 1 名阿姨照顾孩子们一日三餐的生活。

几年来，在刘奶奶的带领下开展的资助贫困助学、分散助养的孩子达 200 多人，其中结案人数达 65 人次，下乡调查及开展扶助贫困达 400 次之多。大学“圆梦计划”受益孩子达 50 人次。另外，刘奶奶还积极组织参加各种社会活动，癌友关怀、扶助贫困、地震募捐等公益项目。

【后　记】

在刘奶奶的目光里，看到了一颗菩萨的心，她安静地做着自己本分的事情。

她像一盏亮着的灯，挑着自己的灯焰带给这个世界光明，因为这一点的存在，能给人们带来一点点的安慰、一点点的信心、一点点的光明，她为了这一点点努力着。

她只对自己用功，然后对世界有用。

将义工进行分类，只是为了研究和表达的需要。凡是参加义工的人，都有共同的承诺，都享有同样的权利，担负着共同的责任，我们不区别对待。义工团队不同设置有不同的分工，本书对义工的分类，即是基于这种分工不同。采取不同的分类标准，会有不同的分类结果。

## 一、按照参与义工组织的程度分类

按照参与义工组织的程度，可以将义工分为全职义工和兼职义工。

### （一）全职义工

全职义工，是指在义工组织内注册为义工，而且是义工组织的职工，该义工不再在社会上担任其他工作。全职义工接受义工组织的助人工作安排，也负责义工组织内部的相关工作。全职义工因为其担负义工组织内部的相关工作而得到工资报酬。由于其在义工组织内部的工作也有相当强的义工性质，所以工资报酬不高，给予全职义工的工资仅仅是对其劳动的一点回报，以维持义工的基本生活。

一个义工组织，一定要有一定数量的全职义工。义工组织自身的运行良好，才能够向社会提供助人服务。为了确保义工组织正常运行，义工组织的各个部门都需要由有专业技术的人来担任职务。比如说，义工的招募部门、项目运作部门、培训部门、宣传教育部门、内外联络部门，这些部门的工作具有一定的专业性，需要有专业素养的人才能够保证这些部门的良好运行。同时，这些部门的运行要有持续性，才能够保证义工组织工作的稳定性。义工组织必须要有一定量的全职工作人员，将各项工作担当起来。义工组织的所有资源都来自于社会慈善人士的捐助，这些资源是珍贵的，也是稀缺的。义工组织一定要保证组织的高效运行，运行的成本也需要尽可能地降到最低。因此，义工组织给全职工作人员所发放的工资不能够和社会上的岗位工资相比，义工组织的工作人员的工资相对比较低。人们在义工组织内担任全职工作，本身就有奉献的性质，是一名义工。因此，我们称之为全职义工。

### （二）兼职义工

兼职义工，是指一个人在社会上有一份获得报酬的工作，在某个义工组织内注册并接受义工组织的安排，充分利用自己的业余时间和知识技术，向有需求的人和社会提供爱心帮助。

一个义工组织，也需要大量的兼职义工。义工组织就是依靠人多力量大的特点，聚集小力量，成就大事业。义工组织向全社会宣传慈善理念，鼓励人们有钱出钱，有力出力，有谋出谋，大家齐心协力，持之以恒地共同促进社会福利。这项事业，单靠义工组织的全职义工是远远不够的，义工组织要汇集社会上各方面的力量。社会上有大量的爱心人士，愿意利用自己的业余时间，自己的专业知识，不收取任何回报的为别人服务，而社会也正急需他们的服务，义工组织的工作之一就是要搭建好这个平台。虽然是兼职义工，义工们仍然要遵守义工组织的制度和纪律，接受义工组织的相关训练，听从义工组织的工作安排，以义工组织的成员的名义开展工作。

一般认为，义工组织对兼职义工的要求比对全职义工的要求稍微低一些，这是一种笼统的理解。全职义工在义工组织中和兼职义工一样，没有任何特权。全职义工是义工组织助人工作的中坚力量，作为义工组织的工作人员，不仅要打理好义工组织的常规工作，更要在助人服务中做好表率作用。兼职义工在义工组织中所做的工作，和其本职工作相比，虽然是一份兼职且没有回报，但是兼职义工在加入义工组织的时候已经作出了承诺，进入义工组织之后他就是义工，完全按照义工的要求来严格规范自己，和自己是不是兼职无关。

## 二、按照是否经过正式注册分类

按照是否经过正式注册，可分为正式义工和临时义工。义工是一个成分复杂的庞大人群，向社会各个领域提供的服务具有很强的社会性，国内的义工和国际上的义工也有很强的联系，需要对义工进行规范的管理，以确保义工服务在正确的道路上不断发展壮大，实现人们改善社会状态、促进社会进步的追求。所有的现代国家都制定了相关的制度和规定，健全义工的注册系统，以实现对义工组织的有效管理。基于这点，义工可分成两大类：在正规的义工组织进行注册的义工和没有经过注册的临时义工。

### （一）正式义工

通过思想品质和服务技术的基本考核，承诺遵守义工组织的工作制度和规定，并接受义工组织的相关训练；达到以上要求之后，义工组织就会为这名义工发放义工证，完成在正规义工组织注册过程而成为正式义工。成为正式义工以后，该义工须要密切配合义工组织的工作安排，接受义工组织的工作检查，定期参加义工组织的业务培训和考核，按照规定参加义工证年检。正式义工参加所有的义工服务，都会被记在功劳簿上，作为该义工的操行、诚信的记录，并作为参加以后相关活动的凭证。正式义工还可以因此获得一些其他社会福利。一个义工组织，必须有一定量的注册义工。注册义工是经过义工组织系统培训的，对义工组织的理念有较高的认同度。注册义工如果对义工组织有较强的归属感，则容易接受义工组织制度和纪律的约束和监督。当注册义工的工作能较规范的记录并添加到个人档案，工作责任感也会更强。另外，注册义工在义工组织中的活动频次较为常规，对义工组织的其他成员也较为熟悉，容易形成凝聚力。注册义工的工作规范性和指导性，可使助人工作从经验上升为理论，并且在义工组织中分享和学习。因此，注册义工是义工组织不可或缺的中坚力量。

### （二）临时义工

有些人有时间、有精力，用自己的资源为需要的人和社会提供服务而不收取报酬，他是一名义工。但是，这个人虽然参加义工组织，却不常参与义工组织的活动。他自愿放弃由于自己的善行而积累的“功劳分数”，喜欢那种来去自由的义士作风，不愿意正式注册和成为一名正式义工。当义工组织有需要的时候，就召唤他来参加义工服务，得到召唤之后他依据个人时间或喜好参加义工组织的活动。这样的义工，就是临时义工。

临时义工是义工组织必要的和有益的补充。具有某种专项技能的人往往有较强的个性，受不了义工组织的太多约束，希望来去自由。义工组织需要尊重这些人的个性，同时也欣赏他们助人为乐的精神，吸收这些人为临时义工，利用他们的专业技能为社会服务。虽然他们不是注册义工，也没有正式接受义工组织的培训，但是由于他们本身就是各个领域的技术人才，具有较高的技术水平，能够提供高水平的技术服务，因此发挥着不可替代的作用。义工组织要敞开大门，即使这些人只能够提供一个小时的义工服务，义工组织也要吸收他们。注册义工大部分都是由临时义工转化而来，临时义工在义工组织中提供助人服务，同时也感受义工组织的集体力量，感受义工组织大家庭的温暖，最终选择成为注册义工。大量的临时义工，是注册义工源源不断的生力军。义工组织虽然有规范的制度规定了进出规则，但是义工组织并不是一个组织严密的团体。义工组织并没有开展强有力的招募工作，也没有在临时义工中开展工作让他们成为注册义工，也是希望能够保持义工组织这一民间组织的适当自由度。

## 三、按照提供助人服务的专业程度分类

按照义工提供的助人服务的专业程度分为专业型义工和非专业型义

工。求助者的困难各不相同，有的十分简单，一般人都能提供他们所需要的帮助。有些求助者的困难却相当复杂，需要掌握专门技术的人或者团队合作才能够提供他所需要的帮助。为了满足求助者的多层次需要，义工组织也吸收了多层次人才。根据义工所提供服务的专业程度，将义工分成专业型义工和非专业型义工两种。我们在这里分类专业型义工和非专业型义工，没有任何将他们区分为高低的意思。无论是专业型义工还是非专业型义工，对义工组织向全社会提供服务，都有同等的意义。

### （一）专业型义工

专业型义工主要从事较为复杂、需要大量的专业训练才能够完成的技术服务，如医疗服务、心理健康服务、职业技术辅导和法律援助等。

### （二）非专业型义工

非专业型义工从事大量、简单的助人服务和社会服务，如维护公共秩序、清洁公共卫生、向生活困难的人输送物质或探访孤寡老人等。这些工作虽然对专业性技术要求不高，但工作量很大，需求广泛。做好这项工作，需要大量的精力和体力的投入。因此，非专业型义工所做的工作，是义工组织最主要的工作。我们在这里称作非专业型义工，并不是说这些义工的工作没有技术含量。

对于义工来讲，做好任何一项工作，都要有严谨的态度和精益求精的工作技巧。只不过这些工作所需要的技术，不需要在学院里进行大量的训练，而主要是经验积累。义工参加大量的助人实践，经验会越来越丰富，其工作技术也会慢慢提高。

非专业型义工和专业型义工在助人工作中要密切配合，共同提供服务给求助者和社会。义工的助人经验总结发现，帮助求助者摆脱困境，需要多层次的服务。比如说，济贫工作，不仅需要非专业型义工将物资输送到求助者手中，还可能需要专业型义工提供法律援助以帮助求助者实现法律所赋予的福利，也可能还需要专业型义工对求助者进行职业技术培训，或者进行心理训练。一个问题比较严重的贫困者，需要上述非专业型和专业型义工开展多层次服务，才能够最终令求助者摆脱困境。在助人工作中，非专业型义工和专业型义工是平等合作的关系。最近几年，需要专业型义工提供服务的求助者正在逐年增多，义工组织对非专业型义工的需求也在大幅度上升。

**★ 互动分享环节**

请每组派出一个代表，轮流头顶课本，完成以下流程，并尽量展示自己最美的仪态。

走——从台下走到讲台前（约四米）。

站——转身面向全体同学站好。

蹲——蹲下拾起地上的小玩具。

笑——拿到玩具后，站好微笑展示给同学看。

坐——展示后，走到不远处的椅子上坐下。

评一评：台下的同学评论谁的仪态最美，并总结出评价的标准是什么。

Tips：看起来像个领袖。

一个人的形象非常重要，义工也是如此。到底什么样的义工形象是最好的呢?

动作方面：

语言方面：

着装方面：

## 第六节　绩效评估

**【安心小语】**追求他人的赞赏等于把自己的人生委诸他人，只有肯定自己的能力并将之付诸服务社会，才能拥有独立自主的快乐人生。

**【案例】**

### 某组织陪护岗位绩效评估

某组织每周六需要20名义工协助社工为20名智障儿童进行康复训练陪护，每名义工需提供4次陪护服务。一个月后，该组织招募了20名义工。

服务岗位分工：20个陪护服务岗位，4个小组协调和管理岗位，1个总协调岗位。服务时间 1 个月，每周服务 2 小时。

服务过程：1 名总协调义工提前入职，接受入职辅导之后，参与义工招募面试工作，配合该组织社工实施义工服务项目。另外，4 人担任各小组组长，支持 20 名义工开展陪护服务及管理协调。1 个月，20 名义工共投入义工服务 200 小时，同时参与培训和专业辅导时间合计为 100 小时。

服务岗位绩效评估：5 名管理型义工，配合社工确保义工安排和使用能适合智障儿童的需要，实际有 15 名义工完成 4 次陪护任务，2 名义工完成 3 次，1 名义工完成 2 次，1 名义工只完成了 1 次陪护任务，义工任务完成率达到 80%；被服务的儿童都获得了安全和可接受的优质服务，社工满意率在 75% 左右；义工普遍反映收获了不同的生命体验，增长了服务意识和社会服务知识，并且对自我认识和生活工作产生积极的影响，75% 的义工表示愿意继续从事此项服务；该组织投入专业社工和管理社工各 1 人，管理 1 +4 个管理岗位和 20 个服务岗位，在提升了社工领导与管理能力的基础上，明显扩大了组织的社会服务数量和效果。

没有检查评估工作，就不能使义工服务工作落到实处。科学的评估，不仅有利于我们客观科学的认识工作成效，而且有利于指导我们的工作向着正确的方向发展。评估的方式有很多种，结果评估和过程评估、标准评估和自我报告评估都有较为成熟的模式，我们要根据我们的工作特性灵活选择。在评估的过程中，我们要注意信度和效度，切实有效地发现我们工作中的成绩和失误，促进以后工作的顺利开展。

## 一、项目绩效评估

义工服务项目是为特定的服务和成果所做的有时间限制的义工工作和活动。义工服务项目除了具有普遍项目所具有的特点之外，还具有以下三个基本特征。

### （一）基本特征

1. 公益性目标

为解决某个社会需要而创造的预期成果，具有利他和非营利的公益性质，其服务对象以贫困和社会困难群体为主。

2. 社会参与性

项目活动需要投入必要的资源，而资源具有公共性、多样性和社会性，其中核心的资源是义工和社会大众的广泛参与。

3. 发展性活动

为实现公益目标而组织实施的系列活动，活动的参与者来自服务的目标群体、本土化和社会公众（义工），且在项目中得到能力建设、人力资源和社会资本的发展，最终使得项目具有可复制性和可持续性。

## （二）项目分类

随着社会的进步和经济的发展，人们的活动领域也越来越广泛，义工服务的项目也会随之增加。

1. 按照义工服务人群分类

可分为助困类项目、助残类项目、助老类项目、助孤类项目。如：社区助残助困项目，社区孤寡老人关爱项目，失独家族关爱项目，“三留守”老人、妇女、儿童关爱项目，关爱独居老人项目和牵手助学圆梦项目等。

2. 按照义工服务专业类型分类

可分为医疗卫生类项目、咨询类项目和专业技能类项目。如：网瘾戒除类项目，健康直通车项目，法律咨询项目和社区家电维修项目等。

3. 按照义工服务的领域分类

可分为公益事业类、赈灾救灾类、生态环保类、文化教育类等。如：某城运会青年志愿者项目、玉树抗震救灾义工心理咨询项目、支教服务项目、公交文明引导项目、节水护绿项目和希望工程项目等。

## （三）项目策划

义工服务项目的设立，一方面是义工组织在充分了解社会需求的基础上，按照群众急需、义工能力的原则，制订的义工服务项目计划，对义工开展服务起着引导和规范作用；另一方面是社会有关方面或政府部门在职能范围内掌握社会急需的、大量的且贴近群众生活的服务，通过倡导社会文明、形成社会风尚的方式，吸引义工组织的参与服务。无论前者还是后者都是社会所需、群众所求的服务，因而，义工组织都必须注重服务项目的策划与开发。

义工服务项目的调研、设计、论证与策划工作，要在研究把握社会需求基础上，拓展义工服务的领域，丰富义工服务内涵，建立服务项目信息平台，提高服务项目与公众需求、公众参与的对接效率。集思广益、群策群力、科学规划、按需设项，推出既有社会影响，又能满足社会需求，具有行业、领域特点的特色项目，形成多层次的项目服务体系。以项目建设发掘社会资源，动员各方面力量，不断丰富服务内容和服务手段，提高服务能力和水平。

1. 基本原则

以人为本、发掘资源、自愿参加、计划翔实、遵纪守法、组织有序、安全可行。

2. 主要模式

义工服务项目的创意和设计，是推动策划者在活动前如何进行科学规划和决策后的细致计划。它不仅需要把活动流程进行全面的设计，还需要策划者把活动中可能遇到的困难和问题预先制订好应对措施。这种复杂系统的策划，作为管理者，须从一定高度和维度上，科学地把握细节，并渗透到预先的相关要点中。因为策划在公益活动开展中是一个重要的环节，更能体现这个团队的管理水平。一般义工活动项目的模式如下：

**案例1：**

## ×××义工活动策划书

1. 序言：项目名称、简介，活动的起因、目的、影响等，把参与者带入到由策划人所投设的情绪中。

2. 宗旨：简洁明确。

3. 活动环境选择：明确告知，必要时说明选择的理由。

4. 活动的理念：主题、精神。

5. 活动时间安排：起止时间。

6. 活动人员构成：主要负责人、活动参与人员等。

7. 活动主要任务目标。

8. 活动程序设计：开始、发展、流程、结果。

9. 活动物资准备：工具、材料等。

10. 活动经费预算。

11. 活动管理机构。

12. 预测活动效果，评估及展望。

**案例2：**

## “迎奥运”志愿服务项目

“迎奥运”志愿服务项目是在奥运会筹备过程中，实践“新北京、新奥运”战略构想和“绿色奥运、科技奥运、人文奥运”理念，营造全民迎奥运的浓厚社会氛围，动员广大市民参与的、形式多样的志愿服务活动。

2008年奥运会期间，“迎奥运”志愿服务项目体现为奥运会城市志愿者开展的志愿服务活动，为赛会期间城市运行的良好秩序提供保障，为各国友人提供良好服务，树立并展示北京热情、好客的城市形象。同时，“迎奥运”志愿服务项目为奥运会赛会志愿者的“公益实践计划”提供平台。北京奥组委将从“迎奥运”志愿服务活动中选拔、培训一批符合条件的志愿者作为奥运会赛会志愿者。

一、主要任务

普及奥林匹克运动和志愿服务理念，提升公众的认识水平和参与热情；引发市民、社会团体、企事业单位及各界人士关注、支持和参与志愿服务事业，促进个人发展与关心他人、奉献社会的有机结合；提高市民志愿服务水平，建立广泛的群众志愿活动参与机制；提升市民的文明素质，全面塑造和展示北京的新形象，推动社会的和谐发展。

二、人员构成

各行各业、各族各界中关心奥运、热心公益事业、愿意为奥运会贡献力量的个人、家庭、团体和单位，均可参与“迎奥运”志愿服务活动。

三、主要工作内容

通过组织义务宣讲、演说论坛和课堂教学等系列活动，利用各种传媒，传播奥林匹克文化，普及奥林匹克知识，推广志愿服务理念，倡导志愿服务精神。

采取多种方式积极引导社会公众到公益机构、街道社区等，开展环境保护、科学普及、社会公益等志愿服务活动，实现参加志愿服务与迎奥的有机结合。

利用奥运会倒计时的重要时点举行“志愿者迎奥运”主题活动。在“3·5中国志愿者日”、“5·4青年节”、“5月国际助残日”、“7·13申奥成功纪念日”、“12·5国际志愿者日”等重要纪念日举办志愿者活动，在全社会持续掀起参与奥运会志愿服务热潮。

以“北京2008奥运志愿服务宣讲团”、“青春奥运志愿服务团”为载体，组织志愿者参与北京奥林匹克文化节、青春微笑行动等活动，树立北京和中国开放进步的国际形象。

培育和发展志愿服务社团，引导和扶持其参与“迎奥运”志愿服务活动。积极培育志愿服务家庭、推广以家庭为单位提供志愿服务模式。通过设立志愿者主题公园、组织志愿者国际论坛、开展志愿者网站等活动，开展国内外志愿者交流活动，建立志愿者之间交流与共享的常设平台。

四、奥运会城市志愿者工作

奥运会期间，从参与“迎奥运”志愿服务活动的市民中选拔、建立和培训一支奥运会城市志愿者队伍，在全市各个主要交通枢纽、旅游景点、饭店宾馆、商铺市场等场所，提供文明督导、交通协管、治安联防、指引向导、翻译接待、导游导购和医疗救助等多方面的志愿服务。

### （四）监测与评估

对于义工参与社会服务的监测与评估是义工服务项目评估的主要内容，对实现组织的愿景、使命和目标至关重要。义工服务的监测与评估主要针对组织的义工服务“项目”以及义工“岗位”绩效进行评估，包括公益性社会服务组织对本机构开展的义工项目进行的评估和对义工服务绩效的评估，主要体现在行业、机构、项目等多个层面。社会服务组织在对自己的义工服务项目进行评估时，不仅需要考虑义工服务对本组织，包括组织的服务对象的影响，同时也要照顾到义工服务对义工本人的影响，而且这两者会相得益彰。

### （五）主要类型

项目评估有多种，其中主要包括需求评估、项目理论评估、过程评估、效果评估和效率评估。

1. 需求评估

它是一种辅助决策的手段。通过对需求评估或问题界定，以决定要通过哪些有计划的行动或项目来解决这些问题。

主要步骤：了解背景信息（评估目的、地区、利益相关方、资源、时间）；界定要收集何种信息（整体社区需求、具体方面的需求）；确定是否已经有可用的信息，还是需要通过研究去收集；收集和分析数据；分享结果，准备报告。

2. 项目理论评估

项目理论体现在项目的逻辑模式中，即A导致B的假设。项目理论与项目执行相得益彰，两者关联较强的情况下最能保证项目的效果。

3. 过程评估（又称绩效评估）

过程评估侧重于项目执行本身，主要是为了了解项目执行的情况，关注“服务使用率”和“项目的组织与功能”两个方面。评估服务使用率，主要从覆盖率和偏见两方面着手。此外，服务递送情况决定项目执行的成败，不完全、错误、不规范的干预都可能导致项目执行的失败。

4. 效果评估（又称成效评估）

可细分为：衡量项目的结果，因果关系和反事实条件，衡量有效性和可靠性，效果的有效性（内部、外部）和研究设计决定评估的有效性等；其评测方法可分为：单组设计、准实验/比较组设计（单组时间，多重时间）和随机实验设计。

5. 效率评估

其内容，包括成本效益分析和成本收益分析；成本效益分析将项目的成本与其主要成果或收益相关联；成本效益比 = 每项干预的成功率/每项干预的成本，成本收益分析试图将项目成本与项目的多个收益的全部或部分的货币价值进行比较；净收益 = 全部收益 − 全部成本；将收益量化为单位效益（成本效益分析）或者货币（成本收益分析）。

概括上述类型，义工服务项目评估一般有：

（1）在义工服务开展前的需求评估；

（2）针对义工服务项目规划与设计的合理性进行的项目理论评估；

（3）在实施义工服务的过程中对项目执行情况开展的过程性评估；

（4）在服务收尾时所进行的效率评估；

（5）在完成服务一定时间之后的效果评估。

### （六）项目评估的关键步骤

一般而言，无论何种类型的项目评估，都包括以下关键步骤：

1. 明确评估目的
2. 确定评估具体的评估问题
3. 确定所需要的信息、数据以及收集方法
4. 收集和分析信息与数据
5. 得出结论、分享结论

**某组织服务项目评估报告摘要**

| | |
|---|---|
| **义工服务项目名称** | 某组织执行的“××地区助残机构提供义工管理人员能力建设项目”，旨在提高助残机构的义工管理水平 |
| **项目期限** | 两个月时间（2012.4—2012.6） |
| **项目负责人** | 机构的社工具体负责该项目，共招募5名义工，其中3名负责义工管理课程的开发与授课，2名义工担任助教。义工服务时间为1个月，每人每周工作4～8小时 |

续表

| | |
|---|---|
| 项目成果及影响 | 50多名助残机构的管理人员掌握了义工服务项目运作的基本要素，并为今后的各自机构的义工服务项目和义工管理工作做出了行动计划。该培训项目对提升××地区助残机构的义工管理能力有所贡献。该项目同时帮助该组织扩大和巩固了专业义工团队，并增强了管理专业义工的能力 |
| 项目活动评估 | 3名授课义工培训师开展了培训需求评估、课程开发、教材编写、集体备课和参与式培训的授课；2名助教提供教学用品准备、培训助教和评估工作，管理社工提供培训管理与行政支持 |
| 项目管理过程评估 | 义工入职辅导接受任务，并签署承诺书。每次义工在服务时签到并作记录，管理社工确认。培训中团队分工协作，互相支持，确保任务完成。培训之后立即进行评估与总结，并进行记录和成果收集，义工团队在完成所有任务之后召开庆祝会议，项目团队解散。管理社工将此义工服务培训项目形成文件资料存档，并反馈给有关部门领导和服务群体，进行公开报道 |
| 项目产出评估 | 5名专业义工培训师在1名管理社工支持下，共组织培训班两次，培训50名助残机构的管理人员。每次培训时间为5天，培训内容包括义工服务项目运作及义工管理的基本要素和方法。培训满意率达97%，培训前后知识测评准确率提升48% |
| 项目投入与财务评估 | 5名专业义工共投入150多个小时，价值15000多元的专业义工服务；社工投入50小时的管理时间，价值5000元。培训场地、设备、材料、交通、食宿等费用共计8万元 |
| 评估建议 | 该培训项目在预算范围内，按预定计划完成了各项活动。专业义工的作用得到充分发挥，保证了小投入、大产出 |

## 二、岗位绩效评估

义工岗位绩效评估有助于提升义工工作效能，能对义工起到激励的作用。

### （一）义工岗位绩效评估的主要目的

1. 衡量义工在项目和组织内的工作表现

2. 衡量义工对项目和组织的贡献和影响

3. 发现义工管理的薄弱环节并加以改善

4. 满足资助方在了解项目效果和影响方面的要求

### （二）岗位绩效评估的流程

1. 确定评估的目标：服务质量、对项目的贡献、对组织的影响

2. 整理和分析反映义工绩效的信息

3. 一对一绩效面谈

4. 360 度反映机制，即与义工具有密切工作关系的不同利益相关方那里收集信息

5. 计算义工贡献的价值

6. 形成义工绩效评估报告

### （三）岗位绩效自我评估

现代管理趋向认为，自我评估能够促进工作绩效的不断提高。自我评估能够让人在感觉被信任和相对安全的环境中对自己的表现进行真诚的回顾和分析。义工管理者可以将这一点充分利用到对义工的评估中。评估主要涉及三个开放式问题的思考：

1. 你对目前做过的哪些事情最为满意？

2. 如果让你重新来做一次，你会在哪些方面做出改变？

3. 你需要从组织中得到哪些支持？

### （四）岗位绩效评估表

**义工服务评估表**

<table>
<tr><td>义工姓名</td><td></td><td>所在组织</td><td></td><td>负责人</td><td></td></tr>
<tr><td>服务时间</td><td colspan="3">年　月　日—　　年　月　日</td><td>考评日期</td><td></td></tr>
<tr><td colspan="3">基本考评要素</td><td colspan="3">考评（共 80 分）</td></tr>
<tr><td rowspan="4">工作目标</td><td colspan="2">内容</td><td colspan="3">未达成 1　尚可 3　很好 5</td></tr>
<tr><td colspan="2">1. 服务目标</td><td colspan="3"></td></tr>
<tr><td colspan="2">2. 组织目标</td><td colspan="3"></td></tr>
<tr><td colspan="2">3. 个人目标</td><td colspan="3"></td></tr>
</table>

续表

<table>
<tr><td rowspan="4">工作关系</td><td>内容</td><td>未达成 1　尚可 3　很好 5</td></tr>
<tr><td>1. 与其他义工的关系</td><td></td></tr>
<tr><td>2. 与组织员工的关系</td><td></td></tr>
<tr><td>3. 与服务对象的关系</td><td></td></tr>
<tr><td rowspan="11">工作状况与态度</td><td>内容</td><td>需改进　进步中　优良</td></tr>
<tr><td>1. 对所交付任务的意愿与热诚</td><td></td></tr>
<tr><td>2. 主动积极</td><td></td></tr>
<tr><td>3. 负责</td><td></td></tr>
<tr><td>4. 任务绩效</td><td></td></tr>
<tr><td>5. 领导能力</td><td></td></tr>
<tr><td>6. 对开发新活动的兴趣</td><td></td></tr>
<tr><td>7. 接受督导的意愿</td><td></td></tr>
<tr><td>8. 弹性</td><td></td></tr>
<tr><td>9. 情绪管理</td><td></td></tr>
<tr><td>10. 整体评估</td><td></td></tr>
<tr><td colspan="3">对该义工的总评（共 20 分）</td></tr>
<tr><td colspan="3">1. 义工具备的特殊技能与贡献（服务期间最大的工作成果）；<br>2. 有无违规情形（若有，请列举）；<br>3. 促使义工进步的具体建议（如某方面的义工训练）；<br>4. 义工需要做哪些调整，以增加义工对服务单位的贡献，如调整职责或工作流程。</td></tr>
<tr><td>总分</td><td colspan="2" rowspan="2">负责人签字：</td></tr>
<tr><td></td></tr>
</table>

**本章要点**

义工管理的核心是人的管理，自我认知是参与义工的首要因素，自我修养是参与义工必要的知识和技能，情绪管理是对义工参与服务的自我调节和组织关怀，参与义工服务的有各类不同领域和类别，义工服务岗位、项目绩效评估等要素。

### ★ 互动分享环节

1. 义工服务本来就是自愿的，为什么需要绩效评估？
2. 如果本人参与服务获得不高的绩效评估，还会做义工吗？

**参考文献：**

[1] 民政部社会工作司编．志愿者管理手册．中国社会出版社，2014.

[2] 丁元竹，等．北京奥运志愿服务研究．北京出版社，2009.

[3] 福建省2015年度星级志愿者表彰先进事迹资料．

# 第五章　团队建设

【安心小语】认识自己想要的是什么很重要。选择自己想参与其中的范畴，了解无论参与哪个项目哪个类型的服务都有可能被质疑、被拒绝，这只是人生功课的一部分，是做义工的礼物，让我们在做服务时，时刻用“感恩、尊重、务实、及时、珍惜”来提醒自己对待人生的态度。

【引　言】近年来，我国的义工服务虽然取得了一定的进展，但仍存在若干问题，其中义工管理水平影响到相关诸多环节。因此，有必要在加强义工队伍建设、提高义工整体素质的同时，建立义工团队管理体系，促进义工服务的常态化和规范化发展。同时，借鉴和引进现代管理理念与管理方法，从管理发展的视角来看，中国现阶段的义工管理尚处于管理层面的初级发展阶段，因此，很有必要重点强化管理意识、了解管理知识、树立管理理念。

【学习目标】本章节主要掌握义工团队建设活动、义工团队管理要素、管理方法、招募与培训、支持与督导、认可与激励等。通过学习提高义工团队或社会组织对义工团队的管理，有效提高义工管理，促进义工服务质量的提高。

## 第一节　义工团队

【安心小语】在团队里、在家庭里，真心融入，主动承担，敞开心灵积极参与活动，就能够让自己在团队里、在家庭里找到自己的位置。有位才能有为，有为才能真正地为社会作贡献，有贡献的人生才是有价值的人生。

【案例】

## 以人为本的管理理念

有一个致力于农民工子女教育和服务的民间组织，其贯彻的管理理念是“以人为本”。在志愿者的管理中，组织十分注意每个志愿者在协会中的感受，尽量为每个志愿者提供他们感兴趣的工作中，同时保证志愿项目的顺利进行。

这个组织的志愿者主要以在校大学生为主，因此，志愿服务活动基本上扎根在校大学生。这不仅有利于志愿者在参加活动的同时合理安排自己的学习，而且使志愿者得到一定心理成就感和满足感（因为在自己熟识的同学和朋友面前做了有意义的事）。

为了更好地凝聚志愿者，为组织发展储备公益人才，组织中的志愿者督导在每次的支教活动中都注意观察每个志愿者，总结分析他/她们的特点和长处。在活动结束后，对于有发展潜力的志愿者，进行有针对性的重点交流和沟通，发掘其继续投身志愿事业的热情和动力，使其成为组织后续活动的骨干，并委以重任。

根据组织的自我评估分析，志愿者之所以参加志愿活动，除了满足自身对公益事业的热爱以外，其实也是为了丰富自己的个人生活。因此，在闲暇时间安排组织了一些志愿者团队活动，方便志愿者进行工作以外的交流沟通，使志愿者感受到协会的温暖，同时结识更多的朋友。

通过贯彻“以人为本”的管理方法，这个组织不仅获得了较为丰富的志愿者资源，为持续的服务活动和组织发展储备了一定的人才，而且还通过志愿服务树立了组织的品牌和口碑，扩大了组织公信力。

义工参与社会服务多是以团队方式开展工作，因此，义工团队建设与发展是义工管理中不可或缺的内容。本节从团队的一般概念切入，阐述什么是团队，义工团队有什么特点、管理模式和义工团队中的领导力。

## 一、什么是团队

管理学家罗宾斯认为，团队（Team）就是由两个或者两个以上的、相互作用、相互依赖的个体，为了特定目标而按照一定规则结合在一起的组织。也有人说，当一个群体有共同目标，参与的人、每个人有明确的定位或者工作职责、有管理者和被管理者之分、按照一定计划完成某项任务时，这个群体就称之为一个团队。可见，团队需要具备以下5项要素。

**（一）目标（Purpose）**

团队应该有一个既定的目标，为团队成员导航，知道要向何处去，没有目标这个团队就没有存在的价值。团队的目标必须分成小目标，具体分到各个团队成员身上，大家合力实现这个共同的目标。

**（二）人（People）**

人是构成团队最核心的力量，2个（包含2个）以上的人就可以构成团队。目标是通过团队人员具体实现的，所以人员的选择是团队中非常重要的一个部分。在一个团队中需要有人出主意，有人订计划，有人实施，有人协调不同的人一起去工作，还有人监督团队工作的进展，评价团队最终的贡献。不同的人通过分工来共同完成团队的目标。

**（三）团队的定位（Place）**

团队的定位包含两层意思：一是团队的定位，团队在组织中处于什么位置，由谁选择和决定团队的成员，团队最终应对谁负责；二是个体在团队中的定位，作为成员在团队中扮演什么角色，是订计划还是具体实施或评估。

**（四）权限（Power）**

团队当中领导人的权力大小跟团队的发展阶段相关。一般来说，团队越成熟，领导者所拥有的权力应越小，在团队发展的初期阶段领导权相对比较集中。

**（五）计划（Plan）**

计划包含两层含义：一是目标最终的实现，需要一系列具体的行动方案，可以把计划理解成目标的具体工作的程序；二是提前按计划进行可以保证团队工作的顺利进度。只有在计划的操作下，团队才会一步一步地接近目标，从而最终实现目标。

## 二、义工团队的特点与管理困惑

义工团队是由义工组成的，其核心特点是自愿性、公益利他性、无报酬性、成员多元化、业余性和平等性。主要表现在以下方面：

### （一）如何处理个人意志与组织管理

个人自由意志与组织集体管理之间可能存在矛盾。由于义工的自愿性体现了个人的自由意志，而义工管理体现的是组织和集体意志，两者有时并不一致。因此，集合大多数义工意志的组织使命可能是义工管理的核心价值。

### （二）如何解决无偿服务与服务津贴

义工的无报酬性与是否领取义工服务津贴的认识矛盾。报酬是劳动付出的市场价值，包含有成本和物质回报；而服务津贴只是在服务中发生的成本补贴。义工是不为报酬而从事社会服务的，但可以领取服务津贴。

### （三）如何理解服务成本与廉价劳动

义工服务成本低并不等于廉价劳动力。义工因为不为报酬而为社会服务，一些专业和优质的义工服务成本因此较低。有些组织为此忽视了对义工管理的成本投入和鼓励，使义工成为“廉价劳动力”而得不到应有的支持。其实，义工服务非常需要组织在义工管理方面的成本投入，有时可能会超过社会服务成本。

### （四）如何解决团队的开放性与流动性

义工团队的开放性与流动性带来管理难度。义工管理是基于尊重和民主，具有非强制的开放性和包容性。义工进出组织具有较大的自由度，组织的义工数量因此呈现出流动性。正是这种流动性，一方面给组织带来新鲜血液和更高的管理需求，另一方面给社会带去组织价值和更多的义工服务精神。

### （五）如何解决非职业与专业化需求矛盾

义工的非职业性与专业化社会服务需求的矛盾。社会发展需要更多的专业化义工服务以满足特殊需要，而义工是在职业以外从事义务服务的，这就需要组织通过管理来配置适合的专业义工去创造更高的社会价值，同时也需要在专业岗位上为义工提供专业培训及专业发展机会。

### （六）如何解决多元化团队的凝聚力挑战

义工的多元化为义工团队产生凝聚力带来挑战。每个义工都可能有着不同的教育背景、职业、价值观和发展需求等，体现出很强的多元化特性。他们在服务中学习如何与义工团队其他成员合作，这个过程可能给义工团队管理带来多元挑战。重视义工团队建设，鼓励积极性和建设性氛围，让团队成员看到多元化的意义和尊重彼此的差异会有利于义工团队建设和发展。

### （七）如何看待义工服务的过失与处罚

无论是服务对象、义工或者义工组织，都可能在服务过程中出现过失而带来经济、精神和人身损失，如何对待基于爱心和善意的过失就成为许多组织的“良心”困扰。其实，义工的责任就在于“公共性”，任何人或组织只要给公共利益造成损失均不能免除责任。鉴于中国现状，对过失的“处罚”只有暂停其继续参与本组织社会服务的权利。2016 年 3 月 16 日颁布的《中华人民共和国慈善法》对此作出相关规定（见附录 3《中华人民共和国慈善法》）。但是，要看到义工本身的发展性，适当条件下还应该欢迎义工继续参与社会服务。

### （八）如何客观公平评估义工服务价值

评估义工服务价值的难度很大，可能会造成义工没有成就感，因而对义工服务价值评估提出更高的要求：由于义工服务价值缺乏评估机制和标准，义工服务价值难以得到社会、组织，甚至义工本人的认识，可能会造成义工无成就感而失去义工服务的动力。这就更加需要组织建立健全义工服务监测评估机制，动态和客观地反映义工服务的时间及其社会价值，让每一个义工都能够从服务中学习与收获，让全社会知道义工服务的价值，从而让义工精神传承发扬。

因此，在义工团队建设的过程中，要从“社会人”和“自我实现人”的角度出发，更多地满足义工自我实现的需求。

## 三、义工团队管理模式选择

义工团队管理模式的选择，是依据社会服务组织的规模、服务类型和义工团队的人员情况而定。

### （一）社会服务组织中单一团队管理的三种模式

在中国社会服务组织中，依据社会服务组织与义工的关系，可分为三种义工管理模式。

1. 重合型（员工式管理）

将义工纳入组织的人力资源管理体制之中，由组织进行专门的义工管理工作。义工与组织联系非常紧密，有时甚至是义工作为组织员工承担组织管理工作。这种管理模式常见于由义工提供人力资源的组织。

2. 独立型（项目活动式管理）

在组织的管理体制中，基本没有义工管理结构和内容，只是偶尔组织活动或举办义工年会。与组织通常只是在有活动或需要的时候，临时招募义工，一旦任务完成，义工即离开组织。这种管理模式常见于以项目和活动为导向的社会服务组织，或者在组织发展初期。

3. 交叉型（会员式管理）

义工有独立的团队，机构将义工部分地纳入组织管理之中，即机构作为义工团队的治理结构。义工团队（如协会、社团或小组）有自己的领导人和组织结构，在承担机构义工工作的同时，也自行开展其他社会活动和联谊。

### （二）社会服务组织中的多团队管理模式选择

一个社会服务组织，可能会有多项社会服务活动或项目，因此需要招募组成多个义工团队去同时完成不同的服务任务。这就需要组织我们进行多团队管理，一般有两种模式。

1. 多团队独立型

在社区社会服务的调研中发现，很多组织目前采用的就是多团队独立型义工管理模式。在其组织的管理体制中，设有专门的义工管理员或协调员（有的称为义工专管员），来对接与义工团队的管理和支持工作。在一些人手较少的组织中，这个专管员有时还要负责很多其他的事务。组织有多个社会服务项目或职能在独立推进，因此围绕每个项目或职能配有专门的义工团队，并有相应的骨干义工在团队中承担领导角色，负责内外部的沟通协调，也自行开展其他社会活动和联谊。

2. 多团队矩阵型

还有一些组织中，义工团队的介入程度较深，有的甚至直接承担组织和核心项目及其职能的实施，因此在服务的过程中，会与组织中的多个部门发生联系，例如人力资源部、财务部、外联部、培训部等。义工总体管理工作可以由主管人力资源的行政人员担任，但每个义工团队仍有独立的领导者。有时，组织的成员甚至也会加入到义工团队中，与义工一起工作。

3. 虚拟团队

也许从分类学的角度，虚拟团队并不能与以上两种团队并列，但作为一种新出现的团队组织形式，虚拟团队值得我们关注。简单而言，虚拟团队是由一些跨地区、跨组织的、通过通信和信息技术的联结、试图完成组织共同任务的成员组成。虚拟团队可视为以下几方面的结合体：（1）现代通信技术；（2）有效的信任和协同教育；（3）雇用最合适的人选进行合作的需要。

## 四、义工团队中的领导力

义工团队的领导力可以定义为："领导者带领和影响义工团队发现和达成目标的能力。"发现并培养义工团队中潜在领导者，使之拥有强大的领导力会为组织的成长创造新机会。这种领导力有时会自动地显现出来，有时也可以从义工身上去发现其领导素质。领导力的培养，可以包括下面的步骤：

发现领导者，领导力培训，分享权力、教练及指导和定期评估等。

### （一）发现领导者

在义工团队中发现领导者，通常在日常工作中，通过按照领导者素质分析义工的素质从而发现潜在的领导者。一旦知道这些素质是什么，就可以强化这些素质，应对弱点以帮助个人在团队里发展和强大。

### （二）领导力培训

如果发现某个义工拥有任何特别的领导者素质，下一步就应该与他面对面坐下，看看他是如何看待自己在团队里的发展前景。并鼓励他，指出你在他身上看到的潜质，讨论他可以如何承担新的职责或帮助团队成长。一旦双方就新职责达成一致，将工作内容写出来，请他一起讨论或修改，这样双方就能了解这份工作的期望是什么。这样能够激发他的领导意识。同时可以推荐他学习领导力方面的相关课程或书籍。

### （三）分享权力

不要给还没做好准备的人太多责任。但如果一个团队领导者已经做好了准备，社会组织应该鼓励其承担一些责任，同时也与其分享一些权力。这样能激发义工参与组织管理、团队建设的积极性和责任感。

### （四）教练及指导

新领导者在准备进入角色之前，组织或团队的原有领导可以帮助他一起为新挑战进行准备。例如，义工代表组织在公共场合说话之前，你可以与他一起预习讲话中需要强调的内容，讨论从这次活动中期望得到的结果。如果新领导者正在准备一项需要多方合作的活动，建议他与每个领导进行一对一的会议、一次与所有领导的会议、一次与所有涉及此次活动的人的会议，以确保所有人的理解一致等。教练技术既可以用在带新人上，更是领导者带领团队的好方法，这将在本章的第三节进行详细阐述。

### （五）定期评估

组织可以定期与义工团队领导者进行专题评估——主要针对他在带领团

队方面的表现和体会。也可以组织多个团队领导进行相互间的交流和学习。

**★ 互动分享环节**

**义工的领导素质**

1. 愿景：能够带领团队看到义工服务的价值及可能产生的影响。

2. 可靠：值得依赖并尊重其义工服务工作的承诺。

3. 表达的意愿和能力：能够以建设性的方式就组织事务表达意见和观点，说话条理清晰，能通过有效和难忘的沟通技巧让他们的观点变得清楚。

4. 人际能力：可以与团队中的其他义工建立联系，并建设性地参与团队工作。

5. 动员能力：拥有为组织活动及项目动员资源的能力。

6. 广泛技能：拥有多种技能，可以利用来推动组织和义工团队使命的达成。

**【讨论】**

如何培养领导力？

# 第二节 管理要素

**【安心小语】**职场中除了专业能力，更重要的是你在团队里的态度与合作能力，专业、态度、合作，缺一不可，尤其是横向、纵向在组织内的合作，才有可能在组织内自我成长。

**【案例】**

**共同愿景（Common Vison）**

伟大的组织之所以伟大，就是因为他们有一个伟大的共同愿景，能激发出强大的力量。

在遭遇混乱和阻力时，继续循着正确的路径前进。

——彼得·圣吉《第五项修养》

从事义工团队管理的人员，如果能掌握与义工服务相关的管理基础知识，就会大大提升社会服务成效。要建立义工团队管理体系，更加有必要了解管理知识以及管理理论。管理的职能包括计划、决策、组织、领导、激励、控制等方面。

## 一、义工管理的特征

义工管理具有以下特征：

### （一）社会性

义工具有社会的公共资源属性，特别是提供社会服务的义工，并非属于某一个社会组织的私有资源。

### （二）开放性

义工管理要符合义工的自愿独立性的特点，对义工进出组织具有较大的自由度。义工管理应基于尊重和民主的意愿，具有非强制的开放性和包容性。

### （三）多样性

义工由于来自各类不同的人群，而社会需求和义工服务形式也是多种多样的。因此，义工服务中需要根据不同的需求开展差异化、个性化服务与管理，而不是强化大而统一的形式化服务。

### （四）组织性

义工可以遵从个人意愿参与社会服务，但在服务中也需要遵守社会规范和组织管理，只有这样才能有效地实现社会服务的目标。

### （五）发展性

义工服务的各利益相关者都可能从服务中获得成长和发展机会，而义工管理也尚处在实践中不断创新发展和逐步完善的阶段，因此，义工管理具有发展性。

## 二、规划与计划

### （一）规划

义工组织要建立义工管理体系，实现社会服务使命，首先需要在宏观和微观层面做好一系列的准备，要充分了解社会和社区、义工的需求，并创造有益于义工服务的内部环境。因此，义工管理体系的首要环节是义工服务规划。服务规划的制订需要经过社会需求评估、义工服务需求评估、组织需求评估，并紧密围绕组织的愿景、使命、理念、目标展开，同时要做好志愿者发展规划。规划设计好发展战略（组织的愿景、目标等），了解志愿者需求的基础上设计工作岗位和职责，制定志愿者管理的相关原则和制度。

### （二）计划

计划是义工管理的目标导向，是管理的首要职能。大家对计划并不陌生，但是让我们来进一步了解一下管理学上对计划是怎样深入研究的。

首先看看管理学家归纳计划的基本特征——

计划的目的性：指计划工作旨在有效地达到某种目标。

计划的主导性：管理其他职能的效用发挥如何，首先取决于计划工作。

计划的普遍性：计划工作在各级管理人员的工作中是普遍存在的。

计划的效率性：计划的效率是指对组织目标所做贡献扣除制订和执行计划所需要的费用和其他因素后的总额。制订计划要讲求效率，不仅要从经济方面来考虑，而且要从非经济方面加以考虑。

由此计划工作的基本程序被高度概括为：机会分析、确定目标、制订计划的前提、制订可供选择的方案、评价各种方案、选择方案、制订派生计划，并且强调要用预算形式使计划数字化，使之可考评。

### （三）目标管理

目标管理是大家要重点学习和掌握的，因为目标管理完全可以应用于我们的公益项目管理，可以说是一种民主的、强调义工自我管理的制度体系。目标管理在国外一度非常盛行，我国某个时期曾经强调的责任制就体现了目标管理的内涵。

目标管理认为，上级应该通过目标对下级进行管理，当组织最高层管理者确定了组织目标后，必须对其进行有效分解，转变成各个部门以及各个人的分目标，管理者根据分目标的完成情况对下级进行考核、评价和奖惩。目标管理是通过科学地制订目标、实施目标，依据目标进行考核评价来实施组织管理任务的过程。它用系统的方法，使许多关键管理活动结合起来，高效率地实现个人目标和企业目标。目标管理（参见下图）的特点是运用系统论的思想，通过目标体系进行管理，实行能力至上，强调成果。

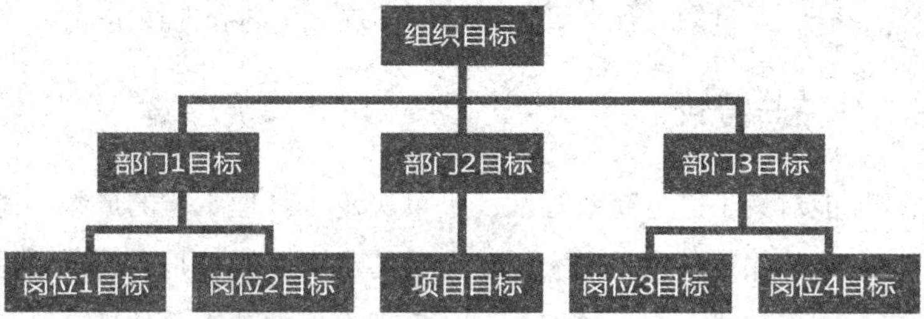


义工管理的目标主要包括以下六个方面：

1. 满足服务对象需求

义工管理要从满足服务对象需求为起点来制定义工管理的目标。根据服务对象的需求，开发相应的义工服务岗位，提供良好的义工服务。

2. 实现组织发展目标

实现组织发展目标，也就是实现社会服务目标。这是义工管理的基本目标，是社会服务义工管理最基本的出发点，也就是要有效地将义工组织起来实现服务社会、增进人类福祉的目标。

3. 实现义工个人价值

实现义工个人价值也应被列为义工管理的目标，并且应该是重要目标之一，要从义工成长的角度与义工共同制定其个人发展目标，帮助其在服务过程实现自我价值。

4. 彰显义工精神

在义工管理过程中要注重义工精神的体现、保持和推广，要通过义工服务的社会效果体现义工精神，并向社会更广范围传播义工服务的精神。

5. 体现社会价值

义工管理比企业管理更加直接地体现社会价值，因为义工管理具有社会属性，义工来自社会又服务社会，创造社会资本和社会主义核心价值观，促进社会精神文明建设，营造更加和谐的社会环境，从多个维度都充分体现了社会价值。

6. 促进社会管理创新

义工管理更进一步的目标是创新社会管理机制和主动融入社会治理与社会建设之中，通过公民参与义工服务，促进政府、市场和社会的跨界合作和资源整合，通过融入社会管理创新，实现社会的和谐稳定。

## 三、决策与授权

怎样才能对义工进行有效管理？决策决定了管理工作的成败，是实施各项管理职能的保证，这是大家比较一致的观点。授权是志愿者管理的民主化程度的表现形式。充分授权是义工管理中经常被提及的理念，但授权的背后其实是有理论依据的。

### （一）决策

决策的方法有很多种，大类可分为定性决策和定量决策。每一类中又具体包括很多专业方法，也有一些非常适用于义工管理。决策的定量方法有风险型决策方法、确定型决策方法和不确定型决策方法；定性方法有头脑风暴法、德尔菲法、罗伯特议事规则等。每一种方法都经过系统性的研究和实践，由于篇幅所限我们仅介绍定性方法中大家熟悉的头脑风暴法，以及同样有用的德尔菲法和罗伯特议事规则。

1. 头脑风暴法

头脑风暴法（Brain Storming）又称智力激励法、BS法、自由思考法，是由美国创造学家提出，经由各国的实践和发展，至今已经形成了一个技法群。头脑风暴法有成型的激发原理、明确的原则以及完整的流程，建议大家应用的时候可以多查阅一些相关资料。

采用头脑风暴法组织群体决策时，要集中有关专家召开专题会议，主持者以明确的方式向所有参与者阐明问题，说明会议的规则，尽力创造融洽轻松的会议气氛；一般不发表意见，以免影响会议的自由气氛，而是由与会者们“自由”提出尽可能多的方案。实践经验表明，头脑风暴法可以充分激发想象力，排除折中方案，对所讨论问题通过客观、连续的分析，找到最为切实可行的方案，因而头脑风暴法在决策中得到了较广泛的应用。

2. 德尔菲法

德尔菲法（Delphi Method）也称专家调查法。采用通讯方式分别将所需解决的问题单独发送到各个专家手中，征询意见，然后回收汇总全部专家的意见，并整理出综合意见。随后将该综合意见和预测问题再分别反馈给专家，再次征询意见，各专家依据综合意见修改自己原有的意见，然后再汇总。这样多次反复，逐步取得比较一致的预测结果。

德尔菲法依据系统的程序，采用匿名发表意见的方式，即专家之间不得互相讨论，不发生横向联系，只能与调查人员发生关系，通过多轮次调查专家对问卷所提问题的看法，经过反复征询、归纳、修改，最后汇总成专家基本一致的看法，作为预测的结果。这种方法具有较广泛的代表性和可靠性，是非常专业的决策方法。

3. 罗伯特议事规则

罗伯特议事规则（Robert’s Rules of Order）是美国最广受承认的议事规范。这套规则，对如何提出议事事项、如何听取和发表意见、如何提出动议和如何表决，都有非常详细的规定。它蕴涵着丰富的理念，包括法治、民主、权利保护、权力制衡、程序正当、程序性竞争、自由与制约、效率与公平。规则的基本原则是平衡，保护各种人的权利，对领袖权力的制约，多数原则，辩论原则，集体的自由意志，反对人身攻击。目前中国已经有一些社会组织和义工组织在学习应用这套规则进行协商决策。

### （二）授权

首先我们需要了解的是管理幅度与管理层次。管理幅度是指一个主管能够直接有效地指挥下属成员的数目。管理层次亦称管理层级，是指组织的纵向等级结构和层级数目。管理幅度与管理层次是组织结构的基本范畴，是影响组织结构的两个决定性因素。幅度构成组织的横向结构，层次构成组织的纵向结构，水平与垂直相结合构成组织的整体结构。在组织条件不变的情况下，管理幅度与管理层次通常成反比例关系，即管理幅度宽，则管理层次少，反之亦然。

按照管理层次与管理幅度的关系，组织结构有两种形式，即直式结构和扁平结构。我们经常听到要强调扁平化管理就是指扁平结构，即管理层次少而管理幅度大的结构；直式结构则是指管理层次多而管理幅度小的结构。管理幅度小，管理层次和管理人员就要增多，花费的精力、时间和费用都要增加；而扩大管理幅度，可以减少管理层次，所需的管理人员、时间和费用减少，上下级之间信息传递的渠道缩短，可以提高工作效率。

管理发展到20世纪后半叶，授权及分权成为管理的潮流。

授权是指上级把自己的职权（主要是指决策权）授给下属，使下属拥有相当的自主权和行动权。但授权也要有原则，包括因事设人、视能授权、明确责任、不越级授权，并且授权要适度。授权及扁平化管理中选人用人特别重要，要求使高素质、高能力的员工在各种变化着的团队中高效工作，形成一个人才资源的有效聚合，因此，授权及扁平化管理对人员的素质及管理能力提出了更高的要求。

在人事管理中有一样比较开放的管理手法，是充权法（Empowerment），这在义工服务管理范围中亦可以应用。

一般机构都倾向集权管理，即是由上至下，由主管作一切决策，员工只是执行下达的命令。充权法则认为权力下放其实会令组织更有效、更灵活地运作。负责人不愿意下属拥有决策的实权，是因为忧虑员工的工作水准不足而作出错误的决定。充权法的理论却认为，前线员工最能掌握顾客的需要，所以让前线工作者以自己觉得最适合的方式与顾客沟通，因应顾客的需要而决定提供最合适的服务，而员工的工作成就感则更大。

充权法有其优点，但必须先确保工作目标清晰，员工拥有足够的自发性，有适当的知识及经验，方可实行，否则只会纵容了散漫的员工或越权处事，效果适得其反。

## 四、组织与组织环境

### （一）组织

大规模的义工怎么管？组织结构形式是义工管理的基础，当义工组织发展壮大了，就涉及组织结构形式。其实，这些形式在我们的组织中都不同程度地存在，只是我们未从管理学的角度上升到理性认知而已。

下边介绍几种主要的组织结构形式：

1. 直线型

直线型又称单线型，是最早期的组织形式，指从最高层到最低层，上下垂直管理像一条直线。

2. 职能型

职能型是以直线型为基础发展起来的，按专业分工设置管理部门，各部门在其业务范围内有权向下级发布命令和指示，下级既听从上级领导者的指挥，也听从上级职能部门的指挥。

3. 直线职能型

直线职能型是最常见的组织结构形式，也是被最多采取的形式。它以直线型为基础，在各级行政管理者下设相应职能部门，分别从事职能管理，职能部门拟订计划、方案和命令，由行政领导者批准下达，职能部门不再直接指挥，只起业务指导作用。

4. 矩阵型

矩阵型又称目标规划管理制，既有纵向组织系统，又有横向组织结构。横向系统的项目小组成员是从各业务部门调来的，受双重领导，即日常工作受原部门领导，参与小组工作时受项目负责任领导。

5. 事业部制

事业部制又称联邦分权制，大型组织采用较多。事业部是一种分权制的组织形式，要待组织发展到较大规模时考虑实行。

### （二）组织环境

创造有利于义工服务的组织环境，需要组织在政策、资金和人力资源方面做出相应的安排。制定义工政策是建立有效的义工管理体系的一步。有了义工政策之后，组织需要进一步确定需要义工具体在哪方面开展工作，哪些工作需要义工来做而哪些又是需要员工来做的，组织是否能为义工开展工作提供必要的资金和人力支持等。

## 五、领导与激励

社会服务组织及义工团队中领导力有着重要的作用，下面从义工个体和组织两个角度介绍如何发现和培养义工领导力。

### （一）领导

领导是一个带领者影响跟随者的过程。使跟随者按照领导者的要求和方向行动，并朝着组织或机构的目标方向，尽心尽力地完成所委派的工作。

在社会服务组织或机构中的领导具有以下特征：

1. 较少运用职位赋予的正式的权力领导下属；
2. 较多运用指导、诱导方式影响下属；
3. 注重使用影响他人的能力和技巧。

在社会服务组织或机构中的领导主要方式：

1. 获取员工或义工的合作；
2. 使用领导者的权威；
3. 引导与沟通；
4. 维持纪律与督导训练；
5. 发挥团队伍精神。

### （二）激励

如何激励义工？激励是义工管理中的关键因素，其重要性无须赘言。但怎样激励义工才能效果最佳？管理学对此是有充分研究的。

激励理论是研究关于如何满足人的各种需要、调动人的积极性的原则方法的概括总结。自从20世纪二三十年代以来，国外许多管理学家、心理学家和社会学家结合现代管理的实践，提出了许多激励理论。

早期的激励理论研究主要是对需要的研究，基本回答了以什么为基础、或根据什么才能激发调动起员工工作积极性的问题，包括马斯洛的需求层次理论、赫茨伯格的双因素理论以及麦克利兰的成就需要理论等。激励理论中的过程学派认为，通过满足人的需要实现组织的目标有一个过程，即需要通过制订一定的目标影响人们的需要，从而激发人的行动，包括弗洛姆的期望理论、洛克和休斯的目标设置理论、波特和劳勒的综合激励模式、亚当斯的公平理论、斯金纳的强化理论等。

社会服务义工认可与激励。义工为了他人的利益而无偿付出时间和精力，这种精神需要得到承认、鼓励和回报。义工组织应该考虑义工在不同阶段的不同需求，以不同的形式来认可义工的贡献，鼓励义工持续地参与，回报义工对组织的支持。有效地认可和激励义工能够帮助组织尽可能地保留义工，保证甚至延长他们的服务期，提高组织效率，并为义工未来继续支持组织奠定良好的基础。

在社会服务组织或机构中员工或义工的激励具体有以下方面：

1. 了解员工或义工的个别差异；
2. 用目标引导员工或义工，增进其对工作或服务的兴趣；
3. 提供员工或义工参与决策的机会；
4. 协助员工或义工制订职业生涯发展计划。

## 六、控制

控制是义工管理的一种方法，是促进义工服务有效性的具体措施，包括：建立义工工作评估标准和方法，义工基本资料建档，义工需求及满意度评估。如：参与义工服务的次数、出勤状况、评估项目、由谁评估、时数登记、参加训练记录等，作为下年度义工招募、制订服务计划、参考的标准。

### ★ 互动分享环节

游戏：解手链

小组成员手握着手，在不松开手的时候解开握成一团的小组。

体验分享：面对挫折时，自己的思维，开始是不是很混乱，解开一点后想法有什么变化？找到解决方案时是否很开心？在这个过程中自己学到了什么？

- 直面挫折，不畏不惧；
- 自我疏导，自我排解；
- 冷静分析，从容应对；
- 主动请求帮助，借助外界资源；
- 积极进取，探索创新找出战胜挫折的方法途径，正向情绪。

**游戏**

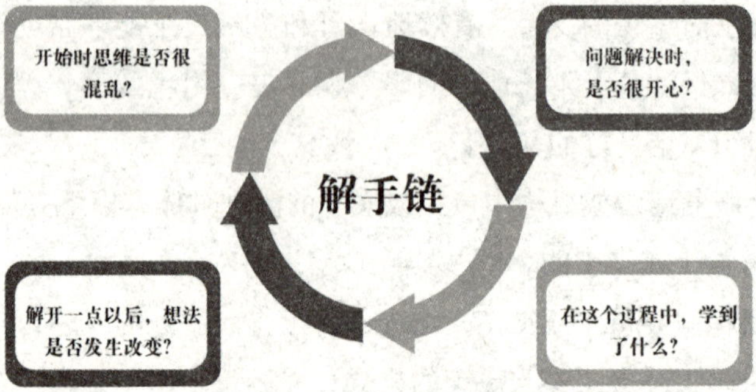


## 第三节　管理方法

**【安心小语】**不是要对方接受自己所认为对他好的方法才叫爱对方，也不是满足对方的要求才叫有爱，更不是要去改变对方。爱只是爱，爱不是强加自我的想法，而是感同身受对方的需要。

**【案例】**

### 利用微信联络

某社区中心有非常丰富的志愿服务活动，吸引了众多的志愿者积极参与其中。然而，每次活动前需要通知志愿者成为一个巨大的工作，常常需要一个专职人员挨个打电话或发短信通知，非常烦琐。有时也采取分片小组通知的方式，但是也经常出现信息遗漏、反馈未及时等问题。

当微信平台逐渐普及的时候，负责志愿服务项目的小黄就想如何利用微信来有效开展志愿服务。小黄先是建立了一个微信群，把经常参加活动的核心志愿者（组长/队长）加入群中，然后核心志愿者邀请其他志愿者也加入该群；当人数上升到40人时，又申请了百人微群；有一些年长的志愿者开始不会使用微信，但在大家的辅导和帮助下，也成了微信沟通高手。这个微信群成了这个社区中心志愿者日常沟通联结的重要平台，在这里可以发布活动通知、收集项目反馈和建议，同时也成为大家在日常分享有趣资讯的交流平台。

未来，小黄还考虑建设社区的服务微刊，让小区里的居民和志愿者们来订阅，更加系统和全面地发布志愿服务的信息。

了解团队发展的生命周期及其在不同阶段的主要特征，可以为团队的建设与管理打好坚实的基础。

## 一、团队生命周期及其不同阶段的主要特征

### （一）团队生命周期

一个团队从形成到运行、到最终结束，这个过程就像一个生命从孕育到生长、到消亡，会经历不同的发展阶段。每个阶段有其不同的特点，在团队绩效、成员行为以及领导者领导方式和风格的选择上，都可以进行分解。

一般来说，团队的生命周期通常有五个阶段：

1. 形成期

是团队初始阶段。团队刚刚组合在一起，其目的、结构和领导都不确定、不稳定，成员们共享个人信息，开始了解和接受他人，组织内洋溢着礼貌的气氛，相互之间的交往较为谨慎；面对新技术、新观念、新知识，可能掌握得不多，这时生产力相对还比较低，刚开始把注意力转移到组织任务上去。因此在本阶段，组织应该协助团队确定团队目标、规模和领导人，让团队成员清楚各个职责和任务。

2. 冲突期

是团队问题逐渐暴露，内部冲突加剧的阶段。成员们争权夺利，为获得对控制权的职位而钩心斗角。对于小组的适当发展方向也纷纷争论不休，外面的压力也渗透到小组内部，在各人维护自己权益的同时，增加了组织内部的紧张气氛。因此，组织在本阶段最重要的任务是建立团队规则，促进冲突解决，协调成员关系。

3. 规范期

是团队逐渐走向规范的阶段。组织成员经过磨合后，开始以一种合作的方式组合在一起，并且在各派竞争力量之间形成了一种试探性的平衡。随着培训、技能的切磋和交流，生产力不断攀升，达到一个较高的水平，规范的团队得以产生并指导个人行为，协调感一天比一天明显。这个阶段的团队精神逐渐形成，成员开始聚合，主要问题是团队成员为了避免冲突而不愿意提出改革建议和意见。组织管理的重点是提高成员的责任心，鼓励成员相互合作，特别是对新成员的接纳与支持。

4. 运行期

是团队可以充分发挥作用的“高产”阶段。成员充满自信，熟悉工作并且能够利用他们的能量去应对各种挑战，成员之间建立了充分的信任与合作关系，任务可以高效地完成。本阶段最大的挑战是创新力不足，因为现有的工作绩效显著，大家都满足于当前工作而不愿意改变现状。组织在这个阶段需要提醒团队为新的工作或者团队任务完成之后做准备，特别是做好团队服务的总结和评估工作。

5. 结束期（休整/解散/转化）

即使是最成功的小组、委员会和项目团队，迟早都要解散。它们的解体称为终结使命，要求成员们脱离紧张的社会关系，重新回到常设机构中。团队的最后阶段可能有三种结果：一是因为完成阶段性任务，团队进入休整期，等候下一个阶段的任务；二是因为任务完成，或者无法创新而不被服务对象认可，或者成员离开而无法保持等原因解散；三是团队在进入休整期之前进行创新、开发新项目，从而团队可以转化为一种新型的团队，从而使团队进入下一个生命周期。在团队最后阶段，组织需要对成员进行离职支持，帮助他们总结工作经验，进行工作交接，保留工作资料和信息，奖励和重新安置成员。组织应该尽量在团队的运行期尽早进行团队转化，从而能够保持成员继续服务。

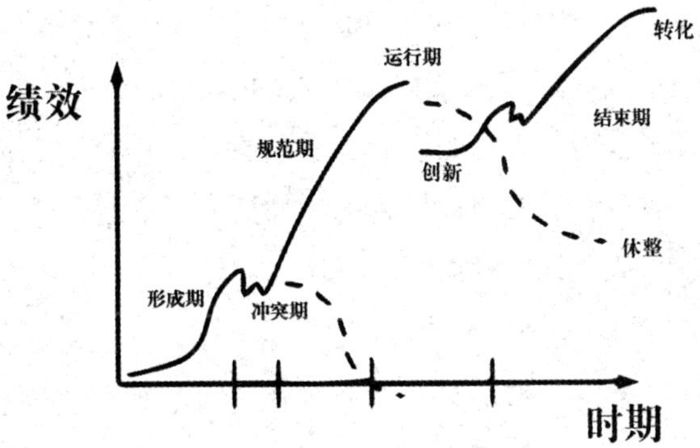


团队生命周期的五个阶段与绩效

## （二）不同发展阶段项目团队成员的行为特点

1. 形成期

团队形成期成员的行为特征为：兴奋紧张，期望值高。团队成员从原来不同的组织调集在一起，既兴奋，又焦虑，有许多纷乱的困惑和不安全感，大家开始互相认识、相互了解，同时还有一种主人翁感，通常对项目团队抱有很高的期望值。

2. 冲突期

团队成员的主要行为特征为：问题暴露，冲突增多。团队成员从彬彬有礼、互相尊重，到逐渐发现成员的缺点，再加之一些不尽如人意的地方，现实与期望发生较大偏离，隐藏的问题逐渐暴露，团队成员有挫折和焦虑感；内部冲突增多，成员之间相互猜疑、对峙和不满。由于不知道能否完成项目，可能会消极对待项目，有的成员开始将问题归结于领导，从而对领导权产生怀疑。

3. 规范期

团队成员的主要行为特征为：技能提升，团队形成特色。随着工作技能慢慢提升，新技术逐渐掌握，工作规范和流程正式建立，人们发展出融洽的关系，团队特色逐渐形成，群体开始表现出凝聚力，成员归属感越来越强，团队成员建立了忠诚和友谊，有可能会建立超出工作范围的友谊。

4. 运行期

团队成员的主要行为特征为：沟通流程化，分享领导权。团队成员分享领导权，能感觉到高度授权，如果出现问题，就由临时小组解决问题，决定具体实施方案。随着工作的进展并受到肯定，项目团队成员们逐渐获得满足感，每个成员都拥有完成任务的使命感和荣誉感，意识到项目工作的结果是他们获得职业发展的需要。

5. 结束期

团队成员的主要行为特征为：两极分化，重心转移。对于完成某项任务、实现了项目目标的团队而言，项目团队已经准备解散了。项目团队成员的高水平表现不再是关注的最优先点，注意力反而放在如何结束项目上。项目团队成员开始骚动不安，情绪两极分化现象严重，有人很悲观，他们协作完成任务，分享成功，分担失败，却不得不面临解散；也有人很乐观，他们认为完成了既定的目标，还有新的目标去实现。

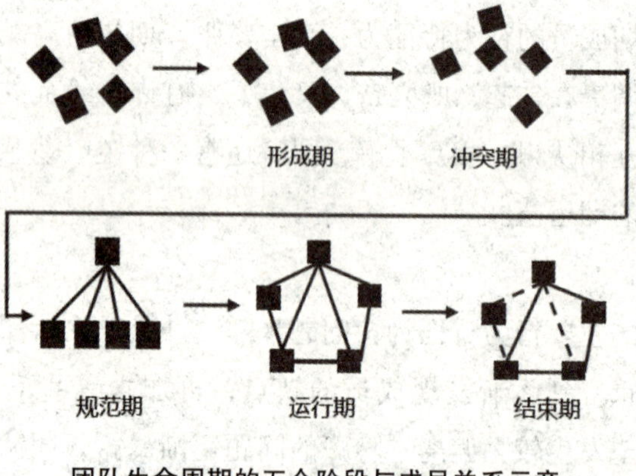


团队生命周期的五个阶段与成员关系示意

## （三）在不同阶段的领导风格选择

1. 形成期——指导型的领导风格

在这一阶段，领导者与团队成员、团队成员彼此之间了解有限，团队之中可能产生许多全新的问题，需要领导者对此进行一一解答和指导。领导者在团队成员中应扮演的角色及实现目标的方法与项目成员达成一致，并给予大量的指导和反馈。他应当努力建立一个创造性的工作模式，尽量发挥团队成员的个人特色、工作能力，以提高工作效率。

2. 冲突期——影响型的领导风格

在这一阶段，团队成员以及领导者都对工作中的常规问题非常熟悉，拥有了良好的工作技能和互动技巧。此时，领导者需要为新出现的有挑战性的问题提供辅导，给予团队回馈和分享，必要时需允许团队达成自定目标，以进一步提高团队成员之间的默契程度。

3. 规范期——参与型的领导风格

在这一阶段，团队成员均具有基本合作技巧，整个团队能达成简易任务。此时，领导者需要在团队之中发挥调节的作用，

与团队成员协商所可能遇到的问题，并在必要的时候进行引领、指导，对问题作进一步的阐释。

4. 运行期——授权型的领导风格

此时团队成员的互助合作技巧已经得到了很大的加强，团队成员之间形成默契，通过标准化的流程和方式进行沟通、化解冲突和分配资源。在这一阶段，领导者需要主动提出问题，引发成员思考，在需要时进行解答，并提供支持和必要的帮助，以鼓励团队成员的主动性、积极性和创造性的发挥，促使成员形成一支高效成熟的团队。

5. 结束期——指导型的领导风格

这一阶段项目成员们开始考虑自身今后的发展，并为项目团队解散和各自离开做最后的准备，项目队伍开始有些不稳定。此时领导者需要一定的强制型领导作风确保所有收尾工作都核对无误、项目圆满完成；同时还要稳定队伍，以一定的激励措施来收拢人心，调动团队的凝聚力，做好团队成员的安置和项目结束工作。

在对团队生命进行了详细分析之后，我们可以将这些特点，汇总为如下表所示。

团队生命周期简明表

| 发展阶段 | 形成期 | 冲突期 | 规范期 | 运行期 | 结束期 |
| --- | --- | --- | --- | --- | --- |
| 绩效特点 | 缓慢上升 | 强烈波动 | 迅速上升 | 高、趋于平稳 | 继续升高（转化）；下降（休整） |
| 行为特点 | 兴奋、焦虑，没有安全感；主人翁意识 | 问题暴露，出现挫折感；内部冲突增多 | 凝聚力增强，出现归属感；建立起超越组织的友谊 | 沟通流程化，分享领导权 | 两极分化，重心转移 |
| 适应的领导风格 | 指导型 | 影响型 | 参与型 | 授权型 | 指导型 |
| 主要领导任务 | 确定团队目标、规模，明确团员职责 | 建立团队规则；促进冲突解决；协调成员关系 | 鼓励成员相互合作；建立和谐的团队关系 | 鼓励成员创新，形成一支高效成熟的团队 | 确保项目圆满完成；做好团队成员的安置 |

## 二、高效义工团队的特征

在多年的义工管理工作中，以及对多个优秀义工团队的深入案例研究中，我们发现，除高效团队的一般特征外，义工团队的成功通常还会同时具备如下图所示的特点。

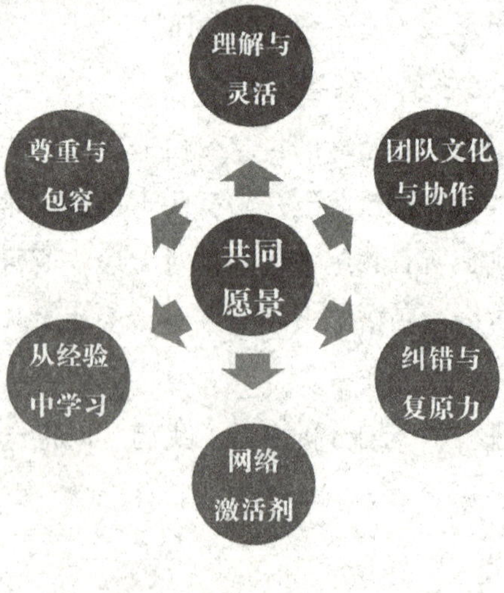

义工团队中特别突出的一点是要有共同的、崇高的愿景，这正是社会服务组织能够从价值观和理念层面给予义工团队建设的最大支持，正在于团队中所有成员的价值观都是和团队价值观和精神相一致的，共同的愿景才可能产生共同的合力。

## 三、团队建设的方法

### （一）团队结构

剑桥产业培训研究部提出了著名的贝尔宾团队角色理论，即一支结构合理的团队应该由八种人组成：

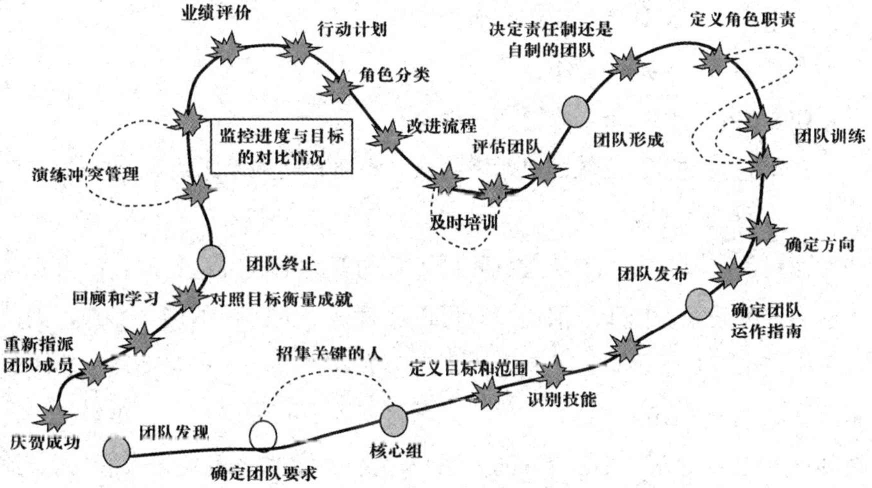


1. 实干家。典型特征：保守；顺从；务实可靠。

2. 协调员。典型特征：沉着；自信；有控制局面的能力。

3. 推进者。典型特征：思维敏捷，开朗；主动探索。

4. 智多星。典型特征：有个性，思想深刻；不拘一格。

5. 外交家。典型特征：性格外向，热情，好奇；联系广泛，消息灵通。

6. 监督员。典型特征：清醒，理智，谨慎。

7. 凝聚者。典型特征：擅长人际交往，温和；敏感。

8. 完美主义者。典型特征：勤奋有序，认真；有紧迫感。

## （二）团队沟通

对于每个社会服务组织，尤其是义工团队来说，沟通是非常重要的。沟通不仅仅是信息交流，更具有组织和管理功能。如果成员之间没有很有效的沟通，那么团队无法得以发展。

1. 团队成员间的沟通

具有有效沟通战略的义工团队更有可能具有高度的主人翁精神，成为更成熟的团队和得到更长久的发展。

团队内沟通有多种方式。选择哪种方式沟通取决于以下的差异：

一是组织与义工及义工间的熟悉度；

二是现代沟通技术的使用习惯；

三是义工间互动的频率；

四是组织安排的资金来源和可用时间。

基于这些差异，团队可以考虑将以下沟通和联系模式结合起来。

（1）面对面交流

面对面交流是义工团队成员间最丰富的互动形式，这是通过个人互动才能形成的联系。由于目前还没有可以代替面对面交流的沟通形式，因此这种交流形式比较昂贵。尤其是当义工分布较广，则这种互动通常会由于可用资源或义工团队所处地理位置或项目工作方式的限制，很难经常进行全体面对面的交流。义工团队的关系越广泛，人员数量越大，面对面交流的成本也就越高。但富有挑战性的是，如何在这些较高成本的面对面的交流过程中，充分提高每一位参加者的参与性，尤其是那些平时不太善于表达自己观点的人。

但是如果义工团队都是集中分布在社区或者周边地区，则可以尽可能根据大家的时间来安排较多的面对面交流，以增进人际关系，实现对工作进行高效的沟通。

（2）义工团队或组织的通讯/简报

义工团队或组织的通讯/简报是团队成员与义工团队保持联系及获得最新消息、事件和机会的有效沟通途径。义工团队通讯可以以打印方式、电子方式或两者结合定期传送。通讯虽然是鼓励更多人参与的有效方式，但没有面对面交流那样的个人接触。除非通讯可以促使双方直接联系，否则可能与加深联系的意图相去甚远。但是，通讯确实可以帮助由于地理因素而分散的人员之间的联系，而且可能以一种不太昂贵的方式发展这种联系。

（3）电子邮件

电子邮件为志愿者团队会员提供了更为个性化的书面沟通形式。电子邮件与通讯不同的地方是它可以多方发送。电子邮件可以让居住遥远的人员联系起来。邮件处理需要的技术是最低级的，在现有的邮件软件里就可以得到维护，进行操作。

对于会员处在不同地域、交通不便的志愿者团队，采用这种沟通方式就比较方便。

（4）微博

微博是近年来兴起的一种社会化沟通方式，使用门槛很低。很多机构都建立了官方微博来与公众进行信息分享和互动交流，包括企业、学术机构、各类民间组织，甚至很多政府机关都加入其中；公民个人也参与到了这样的社会化沟通中，并在其中扮演重要角色。从信息的发布，对时事的评论转发，到个人情绪的表达，对各种活动的关注等都可以在微博平台上实现。因此，微博平台为团队沟通提供了另一片空间，如果善于利用微博进行与志愿者的互动及组织信息传播，就能很好地在信息时代建立与志愿者的持续联系。目前国内使用较为广泛的是新浪微博和腾讯微博。

（5）互动网页

互动网页将技术支持的互动更提前一步，扩充了可以共享的内容，包括条目、对会议的简单记录、网站和其他资料。另外，互动网页创建了共同的知识库，因此可以整理并很容易获得所需的资料。靠软件支持的这种沟通形式，有免费的或非常便宜的，也可以采用昂贵的高级终端管理软件，而且也可以为志愿者团队的需要而量身定做。

（6）培训

由志愿者团队的秘书处或管理部门组织的培训也可成为在会员间建立能力和提高影响的有效方式。不过就像通讯一样，这种方式是单向性的，但也涉及了面对面的交流形式，而且在培训后或在休息时间可以建立更为随意的网络联系。

2. 团队成员的沟通方式

无论志愿者团队选择了何种沟通方式，创建一个志愿者团队的沟通计划是非常有用的。沟通计划可以一年制订一次，这将有助于确保实施对志愿者的沟通活动，可以预先了解志愿者们的意见，而不是盲目沟通而导致志愿者之间“只说套话”。这样的沟通计划应该由志愿者参与制订，并应包括下列的内容：

（1）需要研究和探索的重要主题；

（2）沟通的优先模式；

（3）支持沟通的可利用网络资源；

（4）期望志愿者为沟通所作的努力；

（5）建议的/试验性的纪录事件；

（6）监督、记录和报告职责。

因为各种原因，不同组织的沟通计划制订情况各异，但由团队成员参与制订一个有效的沟通计划，对于志愿者团队的发展和提高工作效率是非常有帮助的。

### （三）团队冲突处理

所谓“冲突”可以被定义为个体感知到的与他人在观点上的分歧或者人与人之间的不相容。从20世纪70年代末至今，团队冲突的相关理论冲破了之前的传统否定及人际关系视角，冲突的互动观点逐渐成为主流：一方面，团队冲突是与生俱来、无法避免的，出现强烈的意见分歧和对抗，势必破坏组织、团队、个体之间的良好关系，影响团队目标的实现；另一方面，过于融洽、和谐、安宁和合作的组织容易对变革表现出冷漠，可能使组织缺乏生机和活力，适当的冲突反而有利于组织的健康发展。

按照冲突的性质，团队冲突可以分为两类：建设性冲突，即冲突双方基于共同的目标来了解对方的观点意见、争论问题、互相交换信息的过程；破坏性冲突，即双方关注于赢得自己观点而不愿听取对方的观点意见，由问题的争论转为人身攻击。

因此，团队需要适当的建设性冲突，同时尽量减少和妥善处理破坏性冲突。

1. 团队冲突的危险信号

志愿者团队作为一个在自愿性和公益性基础上建立起来的组织，相较于其他制度性较强的团队，其自身存在脆弱性，维系纽带更容易断裂，有时缺乏稳定性而导致生命周期缩短。所以，团队应当随时警惕破坏性冲突的“危险信号”，及早发现，以便及时采取措施解除警报。

2. 来自团队领导的信号

团队领导作为组织者、管理者、引领者，在志愿者团队中起着重要作用，而领导者的松懈，甚至开始出现放弃权力的行为，会严重影响团队组织和任务下达和完成。

3. 来自团队组织的信号

团队作为一个整体的各项表现，充分展示了其组织氛围与整体活力，传递出团队健康与否的信号。

（1）团队出现傲慢倾向，缺少协力工作的习惯；

（2）团队目标短期化、计划不连贯；

（3）团队责任分工不明，决策过程缺省。

4. 来自团队成员的信号

每个成员作为团队有机体的组成细胞，其行为表现决定着团队的整体风貌，其态度认知决定了团队的内部氛围。

（1）人员大量流失率增加；

（2）志愿者形成小团体；

（3）成员故意制造混乱。

### （四）团队冲突处理的基本原则

人们由于价值观、推崇理念、生活环境等各不相同，所以做事风格存在差异，因此共事的人与人之间常会产生冲突。尤其是在团队中，有时会因为在一起工作而感觉沮丧，有时会成员间产生摩擦，甚至演化为冲突。如果没有及时恰当地处理冲突，就会对团队造成破坏。因此，团队成员间、领导者与成员间需要建立冲突处理的基本原则，并严格遵守。

1. 判断冲突性质

对于建设性冲突要适当鼓励，破坏性冲突则应该减少到最低程度。

2. 分辨冲突主体

对于个人与个人之间、个人与团队之间、个人与组织之间、团队与团队之间、团队与组织之间产生的冲突，要根据冲突对立主体的不同特征而使用差异化的策略。

3. 积极应对冲突

团队需要利用建设性冲突产生的发展契机，同时积极应对破坏性冲突。通常在处理团队冲突的过程中需要注意以下方面：

（1）尊重差异，维护每个人的自信和自尊；

（2）避免为过去已发生的事件争论；

（3）对事不对人，敢于正视和处理无效的行为；

（4）保持建设性关系，采取双赢态度；

（5）以身作则，主动改善团队状况和处境。

4. 团队冲突的处理建议

（1）及时处理

①直接沟通：鼓励人们在冲突一开始就开始对话，面对面对话，以找到解决问题的办法；杜绝恶意电子邮件，一旦发现某位志愿者发电子邮件攻击他人，劝说让他与冲突对象坐下好好谈，因为通过电子邮件很难讨论复杂问题，只会让情况变得更加复杂。

②第三方调解：如果管理者和志愿者之间出现冲突，可能需要一个组织外的人进行调和。既可以邀请组织外的第三方或者管理人员进行调停处理，也可以建立联络小组促进冲突双方的交流。

③效果跟进：一旦找到解决方案，向双方强调您对他们两人都很重视。但是对一个组织来说，在工作中能够合作很关键，您希望他们两人都能作出相应努力，成为团队的一部分。之后有必要紧密观察调解效果，以确认问题真正得到解决。

④创建环境：一个正面、建设性的工作环境是化解冲突的必要保障。借助处理冲突的契机，在团队中营造一个就事论事、公正平等的环境，将

对团队的融合起到正面作用。

（2）适当回避

当团队之间的冲突对组织目标的实现影响不大而又难以解决时，团队领导者不妨采取暂时回避的方法。通过冲突造成的不良后果，冲突双方能够意识到冲突只会造成“两败俱伤”，因此自觉由冲突转向合作。

（3）预防破坏

预防破坏性冲突可采用以下措施：加强组织内的信息公开和共享；加强团队之间正式和非正式的沟通；正确选拔团队成员；增强组织资源；建立合理的评价体系，防止本位主义，强调整体观念；进行工作轮换，加强换位思考；明确团队的责任和权利；加强教育，建立崇尚合作的组织文化；设立共同的竞争对象；拟订一个能满足各团队目标的超级目标；避免形成团队之间、成员之间争胜负的情况。

（4）激发建设

激发建设性冲突可参考以下做法：领导运用沟通的方式，通过模棱两可或具有威胁性的信息来提高冲突水平；引进一些在背景、价值观、态度和管理风格方面均与当前团队成员不同的外人；调整组织结构，根据贝尔宾团队角色理论，在判断自身团队性向的基础上，引入互补型成员，从而优化团队成员匹配度，提升团队效率，激发团队活力。

**★ 互动分享环节**

1. 团队管理是自律，还是他律？
2. 团队沟通是个体主动，还是团体互动？

# 第四节　招募与培训

**【安心小语】**不管身处什么样的境遇，品格被信任、专业被需要，就已具足竞争力。

**【案例】**

**能够吸引志愿者的招募口号**

非同寻常的假期。

用生命影响生命。

帮助他人，成就自己。

你想成为义工？

送人玫瑰，手留余香。

因为我能。

有意义的假期。

分享技能、改变生活。

助人是快乐之本。

人生是一种召唤——你愿意走多远？

在机构进行了外部和内部需求分析以及义工服务项目规划，就可以开始具体着手进行义工招募了。招募前对志愿者需求进行评估：需要的志愿者岗位及人数；需要志愿者具备什么条件和能力；确定志愿者服务的时间、地点和工作频率；需要为志愿者提供哪些培训；怎样找到志愿者，哪里能找到志愿者。

## 一、招募

招募中确定招募的对象、渠道和方式：发布信息；筛选志愿者（平衡考虑组织或项目与志愿者的需要）。

### （一）义工招募

义工招募是义工管理体系中重要的一环。成功的义工招募是建立在岗位开发的基础上，通过恰当的招募渠道对潜在的义工进行有策略的吸引，并且使用适合的考核方法对义工人选进行选拔，最后结合岗位要求进行义工的匹配。义工招募的主要步骤包括义工岗位开发、义工招募、义工选拔和匹配。

### （二）义工选拔

选拔义工就是一个确保义工和岗位相匹配的过程。义工要在知识、技能和经验以及个人素质方面满足岗位的需求，而这个岗位也要能够满足义工的内在需求。对义工的选拔不是一个孤立的过程。有效的选拔是基于前面有效的招募活动吸引来了最适合的人选。同时，在选拔之后还要有对义工的支持作为坚强后盾。选拔义工的目标是保证义工个人与组织的匹配度，以及义工与其即将共事团体的匹配度。

## 二、培训

义工是宝贵的人力资源，而训练工作则是人力资源管理的重要环节。义工训练对促进义工的工作表现，增进工作满足感及提升义务工作的整体质素发挥着重要的作用。

### （一）培训目的和意义

1. 义工培训的目的

对义工培训的出发点何在？要围绕义工培训的目的设计培训内容和选择培训方式，可以从以下几个方面来确定义工培训的目的：

（1）提高义工服务水平；

（2）培养义工对组织的认同；

（3）提高义工的专业技能；

（4）提高义工素质；

（5）促进义工团队建设；

（6）普及义工精神。

2. 义工培训的意义

培训是提高义工管理专业化水平，强化义工素质的关键。通过培训使义工掌握社会服务的基本知识、义工服务的理念，强化服务精神，提高专业技能，从而提高社会服务的整体水平。因此，培训既是义工管理的重要内容，也是义工管理的重要手段。

训练是知识、技能及态度三方面的灌输与交流。其主要目的如下。

（1）了解义务工作

使义工明白义务工作的意义，并了解机构/义工小组的政策目标及理想使命；促进义工的个人目标与机构/义工小组的目标达致一致性。

（2）实务工作训练

因应工作岗位的要求，义工需要掌握所需要的知识、技能及态度。通过实务工作训练，确保服务质量达到应有的水平。

（3）义工个人发展需要

训练能令义工对工作更具信心，帮助他们发掘潜能，促进个人发展。

### （二）培训的基本原则及注意事项

机构在策划义工训练活动时，应先考虑学员所属工作岗位的工作要求，从而帮助他们掌握应有的知识，学习工作技能及培养服务态度。

## 三、入职培训

入职培训是义工正式工作前至关重要的一步，其目的就是让义工尽快融入组织及义工服务工作。从义工的入职辅导培训中，大家可以看出培训的重要性以及专业方面可以提升的地方。但是入职培训仅仅是培训中的一种，还需要在岗培训等其他后续培训相配合，才能收到良好可持续的培训效果。培训体系包括很多种类、很多形式以及很多内容，下面让我们对培训做进一步的了解。

### （一）基本原则

入职培训（又称入职辅导），是义工正式工作前至关重要的一步，也就是对义工进行必要的入职培训。我们知道，人们参加义工活动时仅凭热情和爱心是不够的，还需要理解和掌握必要的理念和技能。通过入职辅导，可以帮助义工快速了解并适应组织和岗位，让义工接受组织的理念、清楚自己的权利和义务、认真对待选择的工作、增强义工的工作技能和自信心。入职辅导的目的就是让义工尽快融入组织及义工服务工作。

入职辅导培训有一些基本的原则可以帮助我们进一步明确其定位，做好充分准备，取得更好的入职培训效果。

1. 要对入职培训进行整体分析设计

要通过整体分析入职培训的各个具体阶段，即从确定培训需求开始，到实际进行培训的全过程都要进行分析设计。

2. 只有明确所需才能给予更好的支持

这里的需求包括组织本身和义工共同的需求，而且要对义工已具备的知识和能力进行评估，并将有针对性的培训措施拟订出来。

3. 培训要和实际工作密切相结合

从入职辅导开始，培训就要注重实用性，而不能仅仅是走过场。培训的内容要和实际工作相结合，培训的形式也要注意实用性。

4. 多花一些时间在培训计划上

要想取得圆满的培训效果，一定要经过周密的计划，不要低估那些花在计划上的时间。计划准备是培训前期的重要工作。

5. 入职辅导要注重对义工的融入接纳

在入职培训开始介绍组织情况之前，应注意从义工的角度考虑对组织环境的适应与融入。比如说有个欢迎仪式，让义工尽快融入团队，并且使入职培训取得更好的效果。

6. 培训不应只是一次性的，入职辅导还需要与后续培训相衔接

成功的学习需要在培训过程中不断补充和完善。这就要求对义工需求的变化不断地进行再评估、再培训。因此，应将入职培训纳入系列培训计划中，和后续培训及组织的整个培训体系相衔接。

### （二）主要内容

入职辅导培训时，哪些内容是需要的，哪些又是可以不必考虑的呢？关于入职辅导培训的内容，应综合考虑组织的需要和义工的需要。义工培

训的主要内容包括很多方面，要从培训的目的选取有针对性的内容，同时要注意培训内容的涵盖性。主要包含以下几个方面：

1. 义工通用知识培训

主要由义工和义工服务的概念、义工的责任和定位、义工的目的和要求、义工的权利与义务等组成。作为义工组织具体要做的是：介绍组织的情况，介绍义工工作职责及相关内容，介绍义工所在团队的情况；根据组织对义工的工作要求进行培训，根据了解到的义工需求情况进行培训。

2. 专业知识培训

专业知识培训是针对义工服务中所需的专门技能进行的有针对性的培训，如对老年人义工服务开展的护理专业知识培训、对赈灾义工服务开展的急救专业知识培训的相关专业知识培训等。义工组织具体要做的是：对义工进行通用的义工服务技能、专业服务技能和其他特定服务所需要培训的内容进行培训。

3. 管理知识培训

管理知识培训主要针对义工管理人员以及义工骨干。随着义工队伍的不断壮大，义工人数的增加，需要实行自我管理，因此，应对义工中的管理人员进行工作所需要的计划、组织、协调、人力资源配置等方面的管理知识进行培训。

4. 素质提升培训

素质提升培训是义工培训中的重要内容，可分为两个方面：一方面是义工服务伦理价值观的培训，包括义工精神培养、尊重服务对象、保护隐私及自我保护等；另一方面是义工素质能力提升培训，包括了解及自信心提升等。素质提升培训有助于新入职义工自我能力培养及自我价值的实现。

### （三）主要环节

下面我们重点介绍入职辅导培训的操作步骤及主要环节，这部分内容涉及了入职辅导培训的方方面面，是比较具有实用性的，您可以根据自己所在组织的具体情况以及义工的需求进行取舍和选择性借鉴。

1. 向义工介绍组织情况

在义工入职之初，首先应该让义工了解组织的情况，这样能让义工认同组织的价值观，从而推动他们更好地完成任务，也有利于他们理解自己的工作和未来的发展前景，以及谁会来支持他们的工作。

向义工介绍组织情况还包括介绍义工所在的团队或项目的情况，以便义工能够迅速融入团队和进入工作状态。

2. 向义工介绍义工服务内容

这是入职培训的重要方面，包括向义工介绍他们的工作职责、他们的服务对象是谁、他们都有什么服务需求、义工怎样提供服务、对义工的工作要求及期望等。

3. 了解并确认义工的学习需求

首先应该从义工的角度了解他们对入职培训的需要，包括他们加入组织的动机和希望得到什么、他们在提供义工服务方面需要学习和提高的方面、他们对今后工作发展的预期等等。

4. 确定入职辅导培训的内容和具体目标

根据对义工的了解，结合组织对该岗位所需的知识、技能和态度，对义工已具备的程度进行对比评估，据此确定入职辅导培训具体内容和目标。

5. 落实入职辅导培训的各项安排

最好能对入职辅导培训的各项工作安排拟定一个方案，包括培训时间表、培训人员安排、培训课程表、培训资料、培训场地安排以及其他具体安排。

6. 入职辅导培训实施

入职辅导培训的效果都要通过培训的实施来实现，因此这是入职培训中起决定作用的环节。它的具体内容就是前边各环节的应用和实践。这一环节需要注意的是实施过程中的动态控制和调整，特别要关注义工参与入职培训的反应，比如注意义工参与培训的程度、领悟的水平、培训人员的讲授速度是否合适、表达是否恰当，评估是否要对培训做一些调整等，以确保入职培训的实施达到预期的效果。

7. 入职辅导培训评估

入职培训实施后，一定要进行培训评估。没有评估的培训效果会打很大的折扣，只有通过评估，才能了解培训是否达到了预期效果，并且能从义工对培训的反馈了解到是否需要对培训进行调整。所以，评估并不是培训的最后环节，培训评估必须要有后续反馈，而且成功的培训是将评估融入整个过程。

8. 入职培训总结及改进

评估的后续环节就是对培训进行总结、调整和改进，这样才能让入职培训更加符合组织的要求以及义工的需求，并且为后续的培训打下良好的基础。因此，培训的最后流程应该落在改进环节上，并且和前述各环节形成闭环，不断改进提升，使培训流程更加完善。

在对义工进行入职培训的时候，可以向义工提供一本义工手册。手册的内容主要包括组织的使命及主要项目介绍、义工权利义务及行为准则、组织对义工的期望和要求、义工工作方面的具体规定等。义工手册的内容可以比较全面，涵盖组织希望义工知悉的方方面面，也可以比较概略，和组织的其他手册配合使用。义工手册的形式也可以多种多样，有的比较规范严谨，有的比较生动活泼，总之要契合组织风格，体现组织文化。义工手册全面体现了组织所要向义工传递的信息，从这一角度而言，义工手册是组织的重要文件之一。

**义工手册**

| 项目 | 具体内容 |
|---|---|
| 1. 组织的愿景、使命、价值观 | 义工手册开篇的内容，一般都是组织的愿景和使命，或义工服务理念 |
| 2. 组织的发展历程 | 在手册中一般会概要介绍组织创立的初衷及发展历程 |
| 3. 组织所开展的主要项目介绍 | 组织所服务的主要领域和开展的主要项目情况应向义工进行概要介绍 |
| 4. 内部组织结构及团队状况 | 组织内部有哪些部门，各部门职责范围要让义工有所了解 |

续表

| 项目 | 具体内容 |
| --- | --- |
| 5. 义工的工作职责或工作任务 | 义工在组织中负责哪方面职责或承担什么工作任务 |
| 6. 义工的行为守则 | 组织对义工在行为操守方面的要求以及组织在工作方面的规定 |
| 7. 义工权利义务 | 这是义工手册中的重要内容，应该让义工了解自己的相关权益和责任 |
| 8. 义工激励 | 部分包括奖惩，但注意体现正向激励 |
| 9. 义工支持及督导 | 要让义工了解从哪里可以得到指导和支持 |
| 10. 禁止行为及注意事项 | 要提前告知义工需要注意的禁止性行为 |
| 11. 投诉及意见反馈 | 要让义工有畅通的意见反馈渠道 |
| 12. 操作性规定 | 例如不能按时到岗跟谁联系、有了问题应该向谁报告、相关费用如何报销等操作性规定 |

## （四）培训方式

义工培训有多种多样的方式，如集中授课、技巧示范、实地参观、个案研究等，而选择的培训方式是否合适对于义工的培训是否有效至关重要。在北京义工协会组织的对义工服务模式的研究中对此进行了总结，从四个维度概括了培训方式的选择。

1. 实践培训与理论培训相结合

义工的培训，既要有理论方面的系统培训，让义工了解他们的权利义务、相关的专业知识和技能等方面的内容，又需高度重视义工能力的实践锻炼，注重参与各种义工服务活动，通过实际的参与提高义工的专业化程度。

2. 集中培训与分散培训相结合

依据义工服务活动的实际情况，可以采取相对集中与绝对分散相结合的培训方式。对一些专业知识、理论和技能的培训可以进行集中讲授，而其他部分的义工培训内容可以采取分散、自由、灵活、小范围学习等多种形式。

3. 长期培训与短期培训相结合

只有将长期培训和短期培训结合起来，才能有助于义工建立良好的知识结构，并将所学知识应用于实践，消化吸收培训成果，再与工作实践相结合，从而提高义工服务水平。

4. 组织培训与自主培训相结合

在组织培训的基础上，还应激发义工自发学习的积极性，使他们能根据自己的内在需求积极主动地学习。只有把自主培训和组织培训有效地结合起来，才能真正提高培训效率，实现培训目标，产生最大的培训效应。

## （五）义工培训具体流程

根据培训内容及培训形式的不同，义工培训流程也不尽相同，但这里仍然给出义工培训的通用流程供大家参考。大多数培训包括以下六个主要环节：

1. 培训需求调查
2. 培训内容确认
3. 培训计划设计
4. 培训工作准备
5. 培训方案实施
6. 培训效果评估

## （六）义工培训体系

为实现义工培训目标，将培训各方面工作进行系统的、有计划的安排而形成的一系列培训要素的整合即培训体系。培训体系包括下边几个主要方面：

1. 培训体系规划
2. 培训组织体系
3. 培训内容体系
4. 培训方法体系
5. 培训课程体系
6. 培训师资体系
7. 培训研发体系

## （七）义工培训方案

| 项目 | 具体内容 |
|---|---|
| 1. 培训目的 | 通用知识培训，针对提高义工服务理念 |
| 2. 培训对象 | 针对新入职义工 |
| 3. 培训形式 | 采用集中授课＋网络自学 |
| 4. 培训周期及时间安排 | 每个月集中授课一次，其他时间自行上线学习 |
| 5. 培训内容 | 不同类型的培训内容不同，如入职培训可参考前面的具体内容 |
| 6. 培训讲师 | 内部讲师××位＋外聘讲师××位 |
| 7. 培训教材 | 通用的《义工服务知识读本》＋讲师编写的 PPT 教程 |
| 8. 培训课程安排 | 结合具体培训内容的课程安排表 |
| 9. 培训资料 | 讲师教学资料、义工学习手册等 |

**义工基础培训班评估标准**

<table>
<tr><th colspan="2">项目</th><th>计分单位</th><th>单位分值</th><th>总分</th><th>最低分</th><th>说明</th><th>计分凭证</th></tr>
<tr><td rowspan="3">必修项目<br><br>指必须完成的项目，如果学员有其中一项未达最低分要求的，即不能毕业，必须补课</td><td>理论课</td><td>1 次课</td><td>3</td><td>30</td><td>21</td><td>最低要求上满 7 次课。一上午或下午的课算一次课</td><td>学员签到表</td></tr>
<tr><td>实践课</td><td>1 小时</td><td>3</td><td>30</td><td>12</td><td>现场实践或参加团队会议（指与义工服务有关的策划会、前行会、总结会、分享交流会等）均可，最低要求实践 2 小时＋参加会议 2 小时</td><td>义工服务时数登记表</td></tr>
<tr><td>论文</td><td>篇</td><td></td><td>15</td><td>10</td><td>论文要求与义工服务有关的真诚感受，文体不限，字数不限。如该文被同心网站或安心选上，加5分</td><td>以义工中心收到为证</td></tr>
</table>

续表

<table>
<tr><th colspan="2">项目</th><th>计分单位</th><th>单位分值</th><th>总分</th><th>最低分</th><th>说明</th><th>计分凭证</th></tr>
<tr><td rowspan="4">加分项目<br>指学员能够以自己的行动为自己加分的项目。</td><td>评估表或作业</td><td>1 份</td><td>1</td><td rowspan="4">15</td><td colspan="2">每交一份评估表（课前、理论、实践评估）或讲师布置的作业加 1 分</td><td rowspan="4">以义工中心收到为证</td></tr>
<tr><td>心得建议</td><td>1 次</td><td>2</td><td colspan="2">指个人主动分享的心得体会，或提出对机构实质性的建议</td></tr>
<tr><td>文稿</td><td>1</td><td>2</td><td colspan="2">指个人为活动自行完成的书面策划书、行前培训稿、总结报告等</td></tr>
<tr><td>班委</td><td></td><td>1</td><td colspan="2">学员有承担班委职责的，加 1 分</td></tr>
<tr><td rowspan="3">助教评分</td><td>团队精神</td><td colspan="2" rowspan="2">总体评分</td><td rowspan="2">5</td><td colspan="2">根据学员课上或活动中的表现评分，包括参与度，活跃度等</td><td rowspan="3">由跟班助教评分</td></tr>
<tr><td>个人修行</td><td colspan="2">根据学员课后表现评分，待人接物，尊重他人等</td></tr>
<tr><td>课堂纪律</td><td>1 次</td><td>−1</td><td>5</td><td colspan="2">本项目原则上给予学员满分 5 分，如有下列行为扣分，同一种行为可重复扣分：旷课、迟到、早退、课上接打电话、手机铃响、随意走动</td></tr>
</table>

注：本标准以分值计，总分 100 分，60 分及格，80 分良好，90 分优秀。学员及格以上即可颁发毕业证书，申请购买义工服。优秀毕业学员可享受优秀义工待遇。

### ★ 互动分享环节

参与式培训，就是创造轻松愉快的学习环境，运用视觉、听觉等多种工具，引导学员进行思考、参与实践的培训方式。其特点是开放性、双向性、趣味性、可操作性、创新性。参与式培训的方法包括脑力激荡、游戏体验、角色扮演、案例分析等多种形式。

【讨论】

1. 义工培训的参与式有哪些方面？

2. 结合参与式培训，你的参与意愿与角色定位是什么？

## 第五节　支持与督导

**【安心小语】**怕失去而故意隐瞒将会失去更多，猜度对方会想太多时正是自己想太多了。爱是坦诚、是信任、是支持。

**【案例】**

### 做一个用心的志愿者督导

林怡是一个很有心的社区志愿者之家协调人。她注意到平时一贯乐观快活而负责任的志愿者文娟最近看起来郁郁寡欢，好几次志愿服务的进度都滞后了。林怡抽出时间请文娟到咖啡店聊天，了解到文娟感觉自己被从组织接的任务压得喘不过气来。更糟糕的是，文娟的孩子病了，所以她整夜都睡不好，感觉无助和沮丧。

林怡问文娟："我可以帮你什么忙呢？"文娟感到很惊讶，她从来没有想到过会有人这样问。经过讨论，文娟和林怡达成一致，文娟暂时离开志愿者岗位两个星期，好去照顾孩子和她自己。林怡还提供了一些自我照顾的建议，比如放松的技巧，做些"只为了自己"的事情。此外，林怡还鼓励文娟需要时随时给她打电话。文娟承诺两个星期后会给林怡打电话，告知她是否可以回来工作，或者还需要更多的休息。

经过这番交流，文娟感觉解脱了。林怡感谢文娟分享了心里话，有顾虑和压力是正常的，她需要也应该照顾自己的需求。林怡同时鼓励文娟继续保持这种沟通方式。

义工督导是在遵循社会服务机构政策和行政规范的情况下，通过教育训练和专业支持，协助义工达到最佳的工作效率，并且使服务对象、义工督导和所属机构都能获得相当程度的满足感。督导是义工服务中不可缺少的一部分，肩负起维持义工服务的职责，协助义工处理他们所面对的问题并提供适时的支援。

## 一、服务督导的目的

义工督导工作不仅是为了确保社会服务机构目标的实现，维系义工工作效益和持续参与的动力，更重要的是维护服务对象的权益和提升义工服务的品质。一些学者指出，义工督导工作的主要目的是维护服务对象的权益，次要目的是提高义工的服务能力，促使其自我成长，最终目的是维护社会服务的专业形象并提供专业水准。由于义工不是社会服务机构的专职人员，所以其对机构的认同、工作动机、专业知识、投入程度与职务时间等方面，都与专职人员有较大不同。因此，对义工的督导工作也要与对专职人员的督导工作有所不同。

义工督导工作的目的可以包括以下几个方面。

### （一）协助义工认清和肯定义工服务的价值

提供并维系其对服务工作的兴趣、热忱和团队士气；为义工提供或教导必要的工作知识和技巧，帮助其自我了解和自我成长；及时处理义工在服务过程中遇到的问题和挫折，以便实现服务目标，保障服务对象或相关人员不受伤害，维持良好的服务品质。

### （二）协助义工了解组织和机构的功能

使其遵守行政程序和相关规定；促进机构和义工双方的良好沟通，增加其对机构的认同；根据义工服务的需要，遴选和培养资深义工或义工领袖等人才。

### （三）评估义工的工作效果，提出改善的建议

尤其是当义工督导发现义工的工作绩效存在差距时，可以通过分析原因，有针对性地采取适当的方法和步骤，加以改善。

### （四）帮助机构检视服务质素和水平

从义工服务层面看，在服务提供期间，通过定期的督导可以帮助机构

检视服务质素和水平，并对义工作出即时指导和协助，以达到服务持续改善的目标。

### （五）让义工对机构产生归属感和认同感

从义工个人层面来看，通过督导可以提供机会让义工与督导者分享工作心得与经验，协助义工确立自我价值，增强工作的满足感，令义务工作更有意义。了解义工个人发展的需要，为他们提供其他服务机会及培训支援，拓宽义工眼界和促进义工的成长发展。提供工作意见，让义工能够改善个人服务表现。让义工对机构产生归属感和认同感，并且领略到被支持及受重视的感觉。

### （六）让义工对机构产生归属感和认同感

从接受服务者层面来看，通过督导可以让义工对机构产生归属感和认同感，并且领略到被支持及受重视的感觉。

## 二、督导者的功能

义工督导一般可以由三种方式产生：一是机构承办义工服务业务的专职人员担任督导；二是由资深义工担任督导，也就是由义工督导义工；三是由专业社工担任义工的督导，这就是近年来政府倡导的社工引领义工，“两工”联动机制。但无论是在哪一种情况下，担任义工督导都应该发挥督导工作的行政、教育和支持三大功能，也就是要扮演行政领导者、管理协调者、教育指导者、信息传播者、支持咨询者、冲突处理者等角色。义工督导工作不是静态或机械式的工作模式，而是动态和发展性的过程。因此，需要在行政工作程序上适时提供知识、技术、提示或示范，并能充分发挥支持性的功能，促进行政性目标、教育性目标的实现。因此，行政、教育、支持三大功能各有其发挥的目的和意义，促进每一项功能的发挥是义工督导必须且有责任完成的工作任务。

### （一）行政性功能——培养有效的义工

行政督导的主要目的是使义工服务能够切实符合社会服务机构的期望和政策，并能有效地实现工作目标，因此，“管理运作”和“工作表现”

是义工督导最需要发挥的行政功能。义工督导必须执行如下几项职责和任务：协助拟订义工工作计划；建立清晰的工作说明书；完成义工遴选、引导和安置；妥善进行工作分配和授权；开展持续性的工作监督、总结和评价；积极与各使用义工的部门进行沟通、联系和调解冲突；发展评估义工管理体制等。

### （二）教育性功能——培养能干的义工

义工督导人员不能假设刚进入社会服务机构工作的义工都有机构所期待的工作态度和方法，所以必须进行职前和在职训练。义工督导就是直接负责向义工提供经验、知识和改正工作态度的人。可见，义工督导的教育功能主要体现在帮助义工了解“必须知道的内容”，使其有效履行服务职责，并通过促进行政控制的内化，补充行政督导功能的不足。简言之，督导的教育功能就是要教导义工学习实务工作中所需要的知识和技能，其主要目标是增强义工工作的知识和技能，促进服务技巧的熟练化，从而全面提升义工服务工作的质量。因此，义工督导有责任教导义工有关“人”、“问题”、“过程”、“地点”方面的知识，帮助义工发展与工作有关的自觉意识。通常义工督导的做法有协助义工自我了解、认识服务对象的特质和问题，了解机构与社区可运用的资源，掌握机构的政策和行政规定，以及协助义工充实专业知识，并创造有利的服务情境等。

### （三）支持性功能——了解和关怀义工

支持性功能的意义是希望通过督导、教育的过程来强化义工的自我功能，让他们能够成长，并能在一个安全的气氛下自我反思，然后克服其在工作、学习中所遇到的挫折。换言之，义工督导的支持功能的主要目标是促使义工能有强烈的动机持续地参与服务工作，协同行政督导和教育督导实现最终目标——为服务对象提供最有效和最有品质的服务。因此，为了完成这个最终目标，义工督导必须发挥支持性督导的功能。通常的做法有，给予义工适当的支持与关怀，激发义工的工作潜能与工作士气，帮助义工适应压力和稳定情绪，协助义工发挥社会关系网络和适应环境，增强义工的自我功能，并建立自信心等。

督导的角色有以下几类：

1. 专家顾问（Consultant）

于推行服务期间，给予义工意见作考虑；并于服务后，给予中肯的建议及批评。

2. 教练（Coach）

教导义工带领小组、游戏、小组会议等，以培养义工们的领袖才能，处理人际关系及工作问题等方面的知识及技巧。

3. 资料提供者（Information - giver）

提供社区资源及机构工作方针等资料，以厘定小组工作计划和方向。

4. 催化者（Facilitator）

于小组活动举行期间，促使组员们建立良好的沟通模式，积极参与小组活动，表达意见及检讨活动的成效。

5. 协调者（Coordinator）

介绍义工参与地区的义工活动和训练，让义工能从不同的渠道学习，以改善服务质素及有助个人成长。

6. 辅导者（Counsellor）

提供辅导帮助组员处理小组内的人际关系、冲突及其他成长上遇到的问题，并提供情感上的支援犹如朋侪良伴。

## 三、督导的方法

### （一）定期个人面谈

了解义工的个人发展需要及作出适当的跟进，并提供辅导给义工以解决个人及小组内的问题。

### （二）定期小组督导

跟进小组订下的工作计划及期望，并适时检讨计划进度。

### （三）集体讨论

与义工客观地分析工作的成果并寻求改进的办法；通过义工及督导的

相互支持和讨论，建立小组内的情感支援及凝聚力，发挥朋辈间的互助精神及小组潜能。

### （四）即场督导

除观察外，与服务使用者接触，使督导者更能掌握活动的情况及评估其成效，有助给予更有效的回馈。

### （五）培训

持续给予义工的培训机会，以提升他们的能力，担任更具挑战的任务。

## 四、督导的评估

假如小组工作员察觉下列情况出现时，便考虑个别义工是否需要辅导支援：

### （一）时间观念

欠缺时间观念，这是指义工无故缺席或迟到。

### （二）失误率高

义工参与服务时工作错误率增加，可能是义工的情绪或多或少地影响到服务的表现，若义工的工作错误率比往常有所增加，这很可能表示该名义工近期受到困扰。

### （三）行为有异

小组工作成员应对义工有一定程度的熟悉和了解。当个别义工的行为举止有异于往常时，例如某义工每逢工作会议时，总是很多意见和滔滔不绝，但近来却沉默不语，对什么也不发表意见。小组工作员便应“警觉”该义工可能发生问题。

### （四）冲突摩擦

当义工可能因情绪欠佳，甚至失控都会令小组内的冲突增加，这些“欠理性”的摩擦是可以通过辅导、督导的工作得以缓和或避免。

### （五）难以适应

当新义工加入小组时，除了基本的迎新活动，他们也需要其他朋辈的关心和较长的时间来熟习环境，如这两方面有不足够的话，新义工的工作情绪便会受到负面的影响，甚至会退出小组。

此外，义工表现欠佳可能原因有多方面，以下只是一部分常见的原因，以供参考。

1. 义工可能缺乏意愿去参与义务工作，这可能是原先动机已有改变。
2. 义工不知道要推行那些服务或不知执行服务的正确方法。
3. 义工不明白或不同意推行该项服务的原因和推行方法。
4. 该名义工的意见未被咨询或不被接纳。
5. 义工不满意被指派的工作。
6. 义工的努力不获得认许。
7. 义工认为自己的表现不会对整体的服务水准有着显著的影响。
8. 义工以为其表现合乎标准。
9. 义工可能遇到其他个人问题。
10. 义工认为有其他比投入服务更重要的事情要去处理。
11. 义工可能因其表现差反而得到其他人的注意和关心。

## 五、督导活动举例

### （一）尽诉心中愁

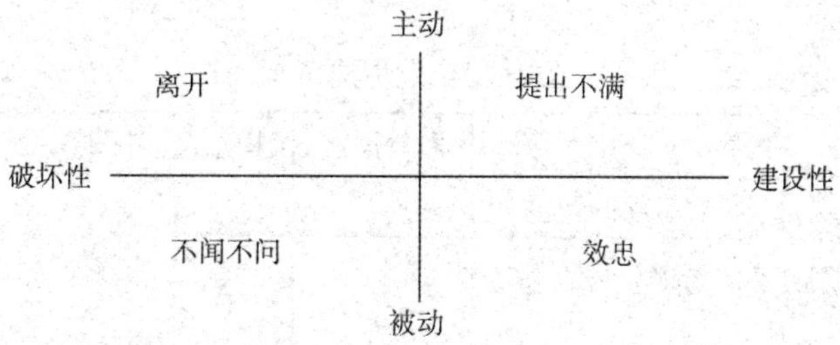


### （二）督导策略速成

以下的分析架构主要是检讨义工的执行能力及对任务的兴趣。

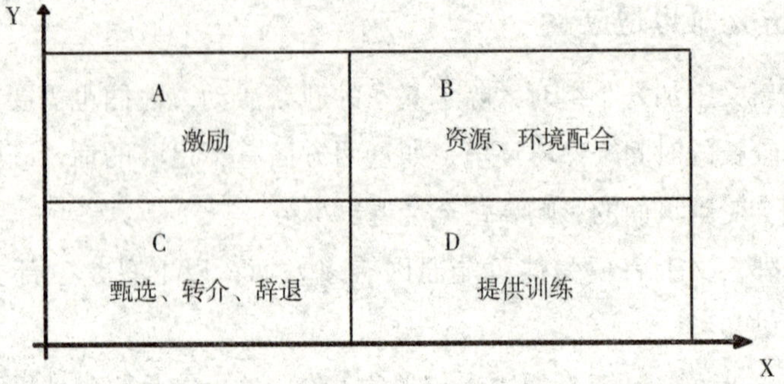


X 是该义工对执行服务的接受程度。

Y 是该义工执行服务时所具备的知识和能力状况。

Y 轴是由义工负责人评估该名义工是否有合适的知识、技巧和能力去执行服务，用 1 至 10 分去表达，而 10 分代表能力非常高。

X 轴是评估该名义工对执行服务的意愿，亦用 1 至 10 分去表达高低。

图中四格分别显示工作员可以采取的行动。举例来说，某义工被评定有充分意愿去执行服务（获得 7 分），但缺乏技巧或知识去推行服务（获得 3 分），当两项合并在一起便显示工作员所需的介入行动是安排该名义工接受适当训练，若某义工被评定为有充分的技巧但欠缺意愿时便需要提升动机。

### （三）活动检讨表格

义工姓名：__________ 日期：__________

活动名称：__________ 性质：__________

活动日期：__________ 负责工作：__________

| 内容 | 非常同意 | 同意 | 不同意 | 非常不同意 |
| --- | --- | --- | --- | --- |
| 我的工作表现完全符合事前的期望 | | | | |
| 我能充分运用自己的知识和技能来完成任务 | | | | |
| 我从负责的职员得到很大的支持 | | | | |
| 我与其他组员的合作关系很融洽 | | | | |
| 我认为机构对自己所作的贡献很重视 | | | | |

我在这次义工任务中最大的得益是：

我希望能够改善的地方是：

其他意见：

## （四）义工表现周年检讨表

义工姓名：

服务工作简介：

检讨期间：由＿＿＿＿＿＿＿＿＿＿＿＿至＿＿＿＿＿＿＿＿＿＿＿＿

| 内容 | 很差 | 欠佳 | 一般 | 好 | 很好 |
|---|---|---|---|---|---|
| 1. 义工掌握被指派工作所需的知识和技巧 | | | | | |
| 2. 义工所完成的工作具一定水准 | | | | | |
| 3. 义工能有效地运用资源去完成被委派的工作 | | | | | |
| 4. 义工能独立地处理工作上的要求 | | | | | |
| 5. 义工能准时及负责地完成被委派的工作 | | | | | |
| 6. 义工能与其他组员和工作人员和洽共处 | | | | | |
| 7. 请描述该义工之强项（请描述三项） | | | | | |
| 8. 请描述该义工须改善的地方（请描述三项） | | | | | |
| 9. 请比较该义工上次与今次评核之差异 | | | | | |

（注：1. 负责填写检讨表的督导员应与义工讨论检讨的结果；2. 读者可以根据自己的经验和需要增加项目。）

### ★ 互动分享环节

1. 参考上图，请想一想，当你面对不满时，你会用哪种方法去表达呢？

2. 请详细分析各种工作不满的处理方法，并作详细讨论其长短处。

3. 最好的方法是哪一种，为什么？

**【场景扮演】**

在面对对立、被拒绝、被质疑的时候，如果可以用心理解、换位思考，以充满爱的态度面对“对立”，我们可以看到“对立”的背后是爱，“拒绝”是人生的部分，“拒绝”只是选择的一部分，“质疑”更是正常的人类反映，是对方困惑的反映。这一切都是我们自己与对方的联结方式，坦然接受，允许对方允许自己有这样的感受。

闭上眼睛，观想你被对立、被拒绝、被质疑的感受，感受这些情绪在身体的流动，接受这就是人类与生俱来、与爱同在的一部分。深呼吸，吸气时肚子鼓起来，呼气时肚子瘪下去，完全接纳这些情绪在身体的流动；吸气得到滋养，呼气放松脸部；吸气得到滋养，呼气放松背部；吸气得到滋养，呼气放松整个身体；吸气放松，呼气跟着说，我爱我自己，我尊重我自己，我勇敢面对自己，并且越过所有障碍体验人类的爱；吸气对自己微笑，是的，我值得，我全然体验爱；吸气我全然在平静与爱中；吸气放松，脸部放松了，脖子放松了，肩膀放松了，吸气手臂放松了，双手放松了，胸部放松了，臀部放松了；吸气背部放松了，双腿放松了，双脚放松了。

## 第六节　认可与激励

**【安心小语】**为人处事多强化正面积极的一面，则事情会往积极的层面发展。因此，多鼓励、少批评，多善意假设、少做负面预设，人事境会越来越和谐。

**【案例】**

### 如何体现公平激励

志愿者小红性格外向，快人快语，经常向某社会组织提出各种各样的需求和建议。志愿者小力则是性格内向，埋头苦干，不善言谈，组织中的许多工作人员甚至不认识小力。小红经常在每年的志愿者表彰中获奖，而且得到许多学习交流与发展的机会，而像小力这样的多数志愿者则没有这么幸运。后来，小力终止了他在这家组织的服务，而转到另外一家同业的服务组织中去继续他的志愿服务了。

建立义工认可与激励机制，形成全社会崇尚义工服务的氛围，鼓励现有的义工持续做出贡献，不断有新义工加入组织中来。

## 一、国家激励机制

国家激励又称政府激励，是指党和政府通过政策、法规认可义工的贡献，并把义工服务相关工作纳入对地方工作的考评内容，以此激励和促进义工服务发展。

在上述案例中，集中体现了通过评奖、交流、游览等丰富多彩的形式来激励义工的方法。

## 二、社会激励机制

社会激励指的是从社会方面对于义工的服务给予承认、进行奖励、提供回报。

社会激励机制分为以下两种形式：

### （一）社会荣誉激励机制

社会荣誉激励机制是对义工服务最普遍的激励，是根据服务时间、质量和实效来进行奖励，使义工感受到参加义工服务的价值感、自豪感。例如某环保组织成员经推荐参选后，获“中华环保绿色年度人物”称号。民政部2012年10月印发《义工服务时间纪录办法》，要求“义工组织、公益慈善类组织和社会服务机构应当建立以服务时间和服务质量为主要内容的义工星级评定制度，对获得相应星级的义工予以标识，并推荐参加相关评选和表彰。”

### （二）社会回报激励机制

让义工的服务获得社会的回报。如，社区采取“互助服务”的回报激励方式，将义工为社区、为他人提供的服务项目和效果张榜公布，让广大社区居民知晓。一旦义工本人有需求，也能够获得大家的热情服务。

## 三、建立义工组织的激励机制

有效的义工激励机制并不是只从义工进入岗位后才开始，而应是贯穿于义工管理的整个流程中。建立专业、规范的管理制度和认真地执行是实现有效地激励义工的基础。

### （一）人尽其才

为义工岗位设置合理、可行的目标，明确义工的任务，是义工未来判断自己的付出是否带来有效成果的基础，也能够体现组织对于义工的尊重。经过选拔，把拥有合适的技能的义工在合适的时间安排到合适的岗位上，更有可能让义工实现组织预定目标，得到成就感和满足感。

### （二）职业成长

经过入职培训，使义工熟悉和适应组织的使命和目标、历史成就以及组织对他们的期望和要求，通过岗位培训提高义工的专业知识技能和有关法律政策水平，或通过督导为义工提供工作指导，帮助他们解决工作中的疑难问题。学习新的技能可以激发义工潜能，从而提升服务能力，促进服务动机与士气，提升服务效果。经过良好的培训之后，义工可以更自由或更主动地发挥作用。推荐义工参加内部或者外部的培训，参观和交流，让义工获得更多成长和丰富知识的机会。

### （三）发展和创造

义工主要是通过义工活动来满足他们更高层次的需求。因此，组织应为义工提供能够丰富他们个人经历以及发展机会的工作。如，增加工作的复杂性，将相关联的工作任务组合起来，以增加义工工作技能的多样性；加大责任，让义工单独负责有独立意义的某一任务或者项目，以强化义工的“主人翁”责任感；让义工接触各种社会层次的服务对象，提高义工工作的应变性、自主性和灵敏性；扩大对义工的授权范围，增强义工工作的自主控制能力；通过这些措施使义工的工作能够发挥最大限度的自主性、创造性，使他们能够从工作本身得到直接的反馈，以最大限度地获得成就感。

### （四）认可和奖励

组织应对义工的工作成绩进行及时的认可、赞赏和奖励。除了年度的表扬大会、聚餐之外，茶话会、真诚的感谢、征求义工的意见，倾听、信任义工，生日时寄张贺卡，体谅义工的时间安排，提供较佳的工作设备、响亮的头衔等都是奖励的形式与方法，还可以让优秀者充当培训师，组织指导宣传团及义工事迹宣传报告等。这些方式不仅代表了组织对义工的重视程度，更重要的是提高了义工的工作士气与满意程度。组织还应对义工的工作进行适当的评估，目的是为义工及时提供反馈并为义工改进工作、提高技能和未来发展提供指导，对于个别不能满足组织要求的义工，可以采取重新分派工作或进行再培训等措施以便进行妥善安置。

## 四、其他激励机制

### （一）团队激励

团体激励指的是从组织或者参与义工服务的团队内部营造一种氛围来激励义工。它包括以下形式：

将义工安排在适合的工作岗位上，令他们一展所长，使他们通过义工服务工作为其带来充分的满足和成就感。如果对工作缺乏投入感，那么义工对出席年底的表彰典礼也就会失去兴趣。

根据不同情况订立不同的表彰奖项，例如：最佳义工服务策划奖、最佳义工服务组织奖、最佳义工服务参与奖，或以评审方式挑选表现出色的义工者或义工小组，给予特定表扬。

鼓励义工作长期性、进阶性地参与，鼓励持续性地参与。例如一家社会组织将义工区分不同成长情况，设立见习义工、合格义工、成员义工。

### （二）义工自我激励

义工的自我激励是参与服务过程活动的自我成就感、自我表现提升感和自我满足感。如果善于从自我激励的角度了解参与服务价值，那么即使社会激励有欠缺，义工仍然能够自己保持服务的热情。义工督导者应该有意识地在督导过程中引导义工进行反思，庆祝自己通过义工服务所取得的成果，形成自我激励的习惯；同时督导者可以挑战义工拓宽自己的服务范围或尝试新的任务，通过服务提升自己的能力和信心。

自我激励包括以下方面：

### （三）自我价值激励

义工在参与义工服务中重新发现自己的价值、作用，从而影响其自我评价。义工服务让义工重新认识和发挥自己的价值，这是激励他们参与服务活动的重要因素。

### （四）自我成就激励

只要热情、真诚，提供的任何具体服务都会得到他人的肯定，容易让义工在义工服务活动中获得成功感。义工组织应该高度重视义工的自我成就激励，对于义工提供的服务，只要承认服务是有效果的、是受助对象需求的，就能够产生良好的激励作用。

### （五）自我提升激励

义工在参与义工组织，提供义工服务之前，大多数没有想到义工服务对人的素质提升具有积极作用。但是，许多参加义工活动的人员，在回忆服务过程时就特别强调自我提升的意义。因为，社区义工服务是提供义工在职业岗位之外的交往与实践机会，他们可以通过参与服务，提高交际能力、提高应对矛盾和解决问题的能力、提高非正式团体领袖能力等。参与义工服务是一个提升精神境界、完善人格素质的有效途径。

### （六）自我快乐激励

义工的自我快乐激励机制，是指学会在义工服务中寻找快乐，或者善于将忧愁情绪转化为快乐的体验。

## 五、义工认可与激励的实施

认可与激励义工是义工管理中重要的一环，但并不是义工开始服务后才可以进行。有效的认可与激励从义工招募之时就开始了！

认可与激励的实施涉及以下步骤：

### （一）了解需求

在招募义工之时以及在日常交流和督导过程中，我们有了解过义工参与服务的动机。从这里出发，即可判断出什么样的认可与激励可以满足义工的需求。义工督导时，也是了解义工需求的很好时机。通过了解义工的需求和建议，可以了解什么因素让义工喜欢义工服务，并且能够保持热情。

### （二）制订计划

义工能够为机构无偿提供服务，一般来说并不期待物质回报。这为义工服务组织设计低成本、高收益的认可与激励计划带来了可能。义工组织可以根据自己的资源，发挥创造力，设计和实施有效的义工认可与激励计划，帮助大家设计适合自己组织需要的认可与激励方式。

### （三）实施激励

认可和激励可以在日常服务中随时发生，比如一句简单的感谢和问候；也可以通过群体集会的方式，给予鼓励和表彰。通过认可和激励来营造健康正面、积极向上的氛围，避免在认可和激励时鼓励义工之间的互相竞争。

### （四）判断效果

义工认可与激励的效果如何，可以通过一个简单的工作表进行分析。这些数据无须专门寻找，而是充分利用在义工管理过程中记录的数据，加以统计分析而成。

### （五）改进工作

1. 分析原因

根据义工激励的效果，分析原因，并将其持续地改进和完善义工管理体系。在实施激励时还可以通过一些方式来实现强化。

2. 强化行为

强化是指驱使力对具有一定诱因的刺激物发生反应后的效果。强化的结果是使引起行为出现的频次大幅增加。

3. 强化方法

强化的方法是要设置鼓舞人心的目标，采用渐进法，渐进法就是根据人的认识规律，把一个复杂的行为过程分解成许多小的阶段，逐步加以完成，通过信息反馈实施强化行为。

4. 需要的满足

是指个人需要的满足。义工激励的常见误区是：义工是自愿，因此不需要激励。义工不求物质回报，帮助社会组织降低工作成本，扩大服务范围，提高服务质量。但义工不应取代全职员工的作用，更不应被看作是免费劳动力。组织需要尊重并及时认可义工的付出，同时提供必要的支持，专业义工服务应该获取更高的劳动报酬。

5. 有效利用资源

义工服务组织的资源有限，在能够为义工提供的资金方面是无法与商业公司相提并论的，而义工的津贴，应该回归它本来的保障功能，也就是为满足义工的生存和工作需求而提供的合理费用。超出该范围的付出将有可能导致义工的心态发生变化，甚至把义工服务看成是赚取额外收入的一种方式。

“能哭的孩子有奶吃。”公平理论是美国社会心理学家亚当斯在1965年首先提出，也称为社会比较理论。公平理论预言，个体认为受到不公平待遇时，或者忍耐，或者要求补偿，或者报复自己认为不公平的来源，或者退出不公平的关系。这种理论的基础在于，人们经常将自己的付出和所得与他人进行比较，而由此产生的不公平感将影响到他们以后付出的努力。

6. 个别化

义工的岗位和性格多种多样，但只要付出了努力，都应该得到认可。注重义工激励的公平，在颁奖时设置不同的奖项，让所有的义工都得到认可是一种更好的办法。某些人由于其经济、教育、健康、职业、所处环境等因素的不同可能在社会中处于相对弱势地位，比如残疾人或者刑满释放人员。如果组织能够创造条件让他们成为义工，也可以有效地激励义工。

7. 处境化

义工服务的基本特点之一是义工为了他人或者公共利益而付出。义工之所以参与义工服务，往往是受到组织所从事的事业或者使命的感召，希望通过自己的付出帮助组织实现其使命，这其实是强烈的内在激励因素。通过提供吃喝娱乐这些保障性因素，义工可能会更满意，但并不能被有效地激励。过度的吃喝娱乐，其实对于义工的激励而言是一种浪费。

8. 建立专业关系

专业关系在这里是指组织要与义工成为良师益友，义工的管理者需要和义工在一定程度上建立良好的私人关系，但如果片面依靠私人关系来维持义工的服务热情，则是把公共利益转换成了个人利益，很可能不能持久。同时过度亲密的私人关系常常导致义工管理者在处理问题时难以秉承公正公平的原则，导致其他义工的不满。

**参考文献：**

沈光辉主编．社会工作概论．中国社会出版社，2014.

# 第六章　风险管理

**【安心小语】**突破瓶颈需要有勇敢面对自己的勇气，需要敢于跟自己的过去说再见，需要长养自己面对新事物的好奇心与拥抱新事物的力量。

**【引　言】**社会公益组织和义工是天然的风险承担者，因为他们选择去帮助政策关照不到、企业不愿意服务的、那些很容易被人忽视的弱势群体。在当今的社会服务基础设施和保障措施薄弱，特别是在贫困地区服务，走的是一条别人少走的路。很多时候，社会组织和义工所做的事情，是许多人认为“这是不可能做到的”，或者属于“费力不讨好的事情”。义工能够排除类似负面声音的干扰，是基于其强烈的利他动机，相信自己的坚持会帮助处于不利地位的群体提高生活质量。

**【学习目标】**本章节主要是掌握义工服务中的风险管理概念、风险的基本要素及其类别，义工服务风险管理五步骤，风险管理的主要流程以及面对风险沟通。通过学习能够在义工服务面对各类风险时能够区别，并做到有效应对。

## 第一节　风险管理概述

**【安心小语】**碰到困难，逃避是无法解决问题的，纵有千万堂而皇之的理由让自己不去面对困难与问题来让自己求得心安，困难与问题依然不会消失，甚至会转换面貌变成更大的困难与问题成为人生的障碍。面对、接受、从自身找原因解决、实现超越是唯一的解脱之道。

**盲人游戏**

游戏

请1号同学戴上眼罩随着音乐与口令跑起来，接下去，2号同学牵着1

号同学的手随着音乐与口令跑到班主任处，角色互换。

请同学分享这个游戏带来的思考：

1. 在服务中义工的作用是什么？义工是万能的吗？

2. 如何判断自己的服务是否让服务对象满意？

3. 在服务过程中需要承诺吗？为什么？

4. 服务承诺有什么形式？包含什么内容？

5. 义工服务中有什么风险吗？如果有，要怎样控制？

风险是指在某一特定环境下，在某一特定时间段内，某种损失发生的可能性；风险管理就是对潜在危险进行识别、监测评估、处置和减少损失。

风险管理的基本原则：

一是生命重于一切！不管是服务对象的生命，还是义工的生命都是无价的，在志愿服务的过程中，我们要充分考虑到志愿服务的风险性。例如：在环保的净山活动中，要求义工负责人能充分考虑到每一个义工的人身安全，一些很危险的地方不要去捡拾垃圾。

二是意识优先！也就是说时刻要保持一个风险的意识，在参加一线服务过程中，尤其是有服务对象的志愿服务时，一定要充分考虑到志愿服务是否会伤害到服务对象，或者服务对象的行为是否会对义工造成伤害。

义工服务必然伴随着风险。根据广东省青年义工协会2005年在广东全省青年义工中开展的一项调查显示，9.5%的义工反映其在服务过程中受到过身体方面的伤害，18.5%的义工反映在服务过程中受到过精神方面的伤害。而在紧急救援和救灾的义工服务中，义工和组织的可能承担的损失更大，有时甚至要付出生命的代价。

## 一、风险存在的必然性

有人说，义工是自愿来提供服务的，因此义工自己要承担相应的风险，组织不应该为义工可能遭受的任何损失买单。有的组织与义工签署有“组织免责条款”的服务协议，也有的义工个人声明因为义工服务所造成的损失（包括人身伤亡）全部由义工个人负责。这种做法也是因为在当今义工服务环境和保障还不完善的情况下不得已而为之，但可能会造成更大的社会损失。义工服务过程中发生的任何意外，不仅会对义工本人造成损失，还会对义工的服务对象也就是组织的服务对象带来损失；还可能会损伤到社会组织的声誉，影响公众对义工服务的理解，阻碍更多人参与义工服务的热情和义工精神实践，甚至可能会使义工服务事业受到损失。义工服务除了具有自愿性，还具有公共性的属性。义工所从事的社会服务是公共服务的重要组成部分，社会组织在承担公共服务的同时，也必须承担对义工的责任。

义工服务具有公共性与自愿性的双重属性，它介于政府公共服务和私人市场服务之间，比起政府公共服务来说公共性程度要低而自愿性程度更高，比起私人市场服务来说它的自愿性程度要低而公共性程度更高。作为一种特殊类型的社会行为，义工服务行为的确突出地依赖义工的自我保障机制，但又绝不能仅靠这一方面的机制，它还必须有另一方面的保障机制，即社会/公共保障的机制。作为使用义工的社会组织来说，有义务为义工服务提供组织层面的保障，而作为整个义工服务行业来说，则需要政府对义工服务及义工提供政策层面的保障。

义工服务是公共服务，所遇到的风险涉及个人层面、组织层面、服务对象层面和社会层面。在义工服务中通常存在如下风险：

### （一）义工个人层面的风险

义工在从事一些义工服务时会面临一些特定的风险。如在野外作业或者紧急救援和救灾过程中的健康和人身安全风险，及由于义工服务过程中的突发事件对义工造成的心理创伤、精神伤害以及经济方面的风险等。如义工救灾时面对死亡和危险场景，可能会出现严重的心理应激反应，而出现紧张、失眠、痛哭等情绪失控。

### （二）义工服务组织层面的风险

组织可能会由于义工的大意或操作不当导致组织的财务或其他资源受到损坏或流失，同时作为义工和义工服务对象之间的桥梁，组织会直接受到义工和义工服务对象所经历的风险的影响。即义工和服务对象在义工服务过程中所经历的身体、精神、经济等方面的损失和不良后果，最终将会影响组织的整体公众形象，让潜在的义工和服务对象对组织产生质疑或者负面的印象，影响组织今后的义工服务发展。有时，组织也要为此付出一定的经济代价。

社会公益组织是天然的风险承担者，风险管理是组织管理必备的要素，否则，组织就失去了承担风险的能力，因而不能实现其组织使命和目标。社会服务组织要采取主动，学会管理风险，而不是被风险威胁。也就是说，如果能够让组织里的每个人都能主动地在确保目标实现的前提下规避风险，那么整个机构的风险就会大大降低。良好的风险管理，也会成为吸引义工加入组织的一个理由，因为所有的义工都希望在安全得到保障的前提下开展义工服务。

### （三）义工服务对象层面的风险

义工服务对象在接受义工服务的过程中也会面临一定的风险，由于义工的专业技术或个人素质的欠缺导致服务对象得不到好的服务，甚至对其身心健康造成不良影响。如医疗卫生义工的粗心大意或错误判断导致对服务对象的误诊、心理咨询义工由于缺乏过硬的专业能力而造成服务对象精神状态的恶化、儿童或行动不便者如老人和残疾人因缺乏道德意识的义工所虐待或歧视、义工由于自身一时贪念导致服务对象的财物损失等。

### （四）义工服务社会层面的风险

当开展义工服务的组织形象受损或者产生恶劣影响时，社会大众对义工服务部门和组织可能会失去信任，或者不愿意参与义工服务而导致义工服务的社会影响力下降，这将会对社会文明与进步带来损失。

## 二、风险管理的必要性

义工服务除了具有自愿性，还有公共性。义工所从事的社会服务是公共服务的重要组成部分，组织在承担公共服务的同时，也必须承担对义工的责任。有人认为，义工服务具有公共性与自愿性的双重属性，它介于政府公共服务与私人市场服务之间，比起政府公共服务来说公共性程度要低而自愿性程度更高。作为一种特殊类型的社会行为，志愿服务行为突出地依赖志愿者的自我保障机制，但又绝不能仅依靠这一方面的机制，它还必须有另一方面的保障机制，即社会公共保障的机制。作为使用志愿者的组织来说，有义务为志愿服务提供组织层面的保障，而作为整个志愿服务行业来说，则需要政府对志愿服务及志愿者提供政策层面的保障。

从组织层面来说，风险管理的目标是通过识别和控制风险来提高组织的绩效。风险管理为了保护组织的资源，帮助组织理智地提供服务和产品。良好的风险管理能使组织有能力去承担更多的风险，这也会成为吸引志愿者加入组织的一个理由，因为所有的志愿者都希望在安全得到保障的前提下开展志愿服务。为了保护组织以及组织中的个人免受不必要的损失，在义工服务工作的规划和执行过程中，组织需要采取相应的措施来规避和应对项目过程中可能出现的各种风险。一个经过周密考虑而制定的风险管理体系，能够大大降低组织和个人因使用义工而遭受损失的可能性，是重要的组织保健师。风险管理是提醒组织在进行义工管理规划和准备时，做到防患于未然。

**同心对义工服务的风险保护**

养护心灵，关怀生命。

“养护心灵，关怀生命”不仅仅是机构对于服务对象的理念，也不仅仅是机构对义工的理念，指的是整个机构为人处事的理念。任何项目设计，心理建设在先，既考虑服务对象的心灵养护也考虑义工的心灵养护。

第一，评估项目的合理性和可行性，确认是否开展项目。这样可以避免不合理项目对机构和义工及服务对象的伤害。

第二，合理设置与分配岗位。机构会根据义工的个人特长和志愿服务的能力、时间来合理安排服务项目，这样就可以避免出现有的志愿者工作紧张繁重 。

第三，机构为每一个义工班级配备了一个义工“督导团队”。无论是在培训过程中，还是在志愿服务过程中，只要出现不胜任、不适应的地方都可以向义工督导反映，并共同探讨解决的措施，以此来解决义工在服务中出现的压力和困境。

第四，机构为义工提供免费的培训项目。在义工服务过程中，同心义工中心将不定期地推出义工培训项目以及义工交流分享会。通过义工交流和分享，释放义工在志愿服务中的一些压力，共同解决志愿服务的困境，同时义工培训项目可以提高义工的心理调试能力、服务技能以及困难处境的处理能力。

第五，“同心”专门为义工们开设各类身心灵疗愈课程或工作坊，协助义工从根源上提升志愿服务效能、个人精神品质。

## 三、风险管理常态化

进行风险管理，我们不要把它想象成一个很宏大很复杂的事情，那样会让我们畏而却步。有时候可能我们凭借一些“常识”的方法或采取的一些安全措施，其实就是在进行风险管理。

例如，在新义工初次进入服务对象的家中对孤寡老人进行医疗保健时，义工服务站如果派一名与老人相识的服务站工作人员一同前往，并对双方进行适当的介绍，就会减少新义工和老人之间因为生疏所可能产生的不愉快或不顺利。

在义工带领福利院儿童外出游玩的时候，如果能够让每个义工都知道自己需要密切关注哪些儿童，并且保证一个义工所关照的儿童不能超过多少人，那么就可以大大减少由于看护不过来而可能导致旅行中可能出现的混乱和意外等现象。

“指路队”义工往往需要在交通繁忙的户外长时间地站立，工作强度大，风险度高，义工管理者要在观察到义工身体不适时及时说服义工暂时先不要出勤，就是对义工负责，同时也是风险管理的一个做法。

在招聘义工时，如果能同义工真诚交流义工服务过程中可能的风险，让义工从自身角度充分考虑是否真正做好准备，同时组织可以为义工提供相关的培训，如请红十字会的人来为义工做关于急救知识和技能的培训，同样也可以起到风险预防的作用。

吃饭穿衣量家当。做你能做的，在你能做的时候做。每个机构根据自己的具体情况和现有资源，在日常的细微管理中采取实际的行动，很多时候就是那些貌似细微的做法在保护我们的服务对象、组织和义工的安全。

★ **互动分享环节**

1. 参与义工服务有风险，个人如何防范风险？
2. 组织义工参与服务，组织需要面对哪些风险？如何防范？
3. 在你参与的项目活动中存在的潜在风险是什么？
4. 我们怎样来支付风险所导致的财务损失？

## 第二节 风险管理方法

**【安心小语】** 当我们遇到反对、误解乃至诋毁时，不要急着辩解、针锋相对，而是应该静下来，反省为什么他会这样想，是自己哪里做不到位了？哪里需要改进了？如果是他的问题，谅解他吧，时间会证明一切的。和谐的世界从彼此的谅解开始！

**【案例】**

### 救灾遗书

2008 年的“5·12”汶川地震后，有许多志愿者在不知道救灾风险的前提下，毫无准备两手空空地直奔前线，一些志愿者到达灾区后就成为被救助对象。但是有 6 名退伍军人志愿者深知在余震中紧急救援的人身伤害风险和自身的责任，他们不仅准备了必需的生存物资，组建了团队，还写下了遗书给家人和所在单位。他们出色地完成了紧急救援任务，在消耗完自己所携带的供给后，安全返回了自己的家乡。这个例子体现了退伍军人志愿者具有较强的责任感和风险管理意识。

通过采取一个五步风险管理法，社会服务义工组织可以让自己的风险降到最低。风险管理五步法是指从分析组织所可能处于的情境开始，识别每种情境下存在的风险，并按这些风险可能造成的损失严重程度以及风险发生的可能性进行风险等级排序，然后采用恰当的风险管理技巧和相应的行动来降低风险发生的可能性或频率，以减少或消除可能对组织的人、财、物以及名声等所造成的损失。这个过程也包括对组织所开展的各项义工服务工作进行必要的调整和更新。（参见下图）

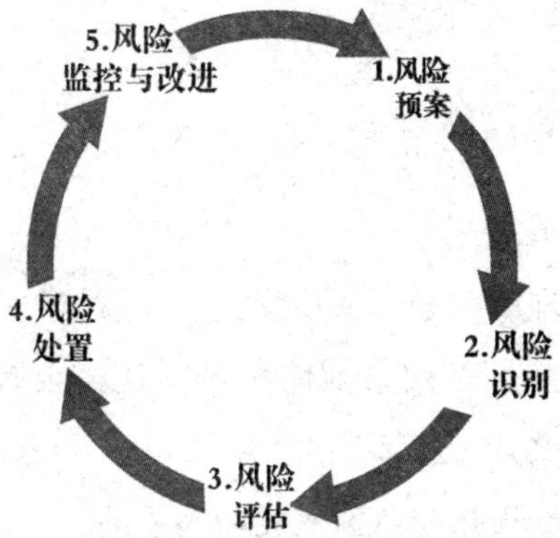


义工服务风险管理五步骤

具体来说，制定风险管理制度时首先要明确组织所提供的主要服务是什么，有哪些主要的义工服务项目和活动，然后可以与利益相关方就以下问题展开对话：

1. 我们对这些服务项目和活动的期望是什么？

2. 可能会出现什么问题？（即在你的每一个项目和每一个主要项目活动中存在的潜在风险是什么。）

3. 为了避免上述问题的出现我们可以做些什么？（即我们可以采取哪些合理行动来避免或降低上述问题出现的可能性。或者，在义工岗位设计、招募、筛选、培训和督导等方面我们可以如何做得更好。）

4. 如果问题出现了我们怎么办？（如果风险防范失败，现场的人知道如何应对吗？作为组织我们能够做些什么？）

5. 我们怎么来支付风险所导致的财务损失？（潜在风险的大致价值是多少？如果义工不幸毁坏了服务对象的财产怎么办？组织和义工有没有购买相关的保险？如果义工受伤了，谁来支付相关费用？义工没有医疗保险怎么办？如果义工为此而起诉组织怎么办？）

这样的对话会产生一些关于风险管理的主意，组织的负责人根据这些信息，进一步结合组织的人事和财务政策，确定一些合理可行的做法，作为组织进行义工服务风险管理的措施。需要注意的是，这些做法要力求实用、简单，既要有用，还不占用组织过多的时间、人力和现金成本。还是那句话——吃饭穿衣量家当。

## 一、风险管理的具体步骤

第1步：风险预案

事先制定风险管理制度和应急预案。

针对高危害的风险，除做事前防范外，还需要计划危险发生时（事中）和事后的处理方案。

职责明确，沟通畅通是应急预案成功的关键。

事中，着重处理危机和控制损失。

事后，着重恢复和评估。

第2步：风险识别

根据义工服务所涉及的人物（组织、义工和服务对象）、时间、地点和事件，找出可能存在哪些危险（原因），以及危险一旦发生可能造成怎样的损失（结果）。

第3步：风险评估

用高、中、低划定所识别出的危险发生的概率及其危害程度。

评价组织是否接受或不接受此风险。

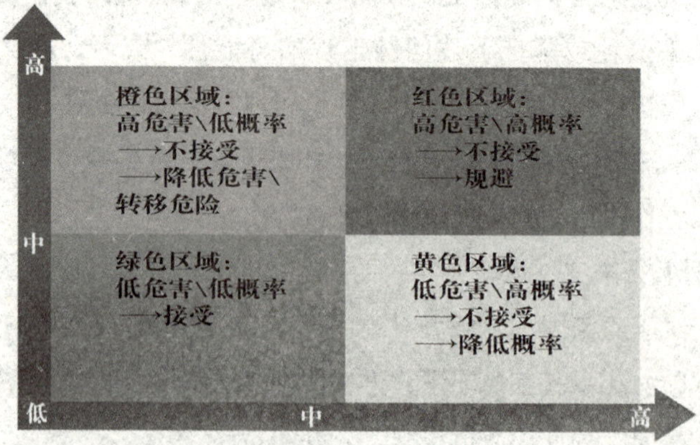


义工服务风险评估分级

第 4 步：风险处置

采取相应对策来规避、转移、降低所识别的风险，直至组织能够接受。

第 5 步：风险监控与改进

建立定期的风险监测与评估反馈机制。

根据变化及时调整和改进风险管理制度和风险预案。

**义工管理中常见的风险识别和处置**

| 识别风险 | | 风险评价 | 风险处置 | |
|---|---|---|---|---|
| 常见风险类别 | 潜在危险（原因）及可能导致的危害（结果） | 危害程度及发生概率 | 处置策略 | 优先方案 |
| 危害义工健康人身安全 | (由自然环境引发的意外）1 名来自城市的义工在泥石流多发的雨季到云南山区开展教育调研。→遭遇泥石流，导致伤亡 | 红色预警：高危害、高概率 | 规避风险 | 规避风险的唯一的方法就是不做这件事。如避开雨季 |
| | | | 降低风险或转移风险 | (合作）与当地教育部门达成合作，听取地方的意见，如还是可行，则确定当地人员为义工提供支持，并可派 1 名以上的义工以小组形式开展调研。<br>(保险）为义工购买意外伤害保险 |
| | (义工行为受人文环境影响而引发的意外伤害）义工到有饮酒风俗的地区服务。→义工酒醉引发疾病和意外伤害 | 橙色预警：高危害、低概率 | 降低风险或转移风险 | (制度）要求义工不得在工作期间饮酒，并与社区相关伙伴分享义工管理的制度。(培训）帮助义工了解当地习俗及工作技巧。(保险）为义工购买保险是最有效的转移风险的办法 |
| | (职业暴露引发的伤害）在社区与 HIV 感染的静脉注射吸毒人员进行针具交换项目的义工。→义工感染 HIV 或受影响吸毒 | 橙色预警：高危害、低概率 | 降低风险 | (制度）制定义工服务操作制度和流程。如处理针具及有创口 HIV 感染者的操作规范。(培训）提供技能培训。(义工选拔）选用同伴义工 |

续表

| 识别风险 | | 风险评价 | 风险处置 | |
|---|---|---|---|---|
| 危害服务对象健康人身安全 | （活动设计缺陷和义工技能限制引发的伤害）周末组织智障儿童到人民公园进行户外活动，由1名义工陪同1名儿童。→儿童走失 | 橙色预警：高危害、低概率 | 降低风险 | （活动设计）不选择在人多的周末做活动。2～3名义工及儿童以小组形式活动，义工之间可互相支持。提前考察目的地环境，并制订紧急撤离计划。<br>（培训）提供技能培训 |
| 财产损失 | （义工财物损失）义工组织某户外义工宣传活动。→手机等财物在活动中被窃 | 黄色预警：低危害、高概率 | 降低风险 | （告知）事前明确组织无法为义工分担此类财物损失。提示义工妥善保管财物，有人负责关注活动的秩序 |
| | （组织财产损失）义工工作需要使用组织的照相机。→相机遗失 | 黄色预警：低危害、高概率 | 降低风险 | （制度）建立办公设备管理和使用制度和流程，如领用和归还签字确认。树立义工正确使用和保管组织财产的意识，并明确如属恶意损坏应承担的赔偿责任 |

## 二、风险管理责任人

对于中小型组织来说，雇用专门的人或者责成专门的人来进行风险管理会是一件很奢侈的事情，而且也不见得很有效。组织可以指定一个管理者兼任风险管理职责，通常可以由义工管理者来承担。其实，风险管理是每一个人的责任。只要人人做那么一点点，大的问题就解决了。风险管理的意识要体现在组织每一个员工的所有行动中，形成组织内的风险管理意识和文化，才是最终能保证组织和义工安全的最佳药方。

一个很好的做法是定期在组织内部进行风险防范的培训和演习，例如火灾和地震演习，以及在出现如非典和禽流感等紧急情况时撤离工作地点的演习等，提高每个员工和义工的风险意识以及化解和应对险情的能力。

★ 互动分享环节

1. 面对风险，义工需要做哪些准备?

2. 当义工在参与服务时、遇到不可抗逆性风险时，义工本人需要做出哪些反应?

# 第三节　风险管理流程

**【安心小语】** 用焦虑会制造混乱，停下来看看焦虑背后的正向动力，用心做事、耐心等待，则诸事可成。

**【案例】**

**志愿服务**

在志愿者初次进入服务对象的家中对独居老人进行医疗保健服务时，志愿者服务站如果派一名与老人相识的服务站工作人员一同前往，并对双方进行适当的介绍，就会减少新志愿者与老人之间因为生疏所可能产生的不愉快或不顺利。

风险管理流程存在义工管理的各个环节之中，这期间不仅需要把握各个风险的潜在因素以及如何防范，同时还要从法律层面进行梳理和规范。本节从义工管理各环节风险与法律责任提出要求。

## 一、风险管理流程的具体内容

风险管理在义工管理流程的任何一个环节都可以体现出来。而切实的义工风险管理理念和行为就是应该体现在每一个具体环节中。

### （一）岗位描述

在招募义工前，组织就应该把已经设计好的义工岗位，以文字形式确定岗位的性质，清晰对义工的技能、经验以及工作时间等方面的要求，明确义工向谁汇报、禁止性规定以及相关的后果等。这份义工岗位说明，将作为筛选义工的标准，并通过关于限制性规定的说明，可以劝阻那些不符合条件的人前来申请。

### （二）注册或登记说明

目前，许多组织的义工招募是通过报名登记注册的。义工填写义工服务的申请表，并不意味着可以成为组织的义工。组织在申请表格中如果加上一条注册或登记说明，比如填写此申请表格并不能保证你自动获得在本组织从事义工服务的身份，则可能帮助你避免一些不必要的纷争或风险。

### （三）有选择性地招募义工

义工招募不要盲目，一定要基于在充分评估组织需求基础上设计出来的义工岗位，是以需定编。作为非营利的社会服务组织，因为从事公益服务，有求必应，常常是来者不拒，或者不进行严格的筛选。这样的结果可能会导致义工来了没事干，或者干不了事，或者组织没有能力一下子管理和支持那么多义工。不管怎样，这样的情况会导致义工不能获得有意义和愉快的义工服务经历，而组织在义工管理中的这样一个失败将会使组织蒙受名誉的损失。因此，从某种程度上，有时候将某些义工拒之门外并不是你没有充分利用义工资源，反而是你在更好地使用社会资源，说明你在风险管理方面做得好。

### （四）面试和选拔

义工面试和选拔是一个帮助你甄别哪些义工适合你的组织过程。具体的面试问题要提前设计，并根据岗位的不同而有所不一样。例如，你面试一个前来应聘的义工，提前准备好面试问题将帮助你在面试时能够把握重点，并能够提供一个统一的标准来帮助你识别不同类型的应聘者。

我们可能会这样想，想来做义工的人应该都差不到哪儿去，所以没有必要对所有的义工进行选拔。其实不然，这是个片面的想法，虽然我们不能对义工进行恶意推定，但为了确保组织的安全和健康发展负责，我们有必要对所有想加入组织的义工进行筛选，这也是风险管理的一个重要方面。筛选过程包括对义工申请表的审核、面试以及推荐人证明，对某些岗位来说有时我们还需要去验证义工专业资格的真伪等。

对高风险岗位的需求，义工的审查需要更加细致。例如某些岗位要求义工独立地直接面对弱势群体提供服务，在这种情况下，对义工的筛选需要更加严格地进行，如要求二次面试，与义工家属面谈、正式的背景审查，等等。这样做的目的是确保我们为组织找到真正适合特定岗位服务的义工。

**（五）入职培训**

对义工的入职培训也可以起到风险管理的作用。在入职培训中，要明确说明组织对义工的期望，告诉义工他可以做什么、不可以做什么，工作中要向谁汇报、对谁负责，出现紧急情况该如何处理等，这些都可以为风险防范奠定一个好的基础。

**（六）义工手册**

一般情况下，在对义工进行入职培训的同时，都要向义工提供一本义工手册，手册的内容包括组织的使命、目标、主要项目，活动的介绍，义工的招募和筛选的要求，义工的行为准则，组织对义工的期望，义工不能出现的行为，投诉建议流程，义工的工作汇报关系和程序等。有的组织还会采取让义工签署其参加了入职培训并收到了义工手册的证明，进一步强化义工的责任意识，同时也是在进行组织的义工风险管理。

**（七）义工的辞退制度**

很多人认为，义工是来献爱心的，提供的是免费服务，因此组织要以感激包容之心待之，容忍其不尽如人意的行为；除非在他们对组织带来严重危害的情况下，不要轻易辞退义工。这是一种过时的甚至是危险的想法。在遵守既定规则和程序方面，义工应该跟组织的受薪员工没有什么区别，也要为其不能有效完成任务或者违反相关规定而承担应有的责任。

对义工提供及时的督导和支持，能够在一定程度上促进义工调整或改变其工作态度，但有时候我们为了保护组织不受更大的损失而不得不提前结束一个义工的工作任期。很多非营利组织不太愿意与义工探讨对其工作绩效和行为的期望，但是有时候，容忍义工的一些不恰当的或错误的行为意味着要耗费组织的资源，这背离了利用义工来要扩展组织资源的初衷。

当组织直面问题的时候，实际上是对员工和义工的真正负责任。

不同的义工岗位存在不同的风险。义工的岗位有很多种，有的义工是理事会成员，有的直接为服务对象提供服务，有的负责帮助组织的内部管理事务，有的可能是负责某个特殊项目或某项具体的短期任务。每个不同的岗位在管理方面都有着不同的潜在风险。

### （八）作为理事会成员的义工

作为理事会成员的义工，行使的是组织的领导力，对组织发展方向和重大政策的制定负有责任。承担这样的法律责任不是一件轻而易举的事情。有一些工具性技术其实可以帮助组织的理事来更好地履行其职责。

《理事会手册》，可以清晰地展示组织的历史、结构、愿景、使命、目标以及开展的主要活动。理事会入职培训可以帮助义工理事迅速地掌握关于组织的相关事宜，理事会会议记录是理事行使议事和决策职责的凭证，采用这些手段都可以起到帮助义工理事更好地行使其职责。

每个组织的理事会都应该用以下问题来监测理事会的工作状况：

1. 理事会是否有完整准确的活动记录，会议记录是否包括所做出的决策以及主要的讨论要点，反对的观点是否有记录。

2. 理事会有没有手册和工作程序说明。

3. 理事会在做出决定之前是否探讨了各种可能。

4. 理事研究制定的政策是否得到了执行。

5. 理事是否经常了解关于组织发展的进展，在每次理事会之前是否得到了相关的背景信息，理事是否在会议之前就某些事务进行了问询和澄清。

6. 理事会有没有关于利益冲突的政策，该政策是否得到了贯彻执行。

### （九）项目义工

组织应该每年更新义工的记录，为他们提供更新的岗位培训，以及业务技能的专业培训。职业资格和执照等方面也要及时做出更新。

为了避免承担风险责任，有的组织对义工采取最少干预的原则，即很少或干脆不对他们的工作进行任何指导，让义工凭个人的判断去工作；当出现问题的时候，组织就可以说这完全是义工自己个人的行为所导致，而不代表组织的行为。这样的组织是不负责的。

然而，没有接受必要的培训、督导和支持的义工，更容易偏离其组织为其制定的工作目标和标准，某些情况下还会对组织造成不必要的损失。因此，一个更好的选择还是需要为义工提供必要的培训、督导和支持。

义工筛选标准：

1. 执行工作所需的体能
2. 义工所需的态度与成熟度
3. 正确执行工作所需的技能
4. 设备的使用
5. 工作地点的状况
6. 服务对象的特质
7. 是否遵循特定的流程

对义工的督导缺位会导致义工承担不必要的责任。例如，美国许多州的义工法律，以及 1997 年联邦义工保护法，规定只在明确的义工工作职责范围以内对义工提供保护；如果义工的职责没有得以清晰界定，那么当有人举报义工玩忽职守时，义工将得不到相应的法律保护。因此，为了保护义工，从而也保护组织的安全，为义工提供一定的督导是十分必要的。

当然，督导策略要依据组织的性质、所提供的服务种类、所拥有的资源数量以及义工的背景和技能等而有所不同。例如，提供服刑人员社区矫正的义工和为福利院老人提供陪聊服务的义工相比，需要更多的督导。

**项目过程中制订应急方案**

应急预案应包含的主要内容：

- 增强风险意识，精心组织，完善制度，注重管理；
- 如何防范时间、地点、天气带来的风险，必须有备选方案；
- 如何防范突发事件带来的风险；
- 如何防范志愿者出现意外（身体、能力、心态、能力、时间），必须有后补志愿者；
- 如何针对服务对象的特殊性进行规避；
- 明确志愿者组织与志愿者之间契约关系，依法对志愿者的权益给予保障；

- 和负责人形成定期会晤机制。

### （十）义工隐私保护

义工和员工一样在使用组织的电子办公设备如电脑等开展工作时，是不受隐私保护的，即其所发出、使用和创作的信息都在组织的监控范围之内。这一点在义工培训中要予以说明，包括对电子邮件内容适宜性的规定，可以浏览和不可以浏览的网站类别，当无意中进入了被限制类的网站时应该如何处理，以及当出现违反相关规定的行为时的处理办法等。

中国目前没有关于义工保护的全国性立法，推动义工相关立法是目前有关部门已经开始努力的方向。

在美国，几乎每个州都有一些关于义工的保护法案，有的可能侧重于保护某些类别的义工，如消防义工或提供紧急援救服务的义工，有的法案侧重于保护非营利组织的理事义工或提供办公室行政服务的义工。

美国的《联邦义工保护法案》［42 U. S. C 14503（a）］为义工提供了一定程度上的保护，这种保护建立在以下条件上：

1. 义工在伤害发生时正在履行其职责范围内的任务；
2. 义工具有相关的资格和证书，并被授权执行此项任务；
3. 伤害不是由于义工蓄意的不良行为或渎职所导致；
4. 伤害不是由于义工在使用需要特别执照才能驾驶的机动车辆、船只或飞行器的过程中所发生的。

尽管像美国这样的国家有这些法律的保护，但是也不能完全豁免义工可能要为其行为所导致的伤害而承担的责任。这些法律仅仅能对某些非营利组织和义工起到保护作用，但并不能保证任何非营利组织不对义工采取必要的行动。

### （十一）购买保险

为义工购买保险可以对某些可能出现的伤害所导致的损失起到补偿作用。有的大型义工组织会为义工购买更多的保险，例如，英国海外义工服务社。对很多中小型组织来说，购买意外伤害保险也许更加普遍。不管怎样，每个组织还是应该根据自己所开展活动以及潜在风险的性质，在力所能及的条件下为义工购买合适的保险。

一般来说，为义工购买何种保险要考虑潜在的风险及其所导致的损失会是什么，大体来说包括两大类：

1. 义工在为机构提供服务的过程中由于对自身以及别人造成损失或伤害，从而导致对机构的索赔。

2. 义工在为机构提供服务的过程中，由于对别人造成伤害从而导致对义工的索赔。

没有任何一项保险计划会应对所有可能遇到的风险，应该采用不同的保险计划来应对义工服务可能导致的各种损失和索赔。例如，在美国，义工在服务过程中产生的医疗索赔首先是由义工已经拥有的医疗保险来支付。有些义工所服务的组织会在义工已有的个人保险基础上再为其购买额外的人身意外保险，因为意外与伤害险是不论是谁的责任都会进行赔付的。而有的义工组织会为义工购买更贵的医疗保险，将义工列入员工补偿计划。保险会在很大程度上减少义工对机构带来的损失，因此很多非营利组织会请专业的保险经纪人帮助机构评估和办理各项保险事宜。

义工服务协议在风险管理中的应用。目前有关义工服务的地方性条例都对是否要签订义工服务协议作了相应的规定，大致的内容也差不多。虽然义工组织与义工之间达成口头协议，但签订书面协议是被鼓励的行为，在一定条件下则是必须签订的。作为义工管理工作必要的一环，协议的达成既是双方履行各自义务的起始，也是双方利益的保障基础。

为义工购买保险主要有两种：第三者保险和团体人身意外保险。

一是第三者保险。在义工义务服务期间出现的意外事故，导致义工的人身和财物损伤或损失时，义工组织或许会追究责任。如经法庭审理而宣判义工的损失是因义工组织导致而非意外，义工组织亦应负担有关赔偿责任，所以义工组织应有安排义工服务时考虑投保第三者保险以应付赔偿的开支。

二是团体人身意外保险。义工组织为义工购买团体人身意外保险是非常必要的。义工在服务期间发生意外，导致义工的人身和财物损伤或损失时，义工可获得保险公司的合理赔偿。投保义工团体人身意外保险，义工组织应细心衡量和预算为个别大型服务计划购买保险，或为全年活动作计算。在组织实施服务计划时要做好充分准备，应预算服务的义工人数、服务时长及义工的个人资料（性别、年龄等）、服务的时间及地点、全年活动的次数、活动的危险成分等，保险公司将根据这些资料提供保险建议书。义工团体人身意外保险是以不论责任形式来做保障，而投放的保金与保额、范围、种类等，可结合保险建议书根据具体保险情况与保险公司洽谈后签订投保合同。从 2007 年 8 月 13 日起，上海正式实施志愿者注册制度，凡在上海志愿服务协会组织下服务满 30 小时的注册志愿者将获得一张特殊的志愿者卡，持卡人在从事志愿活动中发生人身意外伤害，将获得切实的人身保障。上海为志愿者提供保险的举措在全国处于领先。

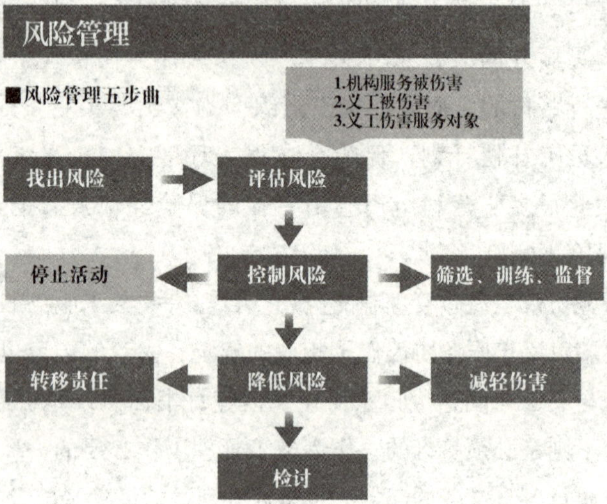


风险管控简易流程

## 二、法律责任

在义工服务的过程中，其法律责任主要体现在以下四个方面：第三方责任、服务对象责任、义工自身的责任以及义工组织的责任。

### （一）第三方责任

因第三方造成服务义工或服务对象损害，应由义工组织协助赔偿第三方民事责任。义工根据义工组织的安排，在开展服务期间，造成服务对象或者第三方损害的，有关的义工组织应当依法承担民事责任，但义工组织与服务对象另有约定的除外。义工组织承担民事责任后，有权向有故意或者有重大过失的义工赔偿部分或者全部赔偿费用。

### （二）服务对象责任

服务对象在接受义工服务过程中对义工造成损害的，应当依法承担民事责任。义工组织应当支持受损害的义工向有关的服务对象赔偿损失，并提供必要的帮助。

### （三）义工自身的责任

义工在工作中有徇私舞弊、收取财物等违法行为的，应当依法承担相应的法律责任；构成犯罪的，由司法机关依法追究其刑事责任。义工在服务工作中违反纪律，给义工组织荣誉、形象造成不良影响，义工组织应予批评、警告，直至劝退、开除处理。

### （四）义工组织的责任

义工组织应办理参与服务义工的人身意外伤害保险，义工在有义工组织安排的义工服务中造成人身意外伤害的，由义工组织承担责任，冒用义工组织的名义、标志和有关次数进行违法活动的，义工组织有权要求有关机关依法追究其相应的法律责任。

**★ 互动分享环节**

1. 2016 年 3 月颁布的《慈善法》对慈善服务中的风险规定有哪些？
2. 慈善服务中风险管理内容有哪些？

## 第四节 风险沟通要件

**【安心小语】**无助可能是根本没有向外求助，或根深蒂固地相信没人帮得了自己。因此，打开自己的心，肯定别人的长处，发掘自己的资源与优势，就能在“危”中看到“机”，化危机为转机。

【案例】

### 新加坡经验

新加坡15岁至30岁的青年有70多万，占总人口的26%，其中，30%的人有志愿服务的愿望。新加坡最大的青年组织——人民协会青年运动，成立于1972年，在全国有96个青年团，10多万名团员。青年运动通过组织大量的包括志愿服务在内的活动，实现了调和种族关系、增强社会凝聚力、保持社会稳定并促进经济发展的目标。

沟通是义工的基础性要素，也是义工服务的主要技能。风险沟通是风险管理的最重要的途径之一，它是公众理性建立的桥梁，也是义工参与服务的重要内容。因而，有研究表明，风险沟通的有效性在很大程度上取决于沟通本身的特点。因为风险沟通的某些特征会影响到公众的风险认识，进而影响个体心理状态及行为反应。风险沟通的一些重要的特征对风险沟通的质量有直接的影响。

## 一、信任对沟通的影响

### （一）信任的脆弱性

信任或许具有许多特征，但是脆弱是其最重要的特征之一。公众的风险认识水平受到公众心理、社会甚至政治等因素的影响，其中信任是一个重要的中介条件。研究已经证实，由于对风险的定义不同，或者由于所具备的相关知识结构不同，专家与公众往往存在较大的认知差异。如果公众对信息的发布方如对管理机构或专家缺乏信任，那么就很难将专家的意见准确地传达给公众，并对公众产生预期的影响。因此，风险沟通的信息传达方是否能够获得信息接受方的信任，是双方沟通是否有效的关键。

萨提亚沟通四步曲：沟通是平静地看自己的内心！

1. 表达你要的，而不是不要的。

2. 表达你的感受，而不是情绪（比如：表达自己现在是愤怒的，而不是愤怒地去表达）。

3. 表达你的需求，而不是抱怨。（直接表达自己的需求，一般大家都是，你猜我想要什么？你猜不到说明你不在乎我，然后就开始抱怨了。）

4. 表达你要去的方向，而不是抱怨你所在的位置。（看目标，而不是陷在事件里。）

“脆弱”是信任的基本特性。信任的建立需要很长的时间，但信任只要一瞬间就可以被破坏殆尽。而且，一旦信任遭到破坏，要想将信任恢复到以往的水平则需要花更长的时间和更大的代价。甚至可能因为某些原因，信任一旦被破坏就永远无法重新修复。实际上，信任的这种容易被破坏而难以建设的特性是基于人类的所谓“非对称性原理”的，即人们对事物的负性特征的强调导致不信任容易被强化和保持。这是人类认识的基本心理学规律之一。

### （二）如何建立信任

尽管信任的建立并不容易，但信任对风险沟通的重要性却无法回避。因此，我们必须致力于信任的建设。克鲁克（Gerry Krnk）对建立信任提出了一些建设性的意见：

1. 创立友好的氛围，为沟通双方建立一个人道的、互动的、有益的和容易接近的氛围。

2. 保持谦恭，对沟通对象保持周到、谦恭的态度。

3. 公开与诚实，为沟通对象提供直接、完全的答复，减少术语的使用。

4. 承认自己对于一些事情还并不了解，即使是专家，也并非无所不知，专家有时候也不知道问题究竟出在哪里。

5. 兑现自己的承诺，迅速、彻底地实现自己的承诺。

6. 承认错误并道歉，解释你将如何确保以后绝不会发生类似的事情，同时如果需要的话，沟通者还应当就此作出赔偿。

7. 尊重对方并设身处地地考虑问题，关注所关心的焦点问题及对于风险事件的看法、价值观等。

8. 强烈的社会和道德责任感，不仅仅局限于本组织的权利与义务，还应强调社会和道德意识，使风险沟通在更宏观的利益框架下进行。

## 二、风险沟通的方法

要进行风险沟通必须要了解公众与媒体的行为动机，并需要掌握一定的沟通技巧。过去几年研究者探讨了错误沟通问题，其研究结果很不一致。但是，有一点是相同的，就是许多风险沟通实践透视了人类动机的作用。风险沟通顾问和环境新闻教授桑德曼（Peter M. Sand－man）假定，公众更多的是按照道德—情感问题（桑德曼称之为愤怒）而不是根据技术上的风险水平（即对人的健康或者环境的损害，桑德曼称之为灾害）来评估各种风险的。利用这种术语，桑德曼测量公众风险认识的“公式”就是风险等于灾害加上愤怒。

### （一）被歪曲的认识

桑德曼指出风险沟通的目的之一是使人们产生适当水平的关注和行为。但是风险研究者总是抱怨说，公众是担心“错误”的风险；公众的风险认识不是建立在纯粹的身体伤害上的（灾害），而是建立在灾害与道德情感的混合物之上（愤怒）。

### （二）缓解公众的愤怒

研究发现，通过以下方式可以缓解公众的愤怒：

1. 保持双向沟通；

2. 事先要充分预料到可能引起的公众的愤怒；

3. 向公众介绍风险；

4. 对沟通作出计划。

双向沟通的关键是给公众充分的发言机会，公众需要一个论坛，公众在这里可以提出问题，可以聚会讨论，也可以建立电话热线，表达自己的害怕和关怀。公众还需要知道他们的意见的确得到了考虑。

公众意见是形成风险沟通计划的重要材料。生活在社区的居民对将要实施的某项事件对他们生活影响最有发言权，因为他们对该地区最熟悉。近年来，义工也参与了各类灾害的救援，成为政府与社会和居民的桥梁和纽带。把公众的意见反映在沟通计划中就显得非常重要。倾听公众的声音，并把公众的关切吸收到沟通计划中是缓解公众反对意见的好方法。公众能够理解采用某些措施的必要性并接受这个现实，只要他们的意见被严肃对待。

## 三、风险认识与信任

信任与风险认识的关系是目前风险认识研究领域经常讨论的一个课题。从最原本的意义上讲，信任是指相信而敢于托付，即因为对某人、某机构的能力、诚实、价值等的信任，从而敢于把自己的相关利益托付给这些义工。

信任其实体现了信任者与被信任者之间的一种依存关系，这种依存关系表示双方之间存在某种交换，无论交换的内容为何，都表示双方至少有某种程度的利害相关。如果仅是一厢情愿相信他人而无任何的怀疑，将会导致危难或加剧信任滥用的情形。只有当信任者在交换过程中获得被信任者值得信任的证据，如口碑、意图、能力、可靠性等，然后才可能产生信任。

### （一）信任能力的培养

1. 用人不疑，充分授权

信任可以缩短义工与组织间的距离，使义工能够充分发挥主观能动性，使组织的社会责任和组织的发展获得强大的原动力。如果领导对自己的下属或义工总是抱着怀疑的态度，不敢放手大胆地使用义工，就很难激发下属或义工的积极性、主动性和创造性。

授权是充分信任员工或义工的一种方法。充分授权表现在放手使用上，是对员工或义工的信任和尊重，体现了平等待人，尊重下属的劳动、职权和意见。

2. 理顺关系，加深信任

（1）理顺制度与信任的关系

“制度”与“信任”是一个人做好一件事必须具备的两个先决条件，前者给人指引，后者给人动力。管理者应理顺二者之间的关系，把制度作为信任的一个基础或支撑，摒弃“制度是不信任人的表现”的观点。

在制度的制定、宣传、执行和检查的过程中，管理者要把“事”或“岗”作为主要针对的对象，对事对岗需要强化制度的约束作用，对人要有强化制度的指引作用，消除员工或义工对制度的抵触情绪，增强员工或义工对制度的认同和遵守力度。

（2）妥善处理信任与监督的矛盾

信任不是放任，授权不能弃权，对员工或义工信任，不是无原则的不管，而是在监督和控制的体系下，让员工或义工充分发挥其主观能动性。必要的监督措施是维护信任激励有效实施的保障，管理者不能对员工或义工产生的错误视而不见，也不能盲目地理解与认可，而是通过监督、检查和沟通让员工或义工清楚地认识自己的错误并限期改正。

（3）正确评价信任与不良后果的关系

一般来说，信任是在了解的基础上实施的，是对员工或义工工作的一种预期，这种预期往往是积极的，但有时也会与管理者的想法背道而驰。

一旦员工或义工的工作未达到预期，甚至产生了不良后果，作为管理者，要头脑清醒，不可随意对下属失去信心，而更应从自身的角度查找问题的根源，检视自己是否在工作过程中缺少必要的指引、提醒和督促。

3. 提高个人信任指数

管理者应在与员工的交往中努力提升并累积自己的信任指数，增强自身能力。要想使下属心悦诚服地听从指挥，管理者必须成为诚实的下属尊敬的人。

（1）勇于承认错误，这不但不会降低管理者的威信，反而会增强员工对管理者的信赖。

（2）对待员工或义工应实事求是，言必行，行必果。如果下属发现自己受到欺骗，原有的信任就很难再恢复。

（3）善用表达，增进信任，管理者可以采用以下的表达方式，比如让员工或义工感受到你对他的信任。

“这件事你去办，我放心！”

“别人如果这么说我，我会觉得是无稽之谈，但你也这么说，我就需要认真考虑考虑了。”

“这件事是组织暂时保密的内容，我现在告诉你，你一定得为我保密！”

## （二）如何提高信任能力

**【案例】**

### 高度信任学苻坚

苻坚继承前秦皇位之后，励精图治，一心想统一天下。王猛出身贫寒，但是他人穷志不穷，渴望作出一番匡世济民的大事业来。这两人一见如故，谈得非常投机。

苻坚把自己建立基业的希望寄托在了王猛身上，封王猛为中节侍郎，又怕其他人不服气，便派王猛到地方上锻炼一下，让他出守始平。始平这个地方社会秩序很乱，地方贵族飞扬跋扈。王猛有苻坚做后盾，自然底气十足，他一到任，就明法峻刑，严令打击当地恶势力，于是，有人上书状告，苻坚不但不追究王猛，反而对他更加信任。

不久，王猛被任命为尚书左丞、咸阳内史等。没过多久，又派王猛为吏部尚书、太子詹事，接着又提升为尚书左仆射等。当时王猛才36岁，史称王猛一岁五迁，权倾内外。这都是苻坚极力重用的结果。

**★ 互动分享环节**

1. 组织应给予义工多大范围的信任？
2. 当你面对风险沟通时，首先要做的是什么？

**参考文献：**

［1］民政部社会工作司编．志愿者管理手册．中国社会出版社，2014.

［2］赵国详主编．教育·心理研究与探索丛书；刘志军．理解·沟通·控制——公众的风险认识．科学出版社，2011.

［3］谭建光，李森．中国义工服务指南．

［4］中华志愿者协会，《志愿服务基本概念，国内外发展经验及若干问题的探讨》在民政部2014年志愿服务记录试点东部地区会议（天津）课件．

# 附录 1：中国社会服务志愿者队伍建设指导纲要（2013—2020 年）

为贯彻落实《中共中央关于构建社会主义和谐社会若干重大问题的决定》、《中共中央关于全面深化改革若干重大问题的决定》和党的十八大关于广泛开展志愿服务、支持和发展志愿服务组织、建立完善社会志愿服务体系的要求，进一步加快推进我国社会服务志愿者队伍建设，制定本纲要。

## 一、发展现状和面临形势

志愿服务是社会文明进步的重要标志。志愿者是不以获取物质报酬为目的，自愿奉献时间、智力、体力和技能等，为他人和社会提供公益服务的人。社会服务志愿者是指以满足全体社会成员尤其是困难群体的生活需求，提高人民生活质量为目标，在社区建设、社会福利、公益慈善、社会救助、优待抚恤、减灾救灾、健康卫生等社会服务领域提供公益服务的人员，是志愿者队伍的中坚力量。大力推进社会服务志愿者队伍建设，深入开展志愿服务，是动员社会力量、整合社会资源、发展社会事业、完善社会功能的有效举措；是激发奉献精神、陶冶思想情操、提高道德素质、形成良好社会风尚的内在要求；是满足群众需求、协调社会关系、化解社会矛盾、增进社会和谐的重要途径。

近年来，在党中央、国务院的积极倡导、各地各有关部门的大力推动和社会各界的积极支持与热情参与下，我国社会服务志愿者队伍建设政策环境不断完善，队伍规模不断壮大，发展平台不断夯实，基础保障不断加强，服务活动不断丰富；志愿服务逐步覆盖城乡社区建设、敬老扶幼助残、抢险救灾减灾、社会公益慈善等众多服务领域，在提高群众生活水平、助推城乡社会建设、发展社会服务、创新社会治理、提高社会文明素质等方面发挥了积极作用。但总体看，当前我国社会服务志愿者队伍建设基础还比较薄弱，还存在着政策法规体系不够完善、公众参与志愿服务氛围不够浓厚、志愿服务组织和志愿者队伍数量不足、志愿者素质有待提高和志愿服务缺乏稳定经费保障等问题，与人民群众日益增长的社会服务需求相比还有许多不适应的地方。

当前，我国社会服务志愿者队伍建设迎来重要的发展机遇。党的十八大和十八届三中全会强调广泛开展志愿服务、支持和发展志愿服务组织，为进一步推进社会服务志愿者队伍建设提供了政治保证；民生保障、社会治理对志愿服务的迫切要求和广大人民群众对社会服务的巨大需求，为进一步推进社会服务志愿者队伍建设提供了强大动力；经济的持续增长，人们物质生活水平的普遍提高，参与志愿服务、履行社会责任意识的不断增强、热情的日益高涨，为进一步推进社会服务志愿者队伍建设创造了有利条件；在长期的实践中，各地创新探索的丰富的志愿服务经验，为进一步推进社会服务志愿者队伍建设奠定了实践基础。今后一个时期，我们要从构建社会主义和谐社会、促进社会文明进步的战略高度，进一步抓住机遇，迎难而上，采取更加有力的措施，加快推进社会服务志愿者队伍建设，有效满足人民群众的服务需求，主动回应经济社会发展的现实需要。

## 二、指导思想、基本原则和总体目标

### （一）指导思想

以邓小平理论、“三个代表”重要思想、科学发展观为指导，以建立健全服务体系、提升服务能力为目标，以扩大队伍规模、提高队伍素质为重点，以制度化建设为保障，加快建设一支数量充足、素质优良、结构合理、长期稳定、服务规范的社会服务志愿者队伍，不断满足人民群众日益增长的服务需求，为发展社会事业、创新社会治理、加强社会建设、促进社会和谐凝聚强大社会力量。

### （二）基本原则

1. 以人为本，服务社会

社会服务志愿者队伍建设要从社会发展需要和人民群众愿望出发，以满足服务对象的社会服务需求为根本，把服务他人、服务社会与实现个人价值有机结合，使社会公众在志愿服务活动中实现自身发展。

2. 广泛动员，自愿参与

广泛宣传志愿理念，弘扬志愿精神，营造志愿服务氛围，不断激发公民的道义、良知、爱心和社会责任感，充分调动社会各方参与志愿服务。

3. 讲求实效，鼓励创新

树立成效意识，用实际效果作为衡量社会服务志愿者队伍建设标准。鼓励各地各领域结合实际，积极探索发展社会服务志愿者队伍的新机制、新方式。

4. 统筹协调，合力发展

加强社会服务志愿者队伍建设规划、管理和协调，充分调动各方面志愿服务力量，形成推进社会服务志愿者队伍建设的合力。

### （三）总体目标

当前和今后一个时期，社会服务志愿者队伍建设的总体目标是：建立健全社会服务志愿者法规、政策、制度体系，畅通志愿者参与社会服务的渠道，夯实志愿者参与社会服务的基础，营造人人愿为、人人能为、时时可为的社会服务志愿者发展环境，使社会服务志愿者队伍的数量、质量与结构适应构建社会主义和谐社会的需要，满足社会成员尤其是困难群体日益增长的社会服务需求。

——队伍规模不断扩大。到2020年，注册社会服务志愿者占居民总数的比例达到10%。

——能力素质不断提升。具有专业特长的社会服务志愿者不断增多，能开展专业社会服务的志愿服务组织不断涌现，志愿者的服务理念不断强化，服务知识不断丰富，服务技能不断增强，服务方法不断完善。

——队伍结构不断优化。社会服务志愿者群体覆盖社会各类人群，社会服务志愿者队伍的区域结构、城乡结构、领域结构、专业结构和年龄结构不断优化。

——发展环境不断改善。社会服务志愿者招募、注册、培训、管理、考核、评价、激励、保障等方面政策制度不断健全，志愿服务记录制度全面建立，志愿服务网络进一步拓展，志愿服务组织布局更加合理、治理更加科学、作用更加突出。

——服务效益不断增强。志愿服务时间逐步增加，志愿服务领域不断拓宽，志愿服务更加规范、科学，志愿者和服务对象满意度不断提高，志愿服务在改善社会福利、开展社会救助、完善社会保障、创新社会治理、促进社会文明的成效更加明显。

## 三、主要任务

### （一）规范招募注册

1. 规范人员招募

建立经常性招募与应急性招募相结合、社会化招募和组织化招募并举的招募机制，规范志愿者招募组织资质、招募信息发布、招募工作流程，吸引各阶层、各职业、各年龄段人员自觉自愿加入社会志愿服务。

2. 实施注册管理

全面推行社会服务志愿者注册登记制度，鼓励参加志愿服务人员登记成为注册志愿者。鼓励志愿服务组织、公益慈善类组织和社会服务机构配备专职人员开展社会服务志愿者注册，有效整合现有注册服务资源，实现各领域志愿者信息注册系统有机衔接、互联互通、信息共享。

### （二）深化教育培训

1. 完善培训体系

实施社会服务志愿者队伍能力提升工程，以加强社会服务志愿者能力建设为根本，将志愿服务基础培训和特定专业知识技能培训相结合，志愿者初次培训、阶段性培训和临时性培训相衔接，逐步建立健全志愿者分级分类培训体系。鼓励志愿服务组织利用自身优势，针对当前社会急需和群众急盼，重点加大为老服务、扶幼助残、扶贫帮困、减灾救灾、社区服务等领域志愿者培训力度，逐步提高志愿者专业服务水平。

2. 加强基础建设

支持各地依托高等院校和相关培训机构，建立社会服务志愿者培训基地，研究开发社会服务志愿者培训课程与教材，建设专兼职相结合、理论型与实务型相结合的师资队伍，不断创新培训方式，加强培训质量评估，提升培训效果。

### （三）加强记录管理

1. 规范服务记录

深化志愿服务记录试点，全面建立公民志愿服务记录制度，规范志愿服务组织、公益慈善类组织和社会服务机构志愿服务记录行为，建立专人负责、流程规范、监管严格的工作机制，将志愿服务记录贯穿于社会服务志愿者管理与服务全过程。推动各地将志愿服务记录与社会服务志愿者使用、培训、评价、保障、奖励挂钩，完善志愿服务记录运用机制。

2. 强化服务管理

引导志愿者参与组织化、规范化、常态化志愿服务活动。建立社会服务志愿者使用主体和使用过程监督机制，及时发现和纠正不当使用社会服务志愿者的行为。按照专业特长、服务意向、服务区域等分类管理社会服务志愿者，逐步健全志愿服务供需对接机制和志愿者配置机制，实现服务需求与供给的无缝对接、志愿者与服务岗位的最佳匹配。

### （四）完善评价激励

1. 完善评价机制

建立志愿服务统计体系和志愿服务成效评估体系。完善以服务时间和服务质量为主要指标的社会服务志愿者评价制度。培育志愿服务评估监督机构。加强评价结果应用，充分发挥评价机制在促进社会服务志愿者队伍建设、发展社会志愿服务中的积极作用。

2. 健全激励保障

完善以精神激励为主、物质奖励为辅的社会服务志愿者表彰激励机制。鼓励有关部门、社会组织和企事业单位对优秀志愿者和优秀志愿服务组织进行表彰奖励。建立志愿服务记录与志愿者升学、就业、享受社会服务挂钩制度，鼓励有关单位在同等条件下优先录用有良好志愿服务记录人员，鼓励公共服务机构和商业机构对有良好志愿服务记录人员提供优惠与优先服务。推动建立志愿者保险制度，明确志愿者保险的责任主体、涉险范围和风险承担机制，为志愿者参与社会服务解除后顾之忧。实施志愿服务时间储蓄建设工程，建立健全志愿服务时间储蓄与回馈制度，形成志愿服务互助循环发展机制。

### （五）加快平台建设

1. 支持组织发展

鼓励各地简化登记程序、降低登记门槛、放宽登记条件、加快成立各类行业性、专业性志愿服务组织，建构覆盖面广、服务能力强的社会志愿服务网络体系。实施志愿服务组织孵化工程，鼓励支持各地建立志愿服务组织孵化基地，为进驻扶老、助残、救孤、济困、赈灾等基本民生领域的志愿服务组织优先提供项目开发、能力培养、合作交流等服务。扶持发展一批富有特色、治理规范、服务优良、作用明显的志愿服务组织。

2. 加快信息化建设

要改善志愿服务管理设施，充分利用网络信息技术优化管理与服务流程，创新志愿服务记录手段，促进志愿服务供需有效对接。加强中华志愿服务网和全国志愿者队伍建设信息系统建设，建立全国志愿者基础信息管理和志愿者数据交换与共享平台，逐步整合全国志愿者和志愿服务信息资源，不断提高社会服务志愿者队伍建设科学化、信息化水平。

### （六）推进服务开展

1. 推进基地建设

鼓励广大城乡社区和社会服务机构设立志愿者服务站，配备志愿服务标识和必要工作设施。加快建设有专职人员、有稳定服务岗位或服务项目的规范化志愿服务基地，为人民群众参与和接受志愿服务提供便利条件。

2. 加强项目开发

建立健全志愿服务项目化运作机制。鼓励各地立足实际，紧贴民生需求，自主开发灵活多样、社会认同度高的志愿服务项目，为社会公众提供“菜单式”志愿服务，增强志愿服务的实效性和影响力。

3. 建立社会工作者与志愿者联动机制

充分发挥社会工作专业人才在组建团队、发现需求、规范服务、拓展项目、培训策划等方面专业优势，形成社会工作者引领志愿者、志愿者协助社会工作者的服务格局。鼓励志愿服务组织吸纳社会工作专业人才，推动社会工作服务机构为志愿者开展工作提供必要条件，进一步丰富社会服务人才资源，拓展社会服务范围，增强社会服务效果。

## 四、保障措施

### （一）加强组织领导

建立健全省（自治区、直辖市）、市（地、州、盟）、县（市、区、旗）三级社会服务志愿者队伍工作体系，形成党政领导、民政负责、部门协同、社会参与的工作格局。将社会服务志愿者队伍建设纳入当地社会发展成果评价体系，按照队伍建设、活动开展、社会效益与经济价值等指标，对社会服务领域志愿服务成效进行考核。

### （二）加大经费投入

各地要将社会服务志愿者队伍建设和志愿服务工作经费纳入财政预算，逐步加大福利彩票公益金对社会服务志愿者队伍建设支持力度。要建立政府购买、资助志愿服务制度。鼓励企事业单位、公益慈善组织和公民个人对志愿服务活动进行资助，形成多渠道、多元化的筹资机制。要加强和规范志愿服务资金管理，严格财务和审计制度，提高资金使用效益。

### （三）完善政策制度

积极推动志愿服务立法工作，为社会服务志愿者队伍建设提供法律保障。制定和完善社会服务志愿者支持、保障与奖励政策，为社会服务志愿者队伍建设营造良好的政策环境。

### （四）加强研究宣传

推动政府部门、志愿服务组织与科研机构互动合作，深入开展社会服务志愿者队伍建设、志愿服务发展规律和志愿服务标准化建设研究。充分发挥报刊、广播、电视等传统媒体和博客、论坛、微博、微信等互联网新媒体作用，大力宣传社会服务志愿者感人事迹，总结推广各地社会服务志愿者队伍建设成功经验，营造全社会关心、支持、参与社会志愿服务的良好环境。

# 附录2：志愿服务记录办法

**第一条** 为了促进和规范志愿服务记录工作，维护志愿者和志愿服务对象的合法权益，推动志愿服务健康有序发展，制定本办法。

**第二条** 本办法所称志愿服务记录，是指依法成立的志愿者组织、公益慈善类组织和社会服务机构以纸质材料和电子数据等载体记录志愿者参加志愿服务的信息。

志愿服务是指不以获得报酬为目的，自愿奉献时间和智力、体力、技能等，帮助他人、服务社会的公益行为。

**第三条** 志愿服务记录遵循及时、完整、准确、安全原则，任何单位和个人不得用于商业交易或者营利活动，也不得侵犯志愿者个人隐私。

**第四条** 志愿者组织、公益慈善类组织和社会服务机构应当安排专门人员对志愿服务记录进行确认、录入、储存、更新和保护，并接受登记管理机关或者业务主管部门对志愿服务记录工作的监督管理。

**第五条** 志愿服务记录应当记载志愿者的个人基本信息、志愿服务信息、培训信息、表彰奖励信息、被投诉信息等内容。

**第六条** 志愿者个人基本信息应当包括姓名、性别、出生年月、身份证号、服务技能、联系方式等。

需要增加志愿者其他个人信息的，必须征得志愿者本人同意。

**第七条** 志愿服务信息应当包括志愿者参加志愿服务活动（项目）的名称、日期、地点、服务对象、服务内容、服务时间、服务质量评价、活动（项目）负责人、记录人等。

**第八条** 志愿服务时间是指志愿者实际提供志愿服务的时间，以小时为计量单位，不包括往返交通时间。

志愿者组织、公益慈善类组织和社会服务机构应当对志愿者所提供的志愿服务时间进行核实和累计。

**第九条** 志愿服务活动（项目）结束后，志愿者组织、公益慈善类组织和社会服务机构应当对志愿者所承担工作的完成状况和服务对象的满意程度进行综合评价。

**第十条** 培训信息应当包括志愿者参加志愿服务有关知识和服务技能培训的内容、组织者、日期、地点、学时等。

**第十一条** 志愿者因志愿服务表现突出、获得表彰奖励的，志愿者组织、公益慈善类组织和社会服务机构应当及时予以记录。

**第十二条** 志愿者在志愿服务中被服务对象投诉、经核查属实的，志愿者组织、公益慈善类组织和社会服务机构应当予以记录。

**第十三条** 志愿者组织、公益慈善类组织和社会服务机构应当向志愿服务活动（项目）负责人、志愿者、志愿服务对象及时采集志愿服务信息。

**第十四条** 志愿者组织、公益慈善类组织和社会服务机构将志愿服务信息记入志愿服务记录前，应当在本组织或机构内进行公示，接受社会监督。公示时间不得少于 3 个工作日，公示期满无异议的，记入志愿服务记录。

**第十五条** 志愿服务记录应当长期妥善保存。未经志愿者本人同意，不得公开或者向第三方提供志愿服务记录。

志愿者组织、公益慈善类组织和社会服务机构应当利用民政部志愿者队伍建设信息系统以及其他网络平台，实现志愿服务记录的网上录入、查询、转移和共享。

**第十六条** 经志愿者本人同意，志愿服务记录可以在其加入的志愿者组织、公益慈善类组织和社会服务机构之间进行转移和共享。

志愿者组织、公益慈善类组织和社会服务机构应当对接收的志愿服务记录进行核实，并妥善保管。

**第十七条** 志愿者需要查询本人志愿服务记录或者因升学、入伍、就业等原因需要出具本人参加志愿服务证明的，志愿者组织、公益慈善类组织和社会服务机构应当及时如实提供。

志愿服务证明应当载明当事人的志愿者身份、志愿服务时间和内容。

**第十八条** 志愿者组织、公益慈善类组织和社会服务机构应当将志愿服务记录情况报送县级以上人民政府民政部门。

县级以上人民政府民政部门可以委托具有相应资质的组织或者机构对志愿服务记录进行管理，并将相关信息及时向社会发布。

**第十九条** 志愿者组织、公益慈善类组织和社会服务机构应当将志愿服务记录与志愿者的使用、培训、评价、保障、奖励挂钩。

**第二十条** 志愿者组织、公益慈善类组织和社会服务机构在招募志愿者时，应当优先聘用有良好志愿服务记录的志愿者，并根据志愿服务记录情况安排志愿者参加所需要的培训。

**第二十一条** 志愿者组织、公益慈善类组织和社会服务机构应当建立以服务时间和服务质量为主要内容的志愿者星级评定制度，对获得相应星级的志愿者予以标识，并推荐参加相关评选和表彰。

志愿服务记录时间累计达到 100 小时、300 小时、600 小时、1000 小时和 1500 小时的志愿者，可以依次申请评定为一星级、二星级、三星级、四星级、五星级志愿者。

**第二十二条** 鼓励志愿者组织、公益慈善类组织和社会服务机构依托志愿服务记录，建立健全志愿服务时间储蓄制度，使志愿者可以在自己积累的志愿服务时数内得到他人的无偿服务。

**第二十三条** 鼓励有关部门、社会组织和企事业单位对有良好志愿服务记录、表现优异的志愿者进行表彰奖励。

**第二十四条** 鼓励有关单位在招生、招聘时，同等条件下优先录用、聘用和录取有良好志愿服务记录的志愿者。

**第二十五条** 鼓励博物馆、公共图书馆、体育场馆等公共文化体育设施和公园、旅游景点等场所，对有良好志愿服务记录的志愿者免费或者优惠开放。

**第二十六条** 鼓励城市公共交通对有良好志愿服务记录的志愿者给予票价减免优待。

**第二十七条** 鼓励商业机构对有良好志愿服务记录的志愿者提供优

先、优惠服务。

**第二十八条** 志愿者组织、公益慈善类组织和社会服务机构及其工作人员在志愿服务记录工作中弄虚作假的，由主管部门责令改正，并予以通报。

**第二十九条** 本办法自发布之日起施行。

# 附录3：《中华人民共和国慈善法》

（2016年3月16日第十二届全国人民代表大会第四次会议通过）

## 第一章　总　则

**第一条**　为了发展慈善事业，弘扬慈善文化，规范慈善活动，保护慈善组织、捐赠人、志愿者、受益人等慈善活动参与者的合法权益，促进社会进步，共享发展成果，制定本法。

**第二条**　自然人、法人和其他组织开展慈善活动以及与慈善有关的活动，适用本法。其他法律有特别规定的，依照其规定。

**第三条**　本法所称慈善活动，是指自然人、法人和其他组织以捐赠财产或者提供服务等方式，自愿开展的下列公益活动：

（一）扶贫、济困；

（二）扶老、救孤、恤病、助残、优抚；

（三）救助自然灾害、事故灾难和公共卫生事件等突发事件造成的损害；

（四）促进教育、科学、文化、卫生、体育等事业的发展；

（五）防治污染和其他公害，保护和改善生态环境；

（六）符合本法规定的其他公益活动。

**第四条**　开展慈善活动，应当遵循合法、自愿、诚信、非营利的原则，不得违背社会公德，不得危害国家安全、损害社会公共利益和他人合法权益。

**第五条**　国家鼓励和支持自然人、法人和其他组织践行社会主义核心价值观，弘扬中华民族传统美德，依法开展慈善活动。

**第六条**　国务院民政部门主管全国慈善工作，县级以上地方各级人民政府民政部门主管本行政区域内的慈善工作；县级以上人民政府有关部门依照本法和其他有关法律法规，在各自的职责范围内做好相关工作。

**第七条** 每年9月5日为“中华慈善日”。

## 第二章 慈善组织

**第八条** 本法所称慈善组织，是指依法成立、符合本法规定，以面向社会开展慈善活动为宗旨的非营利性组织。

慈善组织可以采取基金会、社会团体、社会服务机构等组织形式。

**第九条** 慈善组织应当符合下列条件：

（一）以开展慈善活动为宗旨；

（二）不以营利为目的；

（三）有自己的名称和住所；

（四）有组织章程；

（五）有必要的财产；

（六）有符合条件的组织机构和负责人；

（七）法律、行政法规规定的其他条件。

**第十条** 设立慈善组织，应当向县级以上人民政府民政部门申请登记，民政部门应当自受理申请之日起三十日内作出决定。符合本法规定条件的，准予登记并向社会公告；不符合本法规定条件的，不予登记并书面说明理由。

本法公布前已经设立的基金会、社会团体、社会服务机构等非营利性组织，可以向其登记的民政部门申请认定为慈善组织，民政部门应当自受理申请之日起二十日内作出决定。符合慈善组织条件的，予以认定并向社会公告；不符合慈善组织条件的，不予认定并书面说明理由。

有特殊情况需要延长登记或者认定期限的，报经国务院民政部门批准，可以适当延长，但延长的期限不得超过六十日。

**第十一条** 慈善组织的章程，应当符合法律法规的规定，并载明下列事项：

（一）名称和住所；

（二）组织形式；

（三）宗旨和活动范围；

（四）财产来源及构成；

（五）决策、执行机构的组成及职责；

（六）内部监督机制；

（七）财产管理使用制度；

（八）项目管理制度；

（九）终止情形及终止后的清算办法；

（十）其他重要事项。

**第十二条** 慈善组织应当根据法律法规以及章程的规定，建立健全内部治理结构，明确决策、执行、监督等方面的职责权限，开展慈善活动。

慈善组织应当执行国家统一的会计制度，依法进行会计核算，建立健全会计监督制度，并接受政府有关部门的监督管理。

**第十三条** 慈善组织应当每年向其登记的民政部门报送年度工作报告和财务会计报告。报告应当包括年度开展募捐和接受捐赠情况、慈善财产的管理使用情况、慈善项目实施情况以及慈善组织工作人员的工资福利情况。

**第十四条** 慈善组织的发起人、主要捐赠人以及管理人员，不得利用其关联关系损害慈善组织、受益人的利益和社会公共利益。

慈善组织的发起人、主要捐赠人以及管理人员与慈善组织发生交易行为的，不得参与慈善组织有关该交易行为的决策，有关交易情况应当向社会公开。

**第十五条** 慈善组织不得从事、资助危害国家安全和社会公共利益的活动，不得接受附加违反法律法规和违背社会公德条件的捐赠，不得对受益人附加违反法律法规和违背社会公德的条件。

**第十六条** 有下列情形之一的，不得担任慈善组织的负责人：

（一）无民事行为能力或者限制民事行为能力的；

（二）因故意犯罪被判处刑罚，自刑罚执行完毕之日起未逾五年的；

（三）在被吊销登记证书或者被取缔的组织担任负责人，自该组织被吊销登记证书或者被取缔之日起未逾五年的；

（四）法律、行政法规规定的其他情形。

**第十七条** 慈善组织有下列情形之一的，应当终止：

（一）出现章程规定的终止情形的；

（二）因分立、合并需要终止的；

（三）连续二年未从事慈善活动的；

（四）依法被撤销登记或者吊销登记证书的；

（五）法律、行政法规规定应当终止的其他情形。

**第十八条** 慈善组织终止，应当进行清算。

慈善组织的决策机构应当在本法第十七条规定的终止情形出现之日起三十日内成立清算组进行清算，并向社会公告。不成立清算组或者清算组不履行职责的，民政部门可以申请人民法院指定有关人员组成清算组进行清算。

慈善组织清算后的剩余财产，应当按照慈善组织章程的规定转给宗旨相同或者相近的慈善组织；章程未规定的，由民政部门主持转给宗旨相同或者相近的慈善组织，并向社会公告。

慈善组织清算结束后，应当向其登记的民政部门办理注销登记，并由民政部门向社会公告。

**第十九条** 慈善组织依法成立行业组织。

慈善行业组织应当反映行业诉求，推动行业交流，提高慈善行业公信力，促进慈善事业发展。

**第二十条** 慈善组织的组织形式、登记管理的具体办法由国务院制定。

## 第三章 慈善募捐

**第二十一条** 本法所称慈善募捐，是指慈善组织基于慈善宗旨募集财产的活动。

慈善募捐，包括面向社会公众的公开募捐和面向特定对象的定向募捐。

**第二十二条** 慈善组织开展公开募捐，应当取得公开募捐资格。依法登记满二年的慈善组织，可以向其登记的民政部门申请公开募捐资格。民政部门应当自受理申请之日起二十日内作出决定。慈善组织符合内部治理结构健全、运作规范的条件的，发给公开募捐资格证书；不符合条件的，不发给公开募捐资格证书并书面说明理由。

法律、行政法规规定自登记之日起可以公开募捐的基金会和社会团体，由民政部门直接发给公开募捐资格证书。

**第二十三条** 开展公开募捐，可以采取下列方式：

（一）在公共场所设置募捐箱；

（二）举办面向社会公众的义演、义赛、义卖、义展、义拍、慈善晚会等；

（三）通过广播、电视、报刊、互联网等媒体发布募捐信息；

（四）其他公开募捐方式。

慈善组织采取前款第一项、第二项规定的方式开展公开募捐的，应当在其登记的民政部门管辖区域内进行，确有必要在其登记的民政部门管辖区域外进行的，应当报其开展募捐活动所在地的县级以上人民政府民政部门备案。捐赠人的捐赠行为不受地域限制。

慈善组织通过互联网开展公开募捐的，应当在国务院民政部门统一或者指定的慈善信息平台发布募捐信息，并可以同时在其网站发布募捐信息。

**第二十四条** 开展公开募捐，应当制定募捐方案。募捐方案包括募捐目的、起止时间和地域、活动负责人姓名和办公地址、接受捐赠方式、银行账户、受益人、募得款物用途、募捐成本、剩余财产的处理等。

募捐方案应当在开展募捐活动前报慈善组织登记的民政部门备案。

**第二十五条** 开展公开募捐，应当在募捐活动现场或者募捐活动载体的显著位置，公布募捐组织名称、公开募捐资格证书、募捐方案、联系方式、募捐信息查询方法等。

**第二十六条** 不具有公开募捐资格的组织或者个人基于慈善目的，可以与具有公开募捐资格的慈善组织合作，由该慈善组织开展公开募捐并管理募得款物。

**第二十七条** 广播、电视、报刊以及网络服务提供者、电信运营商，应当对利用其平台开展公开募捐的慈善组织的登记证书、公开募捐资格证书进行验证。

**第二十八条** 慈善组织自登记之日起可以开展定向募捐。

慈善组织开展定向募捐，应当在发起人、理事会成员和会员等特定对象的范围内进行，并向募捐对象说明募捐目的、募得款物用途等事项。

**第二十九条** 开展定向募捐，不得采取或者变相采取本法第二十三条规定的方式。

**第三十条** 发生重大自然灾害、事故灾难和公共卫生事件等突发事件，需要迅速开展救助时，有关人民政府应当建立协调机制，提供需求信息，及时有序引导开展募捐和救助活动。

**第三十一条** 开展募捐活动，应当尊重和维护募捐对象的合法权益，保障募捐对象的知情权，不得通过虚构事实等方式欺骗、诱导募捐对象实施捐赠。

**第三十二条** 开展募捐活动，不得摊派或者变相摊派，不得妨碍公共秩序、企业生产经营和居民生活。

**第三十三条** 禁止任何组织或者个人假借慈善名义或者假冒慈善组织开展募捐活动，骗取财产。

## 第四章　慈善捐赠

**第三十四条** 本法所称慈善捐赠，是指自然人、法人和其他组织基于慈善目的，自愿、无偿赠与财产的活动。

**第三十五条** 捐赠人可以通过慈善组织捐赠，也可以直接向受益人捐赠。

**第三十六条** 捐赠人捐赠的财产应当是其有权处分的合法财产。捐赠财产包括货币、实物、房屋、有价证券、股权、知识产权等有形和无形财产。

捐赠人捐赠的实物应当具有使用价值，符合安全、卫生、环保等标准。

捐赠人捐赠本企业产品的，应当依法承担产品质量责任和义务。

**第三十七条** 自然人、法人和其他组织开展演出、比赛、销售、拍卖等经营性活动，承诺将全部或者部分所得用于慈善目的的，应当在举办活动前与慈善组织或者其他接受捐赠的人签订捐赠协议，活动结束后按照捐赠协议履行捐赠义务，并将捐赠情况向社会公开。

**第三十八条** 慈善组织接受捐赠，应当向捐赠人开具由财政部门统一监（印）制的捐赠票据。捐赠票据应当载明捐赠人、捐赠财产的种类及数量、慈善组织名称和经办人姓名、票据日期等。捐赠人匿名或者放弃接受捐赠票据的，慈善组织应当做好相关记录。

**第三十九条** 慈善组织接受捐赠，捐赠人要求签订书面捐赠协议的，慈善组织应当与捐赠人签订书面捐赠协议。

书面捐赠协议包括捐赠人和慈善组织名称，捐赠财产的种类、数量、质量、用途、交付时间等内容。

**第四十条** 捐赠人与慈善组织约定捐赠财产的用途和受益人时，不得指定捐赠人的利害关系人作为受益人。

任何组织和个人不得利用慈善捐赠违反法律规定宣传烟草制品，不得利用慈善捐赠以任何方式宣传法律禁止宣传的产品和事项。

**第四十一条** 捐赠人应当按照捐赠协议履行捐赠义务。捐赠人违反捐赠协议逾期未交付捐赠财产，有下列情形之一的，慈善组织或者其他接受捐赠的人可以要求交付；捐赠人拒不交付的，慈善组织和其他接受捐赠的人可以依法向人民法院申请支付令或者提起诉讼：

（一）捐赠人通过广播、电视、报刊、互联网等媒体公开承诺捐赠的；

（二）捐赠财产用于本法第三条第一项至第三项规定的慈善活动，并签订书面捐赠协议的。

捐赠人公开承诺捐赠或者签订书面捐赠协议后经济状况显著恶化，严重影响其生产经营或者家庭生活的，经向公开承诺捐赠地或者书面捐赠协议签订地的民政部门报告并向社会公开说明情况后，可以不再履行捐赠义务。

**第四十二条** 捐赠人有权查询、复制其捐赠财产管理使用的有关资料，慈善组织应当及时主动向捐赠人反馈有关情况。

慈善组织违反捐赠协议约定的用途，滥用捐赠财产的，捐赠人有权要求其改正；拒不改正的，捐赠人可以向民政部门投诉、举报或者向人民法院提起诉讼。

**第四十三条** 国有企业实施慈善捐赠应当遵守有关国有资产管理的规

定，履行批准和备案程序。

## 第五章　慈善信托

**第四十四条**　本法所称慈善信托属于公益信托，是指委托人基于慈善目的，依法将其财产委托给受托人，由受托人按照委托人意愿以受托人名义进行管理和处分，开展慈善活动的行为。

**第四十五条**　设立慈善信托、确定受托人和监察人，应当采取书面形式。受托人应当在慈善信托文件签订之日起七日内，将相关文件向受托人所在地县级以上人民政府民政部门备案。

未按照前款规定将相关文件报民政部门备案的，不享受税收优惠。

**第四十六条**　慈善信托的受托人，可以由委托人确定其信赖的慈善组织或者信托公司担任。

**第四十七条**　慈善信托的受托人违反信托义务或者难以履行职责的，委托人可以变更受托人。变更后的受托人应当自变更之日起七日内，将变更情况报原备案的民政部门重新备案。

**第四十八条**　慈善信托的受托人管理和处分信托财产，应当按照信托目的，恪尽职守，履行诚信、谨慎管理的义务。

慈善信托的受托人应当根据信托文件和委托人的要求，及时向委托人报告信托事务处理情况、信托财产管理使用情况。慈善信托的受托人应当每年至少一次将信托事务处理情况及财务状况向其备案的民政部门报告，并向社会公开。

**第四十九条**　慈善信托的委托人根据需要，可以确定信托监察人。

信托监察人对受托人的行为进行监督，依法维护委托人和受益人的权益。信托监察人发现受托人违反信托义务或者难以履行职责的，应当向委托人报告，并有权以自己的名义向人民法院提起诉讼。

**第五十条**　慈善信托的设立、信托财产的管理、信托当事人、信托的终止和清算等事项，本章未规定的，适用本法其他有关规定；本法未规定的，适用《中华人民共和国信托法》的有关规定。

## 第六章　慈善财产

**第五十一条**　慈善组织的财产包括：

（一）发起人捐赠、资助的创始财产；

（二）募集的财产；

（三）其他合法财产。

**第五十二条**　慈善组织的财产应当根据章程和捐赠协议的规定全部用于慈善目的，不得在发起人、捐赠人以及慈善组织成员中分配。

任何组织和个人不得私分、挪用、截留或者侵占慈善财产。

**第五十三条**　慈善组织对募集的财产，应当登记造册，严格管理，专款专用。

捐赠人捐赠的实物不易储存、运输或者难以直接用于慈善目的的，慈善组织可以依法拍卖或者变卖，所得收入扣除必要费用后，应当全部用于慈善目的。

**第五十四条**　慈善组织为实现财产保值、增值进行投资的，应当遵循合法、安全、有效的原则，投资取得的收益应当全部用于慈善目的。慈善组织的重大投资方案应当经决策机构组成人员三分之二以上同意。政府资助的财产和捐赠协议约定不得投资的财产，不得用于投资。慈善组织的负责人和工作人员不得在慈善组织投资的企业兼职或者领取报酬。

前款规定事项的具体办法，由国务院民政部门制定。

**第五十五条**　慈善组织开展慈善活动，应当依照法律法规和章程的规定，按照募捐方案或者捐赠协议使用捐赠财产。慈善组织确需变更募捐方案规定的捐赠财产用途的，应当报民政部门备案；确需变更捐赠协议约定的捐赠财产用途的，应当征得捐赠人同意。

**第五十六条**　慈善组织应当合理设计慈善项目，优化实施流程，降低运行成本，提高慈善财产使用效益。

慈善组织应当建立项目管理制度，对项目实施情况进行跟踪监督。

**第五十七条**　慈善项目终止后捐赠财产有剩余的，按照募捐方案或者捐赠协议处理；募捐方案未规定或者捐赠协议未约定的，慈善组织应当将剩余财产用于目的相同或者相近的其他慈善项目，并向社会公开。

**第五十八条** 慈善组织确定慈善受益人，应当坚持公开、公平、公正的原则，不得指定慈善组织管理人员的利害关系人作为受益人。

**第五十九条** 慈善组织根据需要可以与受益人签订协议，明确双方权利义务，约定慈善财产的用途、数额和使用方式等内容。

受益人应当珍惜慈善资助，按照协议使用慈善财产。受益人未按照协议使用慈善财产或者有其他严重违反协议情形的，慈善组织有权要求其改正；受益人拒不改正的，慈善组织有权解除协议并要求受益人返还财产。

**第六十条** 慈善组织应当积极开展慈善活动，充分、高效运用慈善财产，并遵循管理费用最必要原则，厉行节约，减少不必要的开支。慈善组织中具有公开募捐资格的基金会开展慈善活动的年度支出，不得低于上一年总收入的百分之七十或者前三年收入平均数额的百分之七十；年度管理费用不得超过当年总支出的百分之十，特殊情况下，年度管理费用难以符合前述规定的，应当报告其登记的民政部门并向社会公开说明情况。

具有公开募捐资格的基金会以外的慈善组织开展慈善活动的年度支出和管理费用的标准，由国务院民政部门会同国务院财政、税务等部门依照前款规定的原则制定。

捐赠协议对单项捐赠财产的慈善活动支出和管理费用有约定的，按照其约定。

## 第七章 慈善服务

**第六十一条** 本法所称慈善服务，是指慈善组织和其他组织以及个人基于慈善目的，向社会或者他人提供的志愿无偿服务以及其他非营利服务。

慈善组织开展慈善服务，可以自己提供或者招募志愿者提供，也可以委托有服务专长的其他组织提供。

**第六十二条** 开展慈善服务，应当尊重受益人、志愿者的人格尊严，不得侵害受益人、志愿者的隐私。

**第六十三条** 开展医疗康复、教育培训等慈善服务，需要专门技能的，应当执行国家或者行业组织制定的标准和规程。

慈善组织招募志愿者参与慈善服务，需要专门技能的，应当对志愿者开展相关培训。

**第六十四条** 慈善组织招募志愿者参与慈善服务，应当公示与慈善服务有关的全部信息，告知服务过程中可能发生的风险。

慈善组织根据需要可以与志愿者签订协议，明确双方权利义务，约定服务的内容、方式和时间等。

**第六十五条** 慈善组织应当对志愿者实名登记，记录志愿者的服务时间、内容、评价等信息。根据志愿者的要求，慈善组织应当无偿、如实出具志愿服务记录证明。

**第六十六条** 慈善组织安排志愿者参与慈善服务，应当与志愿者的年龄、文化程度、技能和身体状况相适应。

**第六十七条** 志愿者接受慈善组织安排参与慈善服务的，应当服从管理，接受必要的培训。

**第六十八条** 慈善组织应当为志愿者参与慈善服务提供必要条件，保障志愿者的合法权益。

慈善组织安排志愿者参与可能发生人身危险的慈善服务前，应当为志愿者购买相应的人身意外伤害保险。

## 第八章　信息公开

**第六十九条** 县级以上人民政府建立健全慈善信息统计和发布制度。

县级以上人民政府民政部门应当在统一的信息平台，及时向社会公开慈善信息，并免费提供慈善信息发布服务。

慈善组织和慈善信托的受托人应当在前款规定的平台发布慈善信息，并对信息的真实性负责。

**第七十条** 县级以上人民政府民政部门和其他有关部门应当及时向社会公开下列慈善信息：

（一）慈善组织登记事项；

（二）慈善信托备案事项；

（三）具有公开募捐资格的慈善组织名单；

（四）具有出具公益性捐赠税前扣除票据资格的慈善组织名单；

（五）对慈善活动的税收优惠、资助补贴等促进措施；

（六）向慈善组织购买服务的信息；

（七）对慈善组织、慈善信托开展检查、评估的结果；

（八）对慈善组织和其他组织以及个人的表彰、处罚结果；

（九）法律法规规定应当公开的其他信息。

**第七十一条** 慈善组织、慈善信托的受托人应当依法履行信息公开义务。信息公开应当真实、完整、及时。

**第七十二条** 慈善组织应当向社会公开组织章程和决策、执行、监督机构成员信息以及国务院民政部门要求公开的其他信息。上述信息有重大变更的，慈善组织应当及时向社会公开。

慈善组织应当每年向社会公开其年度工作报告和财务会计报告。具有公开募捐资格的慈善组织的财务会计报告须经审计。

**第七十三条** 具有公开募捐资格的慈善组织应当定期向社会公开其募捐情况和慈善项目实施情况。

公开募捐周期超过六个月的，至少每三个月公开一次募捐情况，公开募捐活动结束后三个月内应当全面公开募捐情况。

慈善项目实施周期超过六个月的，至少每三个月公开一次项目实施情况，项目结束后三个月内应当全面公开项目实施情况和募得款物使用情况。

**第七十四条** 慈善组织开展定向募捐的，应当及时向捐赠人告知募捐情况、募得款物的管理使用情况。

**第七十五条** 慈善组织、慈善信托的受托人应当向受益人告知其资助标准、工作流程和工作规范等信息。

**第七十六条** 涉及国家秘密、商业秘密、个人隐私的信息以及捐赠人、慈善信托的委托人不同意公开的姓名、名称、住所、通讯方式等信息，不得公开。

## 第九章 促进措施

**第七十七条** 县级以上人民政府应当根据经济社会发展情况，制定促进慈善事业发展的政策和措施。

县级以上人民政府有关部门应当在各自职责范围内，向慈善组织、慈善信托受托人等提供慈善需求信息，为慈善活动提供指导和帮助。

**第七十八条** 县级以上人民政府民政部门应当建立与其他部门之间的慈善信息共享机制。

**第七十九条** 慈善组织及其取得的收入依法享受税收优惠。

**第八十条** 自然人、法人和其他组织捐赠财产用于慈善活动的，依法享受税收优惠。企业慈善捐赠支出超过法律规定的准予在计算企业所得税应纳税所得额时当年扣除的部分，允许结转以后三年内在计算应纳税所得额时扣除。

境外捐赠用于慈善活动的物资，依法减征或者免征进口关税和进口环节增值税。

**第八十一条** 受益人接受慈善捐赠，依法享受税收优惠。

**第八十二条** 慈善组织、捐赠人、受益人依法享受税收优惠的，有关部门应当及时办理相关手续。

**第八十三条** 捐赠人向慈善组织捐赠实物、有价证券、股权和知识产权的，依法免征权利转让的相关行政事业性费用。

**第八十四条** 国家对开展扶贫济困的慈善活动，实行特殊的优惠政策。

**第八十五条** 慈善组织开展本法第三条第一项、第二项规定的慈善活动需要慈善服务设施用地的，可以依法申请使用国有划拨土地或者农村集体建设用地。慈善服务设施用地非经法定程序不得改变用途。

**第八十六条** 国家为慈善事业提供金融政策支持，鼓励金融机构为慈善组织、慈善信托提供融资和结算等金融服务。

**第八十七条** 各级人民政府及其有关部门可以依法通过购买服务等方式，支持符合条件的慈善组织向社会提供服务，并依照有关政府采购的法律法规向社会公开相关情况。

**第八十八条** 国家采取措施弘扬慈善文化，培育公民慈善意识。

学校等教育机构应当将慈善文化纳入教育教学内容。国家鼓励高等学校培养慈善专业人才，支持高等学校和科研机构开展慈善理论研究。

广播、电视、报刊、互联网等媒体应当积极开展慈善公益宣传活动，普及慈善知识，传播慈善文化。

**第八十九条** 国家鼓励企业事业单位和其他组织为开展慈善活动提供场所和其他便利条件。

**第九十条** 经受益人同意，捐赠人对其捐赠的慈善项目可以冠名纪念，法律法规规定需要批准的，从其规定。

**第九十一条** 国家建立慈善表彰制度，对在慈善事业发展中做出突出贡献的自然人、法人和其他组织，由县级以上人民政府或者有关部门予以表彰。

## 第十章 监督管理

**第九十二条** 县级以上人民政府民政部门应当依法履行职责，对慈善活动进行监督检查，对慈善行业组织进行指导。

**第九十三条** 县级以上人民政府民政部门对涉嫌违反本法规定的慈善组织，有权采取下列措施：

（一）对慈善组织的住所和慈善活动发生地进行现场检查；

（二）要求慈善组织作出说明，查阅、复制有关资料；

（三）向与慈善活动有关的单位和个人调查与监督管理有关的情况；

（四）经本级人民政府批准，可以查询慈善组织的金融账户；

（五）法律、行政法规规定的其他措施。

**第九十四条** 县级以上人民政府民政部门对慈善组织、有关单位和个人进行检查或者调查时，检查人员或者调查人员不得少于二人，并应当出示合法证件和检查、调查通知书。

**第九十五条** 县级以上人民政府民政部门应当建立慈善组织及其负责人信用记录制度，并向社会公布。

民政部门应当建立慈善组织评估制度，鼓励和支持第三方机构对慈善组织进行评估，并向社会公布评估结果。

**第九十六条** 慈善行业组织应当建立健全行业规范，加强行业自律。

**第九十七条** 任何单位和个人发现慈善组织、慈善信托有违法行为的，可以向民政部门、其他有关部门或者慈善行业组织投诉、举报。民政部门、其他有关部门或者慈善行业组织接到投诉、举报后，应当及时调查处理。

国家鼓励公众、媒体对慈善活动进行监督，对假借慈善名义或者假冒慈善组织骗取财产以及慈善组织、慈善信托的违法违规行为予以曝光，发挥舆论和社会监督作用。

## 第十一章　法律责任

**第九十八条**　慈善组织有下列情形之一的，由民政部门责令限期改正；逾期不改正的，吊销登记证书并予以公告：

（一）未按照慈善宗旨开展活动的；

（二）私分、挪用、截留或者侵占慈善财产的；

（三）接受附加违反法律法规或者违背社会公德条件的捐赠，或者对受益人附加违反法律法规或者违背社会公德的条件的。

**第九十九条**　慈善组织有下列情形之一的，由民政部门予以警告、责令限期改正；逾期不改正的，责令限期停止活动并进行整改：

（一）违反本法第十四条规定造成慈善财产损失的；

（二）将不得用于投资的财产用于投资的；

（三）擅自改变捐赠财产用途的；

（四）开展慈善活动的年度支出或者管理费用的标准违反本法第六十条规定的；

（五）未依法履行信息公开义务的；

（六）未依法报送年度工作报告、财务会计报告或者报备募捐方案的；

（七）泄露捐赠人、志愿者、受益人个人隐私以及捐赠人、慈善信托的委托人不同意公开的姓名、名称、住所、通讯方式等信息的。

慈善组织违反本法规定泄露国家秘密、商业秘密的，依照有关法律的规定予以处罚。

慈善组织有前两款规定的情形，经依法处理后一年内再出现前款规定的情形，或者有其他情节严重情形的，由民政部门吊销登记证书并予以公告。

**第一百条**　慈善组织有本法第九十八条、第九十九条规定的情形，有违法所得的，由民政部门予以没收；对直接负责的主管人员和其他直接责任人员处二万元以上二十万元以下罚款。

**第一百零一条**　开展募捐活动有下列情形之一的，由民政部门予以警告、责令停止募捐活动；对违法募集的财产，责令退还捐赠人；难以退还的，由民政部门予以收缴，转给其他慈善组织用于慈善目的；对有关组织或者个人处二万元以上二十万元以下罚款：

（一）不具有公开募捐资格的组织或者个人开展公开募捐的；

（二）通过虚构事实等方式欺骗、诱导募捐对象实施捐赠的；

（三）向单位或者个人摊派或者变相摊派的；

（四）妨碍公共秩序、企业生产经营或者居民生活的。

广播、电视、报刊以及网络服务提供者、电信运营商未履行本法第二十七条规定的验证义务的，由其主管部门予以警告，责令限期改正；逾期不改正的，予以通报批评。

**第一百零二条** 慈善组织不依法向捐赠人开具捐赠票据、不依法向志愿者出具志愿服务记录证明或者不及时主动向捐赠人反馈有关情况的，由民政部门予以警告，责令限期改正；逾期不改正的，责令限期停止活动。

**第一百零三条** 慈善组织弄虚作假骗取税收优惠的，由税务机关依法查处；情节严重的，由民政部门吊销登记证书并予以公告。

**第一百零四条** 慈善组织从事、资助危害国家安全或者社会公共利益活动的，由有关机关依法查处，由民政部门吊销登记证书并予以公告。

**第一百零五条** 慈善信托的受托人有下列情形之一的，由民政部门予以警告，责令限期改正；有违法所得的，由民政部门予以没收；对直接负责的主管人员和其他直接责任人员处二万元以上二十万元以下罚款：

（一）将信托财产及其收益用于非慈善目的的；

（二）未按照规定将信托事务处理情况及财务状况向民政部门报告或者向社会公开的。

**第一百零六条** 慈善服务过程中，因慈善组织或者志愿者过错造成受益人、第三人损害的，慈善组织依法承担赔偿责任；损害是由志愿者故意或者重大过失造成的，慈善组织可以向其追偿。

志愿者在参与慈善服务过程中，因慈善组织过错受到损害的，慈善组织依法承担赔偿责任；损害是由不可抗力造成的，慈善组织应当给予适当补偿。

**第一百零七条** 自然人、法人或者其他组织假借慈善名义或者假冒慈善组织骗取财产的，由公安机关依法查处。

**第一百零八条** 县级以上人民政府民政部门和其他有关部门及其工作人员有下列情形之一的，由上级机关或者监察机关责令改正；依法应当给予处分的，由任免机关或者监察机关对直接负责的主管人员和其他直接责任人员给予处分：

（一）未依法履行信息公开义务的；

（二）摊派或者变相摊派捐赠任务，强行指定志愿者、慈善组织提供服务的；

（三）未依法履行监督管理职责的；

（四）违法实施行政强制措施和行政处罚的；

（五）私分、挪用、截留或者侵占慈善财产的；

（六）其他滥用职权、玩忽职守、徇私舞弊的行为。

**第一百零九条** 违反本法规定，构成违反治安管理行为的，由公安机关依法给予治安管理处罚；构成犯罪的，依法追究刑事责任。

## 第十二章 附 则

**第一百一十条** 城乡社区组织、单位可以在本社区、单位内部开展群众性互助互济活动。

**第一百一十一条** 慈善组织以外的其他组织可以开展力所能及的慈善活动。

**第一百一十二条** 本法自2016年9月1日起施行。

# 附录 4：国际志愿者组织与节日

1. 国际民众服务组织（Service Civil International，SCI）

第一次世界大战之后，生产急待恢复，城市、家园需要重建，人们需要团结和平的氛围，需要理解和沟通。1920 年，瑞士人皮埃尔·赛里索尔和他的几个朋友在靠近德国的法国边境城市凡尔登组建了一个工作营（workcamp）帮助人们重建家园，这项活动很快得到当地政府和人民的支持。后来，他们为自己取名为《国际民众服务组织》，工作营则是最初的活动形式。到 20 世纪 60 年代，工作营形式开始了变化，从最初的救灾、房屋重建开始转向教育和社会问题，以及到现在的政治问题。

该组织总部设于比利时，拥有 38 个国家会员组织及全球 14000 名会员，以推动世界和平、增进国际间相互了解与团结、社会正义、持续发展及环保意识为宗旨。为联合国教科文组织（UNESCO）拥有咨询地位的会员组织，也是“国际志愿服务组织联络委员会”、“欧洲青年论坛”、“国际志愿服务咨询委员会”之会员。1997 年 9 月 27 日至 10 月 10 日，国际志愿服务协调委员会以国际劳动营的形式，派国际志愿者 13 名，到我国的北京和内蒙古两地，进行了 14 天的志愿服务活动。13 名志愿者来自 11 个国家，在内蒙古库布齐沙漠边缘进行了为期一周沙漠植树活动，在北京聋儿康复中心和残疾人康复中心开展扶助活动。

2. 红十字国际委员会（International Committee of the Red Cross，ICRC）

19 世纪中叶，在意大利的北部索尔弗里诺，法、意、奥三国军队发生了激战，战后战场上尸体遍野，血染山冈，数不清的伤员躺倒在地上痛苦地呻吟而无人过问。瑞士人亨利·杜南见此情景立即开始了民间伤员救护的宣传和组织工作，呼吁各国成立救护团体。经过他的努力，1863 年在瑞士成立了“救护伤兵国际委员会”组织，它就是红十字会的前身。

救援伤兵国际委员会于1875年改名为红十字国际委员会，并向外扩张至伊斯兰国家，但由于十字是基督教的宗教符号，伊斯兰教徒不愿意接受，波斯帝国采用古老的狮子和太阳图案，而1876年奥斯曼帝国采用了“红新月”的标志。1929年国际红十字会承认了这两个符号。伊朗霍梅尼政变取得政权后，废弃了红狮子会的符号，和其他伊斯兰教世界一样采用红新月会符号。国际红十字运动于1986年改名为“红十字与红新月运动”，而红十字会联合会则于1991年改名为“红十字会与红新月会国际联合会”。后来以色列要求采用红色犹太教符号，六角的“大卫之星”，开始没有被红十字会批准，但2005年12月在瑞士举办的缔约国外交大会上决定创建一个红十字和红新月之外的红水晶标志，目前，国际红十字与红新月运动使用3个标志。

红十字国际委员会是一个公正、中立和独立的组织，其特有的人道使命是保护武装冲突和其他暴力局势受难者的生命与尊严，并向他们提供援助。

3. 国际志愿服务协调委员会（Coordinating Committee for International Voluntary Service，CCIVS）

国际志愿服务协调委员会于1948年4月22日由联合国教科文组织发起创立。该组织创建的目的在于追求和平，反对战争，弘扬人道主义，重建家园，协调各志愿者组织开展志愿服务活动。因创始组织均以劳动营为主要活动形式，故最初定名为“国际志愿劳动营协调委员会”，后来随着内容的丰富和形式的多样化，更名为“国际志愿服务协调委员会”。国际志愿协调委员会（CCIVS）的宗旨：促进志愿服务在各国及国际上的广泛开展、推动人类和平与进步事业、为人民间的理解与友谊而努力，并始终如一。

1993年以来，该组织与全国青联交往密切，成为中国青年组织在国际志愿服务领域的合作伙伴之一。1998年11月，全国青联派代表出席了在摩洛哥召开的第27届代表大会，并以中国青年志愿者协会的名义加入了该组织，成为其联系会员。1999年3月，全国青联应邀以观察员身份出席了该组织在土耳其召开的执委会。2000年9月，该组织派协调员参加了全国青联与亚欧基金在华合作举办的第一届亚欧青年营活动。2001 年，全国青联代表出席了该组织在法国召开的磋商会和第 28 届代表大会。

4. 联合国志愿人员组织（The United Nations Volunteers ，UNV）

1970 年，联合国大会通过决议，组建“联合国志愿人员组织”（UNV）。UNV 总部原设在瑞士日内瓦，后于 1996 年 7 月移往德国的波恩。UNV 是联合国系统内一个独特的机构，从事和管理与国际志愿者事业相关的各类事务。它从属于联合国开发计划署（UNDP），是联合国系统内最大的直接向发展中国家输送各种行业高、中级专业技术志愿人员的组织。该组织的宗旨是向发展中国家提供积极有效的援助，以支持全球人类的可持续发展。该组织的中方合作伙伴是中国对外贸易经济合作部下属的中国国际经济技术交流中心。项目的设立由双方批准。北京国际志愿人员协会作为该组织的认可单位，负责联合国志愿人员项目在中国的开展和具体实施。

联合国志愿者的工作主要有四项：同缺少技术的政府合作；倡导建立以社会为基础的个人自立；人道主义救助和复原；提供人权、选举支持，建设和平进程。他们是在平等基础上共同工作的自由职业者。联合国志愿者计划涵盖范围极其广泛，达 100 余种，其中的重点领域有农业科研、健康医疗、文化教育、信息与通信技术、社会发展、职业训练、工业生产及人口等。

5. 国际自愿工作者协会（the International Association for Volunteer Effort，IAVE）

国际自愿工作者协会创立于 1970 年，是一个世界性、非盈利的自愿工作者的组织。其宗旨是鼓励和推动世界各国有爱心的人，发挥自愿奉献的精神，团结起来，为社会的变革和经济的发展而努力。主要任务是：安置和推荐志愿工作者；从事教育、培训和管理工作；开发农村、保护环境；关心卫生健康和营养事业；为年老体弱、艾滋病人提供服务和帮助；保护儿童权利，协调解决家庭问题；安置和帮助国际难民；为退休的老年人安排活动，组织文娱活动；提倡人权和从事其他各类社区服务的活动。该协会在联合国经社理事会享有特别咨询地位，该协会成员可参加联合国公共信息部举行的非政府会议。

6. 国际志愿者日（International Volunteer Day，IVD）

1985 年 12 月 17 日，第四十届联合国大会通过决议，从 1986 年起，每年的 12 月 5 日为“国际促进经济和社会发展志愿人员日”（简称“国际志愿者日”）。其目的是敦促各国政府通过庆祝活动唤起更多的人以志愿者的身份从事社会发展和经济建设事业。“国际志愿者日”活动的成功开展为国际志愿者年的确立奠定了基础。如今已有 100 多外国家在这一天集中开展志愿服务活动，国际志愿者日作为国际志愿服务活动的重要标志已经深入人心。

7. 国际志愿者年（International Year of Volunteers，IYV）

为向世界人民展示志愿者作出的卓越成就，并在全球范围内倡导志愿精神和推进志愿服务事业，1997 年 11 月召开的第 52 届联合国大会通过了关于将 2001 年定为国际志愿者年的决议。国际志愿者年的四大目标是：充分认识志愿贡献、积极支持志愿活动、建立志愿网络体系和倡导弘扬志愿精神。

为扩大 2001 国际志愿者年的影响，并引起各国政府对国际志愿者年的重视，联合国志愿人员组织鼓励各国政府成立国际志愿者年国家委员会，由政府部门、社会团体及个人、新闻媒体等组成，负责协调和规划各国在 2001 国际志愿者年的各项活动。

2000 年 12 月 5 日，中国政府积极响应联合国大会关于“国际志愿者年”的倡议，与国内外主要志愿者组织一起举办了“2001 国际志愿者年”启动仪式，并于 2001 年 3 月成立了“中国 2001 国际志愿者年委员会”，作为中国在 2001 国际志愿者年期间开展相关活动的临时规划、指导和协调机构，国务委员吴仪女士担任该委员会主席。

2002 年 5 月 27—28 日，中国 2001 国际志愿者年委员会、联合国开发计划署和联合国志愿人员组织共同举办了志愿服务国际会议，来自世界 29 个国家和地区的政府部门、志愿组织、青年团体、研究机构及相关国际组织的近 170 名代表参加大会，在会上充分交流了志愿服务的认知、支持和发展问题。此次大会通过并发表了《2001 国际志愿者年北京宣言》，是我国在国际志愿者年期间最重要的活动之一。

# 附录5：《中华人民共和国公益事业捐赠法》

（1999年6月28日第九届全国人民代表大会常务委员会第十次会议通过
1999年6月28日中华人民共和国主席令第十九号公布）

## 第一章　总　则

**第一条**　为了鼓励捐赠，规范捐赠和受赠行为，保护捐赠人、受赠人和受益人的合法权益，促进公益事业的发展，制定本法。

**第二条**　自然人、法人或者其他组织自愿无偿向依法成立的公益性社会团体和公益性非营利的事业单位捐赠财产，用于公益事业的，适用本法。

**第三条**　本法所称公益事业是指非营利的下列事项：

（一）救助灾害、救济贫困、扶助残疾人等困难的社会群体和个人的活动；

（二）教育、科学、文化、卫生、体育事业；

（三）环境保护、社会公共设施建设；

（四）促进社会发展和进步的其他社会公共和福利事业。

**第四条**　捐赠应当是自愿和无偿的，禁止强行摊派或者变相摊派，不得以捐赠为名从事营利活动。

**第五条**　捐赠财产的使用应当尊重捐赠人的意愿，符合公益目的，不得将捐赠财产挪作他用。

**第六条**　捐赠应当遵守法律、法规，不得违背社会公德，不得损害公共利益和其他公民的合法权益。

**第七条**　公益性社会团体受赠的财产及其增值为社会公共财产，受国家法律保护，任何单位和个人不得侵占、挪用和损毁。

**第八条** 国家鼓励公益事业的发展，对公益性社会团体和公益性非营利的事业单位给予扶持和优待。

国家鼓励自然人、法人或者其他组织对公益事业进行捐赠。

对公益事业捐赠有突出贡献的自然人、法人或者其他组织，由人民政府或者有关部门予以表彰。对捐赠人进行公开表彰，应当事先征求捐赠人的意见。

## 第二章 捐赠和受赠

**第九条** 自然人、法人或者其他组织可以选择符合其捐赠意愿的公益性社会团体和公益性非营利的事业单位进行捐赠。捐赠的财产应当是其有权处分的合法财产。

**第十条** 公益性社会团体和公益性非营利的事业单位可以依照本法接受捐赠。

本法所称公益性社会团体是指依法成立的，以发展公益事业为宗旨的基金会、慈善组织等社会团体。

本法所称公益性非营利的事业单位是指依法成立的，从事公益事业的不以营利为目的的教育机构、科学研究机构、医疗卫生机构、社会公共文化机构、社会公共体育机构和社会福利机构等。

**第十一条** 在发生自然灾害时或者境外捐赠人要求县级以上人民政府及其部门作为受赠人时，县级以上人民政府及其部门可以接受捐赠，并依照本法的有关规定对捐赠财产进行管理。

县级以上人民政府及其部门可以将受赠财产转交公益性社会团体或者公益性非营利的事业单位；也可以按照捐赠人的意愿分发或者兴办公益事业，但是不得以本机关为受益对象。

**第十二条** 捐赠人可以与受赠人就捐赠财产的种类、质量、数量和用途等内容订立捐赠协议。捐赠人有权决定捐赠的数量、用途和方式。

捐赠人应当依法履行捐赠协议，按照捐赠协议约定的期限和方式将捐赠财产转移给受赠人。

**第十三条** 捐赠人捐赠财产兴建公益事业工程项目，应当与受赠人订立捐赠协议，对工程项目的资金、建设、管理和使用作出约定。

捐赠的公益事业工程项目由受赠单位按照国家有关规定办理项目审批手续，并组织施工或者由受赠人和捐赠人共同组织施工。工程质量应当符合国家质量标准。捐赠的公益事业工程项目竣工后，受赠单位应当将工程建设、建设资金的使用和工程质量验收情况向捐赠人通报。

**第十四条**　捐赠人对于捐赠的公益事业工程项目可以留名纪念；捐赠人单独捐赠的工程项目或者主要由捐赠人出资兴建的工程项目，可以由捐赠人提出工程项目的名称，报县级以上人民政府批准。

**第十五条**　境外捐赠人捐赠的财产，由受赠人按照国家有关规定办理入境手续；捐赠实行许可证管理的物品，由受赠人按照国家有关规定办理许可证申领手续，海关凭许可证验放、监管。

华侨向境内捐赠的，县级以上人民政府侨务部门可以协助办理有关入境手续，为捐赠人实施捐赠项目提供帮助。

## 第三章　捐赠财产的使用和管理

**第十六条**　受赠人接受捐赠后，应当向捐赠人出具合法、有效的收据，将受赠财产登记造册，妥善保管。

**第十七条**　公益性社会团体应当将受赠财产用于资助符合其宗旨的活动和事业。对于接受的救助灾害的捐赠财产，应当及时用于救助活动。基金会每年用于资助公益事业的资金数额，不得低于国家规定的比例。

公益性社会团体应当严格遵守国家的有关规定，按照合法、安全、有效的原则，积极实现捐赠财产的保值增值。

公益性非营利的事业单位应当将受赠财产用于发展本单位的公益事业，不得挪作他用。对于不易储存、运输和超过实际需要的受赠财产，受赠人可以变卖，所取得的全部收入，应当用于捐赠目的。

**第十八条**　受赠人与捐赠人订立了捐赠协议的，应当按照协议约定的用途使用捐赠财产，不得擅自改变捐赠财产的用途。如果确需改变用途的，应当征得捐赠人的同意。

**第十九条**　受赠人应当依照国家有关规定，建立健全财务会计制度和受赠财产的使用制度，加强对受赠财产的管理。

**第二十条**　受赠人每年度应当向政府有关部门报告受赠财产的使用、管理情况，接受监督。必要时，政府有关部门可以对其财务进行审计。

海关对减免关税的捐赠物品依法实施监督和管理。

县级以上人民政府侨务部门可以参与对华侨向境内捐赠财产使用与管理的监督。

**第二十一条**　捐赠人有权向受赠人查询捐赠财产的使用、管理情况，并提出意见和建议。对于捐赠人的查询，受赠人应当如实答复。

**第二十二条**　受赠人应当公开接受捐赠的情况和受赠财产的使用、管理情况，接受社会监督。

**第二十三条**　公益性社会团体应当厉行节约，降低管理成本，工作人员的工资和办公费用从利息等收入中按照国家规定的标准开支。

## 第四章　优惠措施

**第二十四条**　公司和其他企业依照本法的规定捐赠财产用于公益事业，依照法律、行政法规的规定享受企业所得税方面的优惠。

**第二十五条**　自然人和个体工商户依照本法的规定捐赠财产用于公益事业，依照法律、行政法规的规定享受个人所得税方面的优惠。

**第二十六条**　境外向公益性社会团体和公益性非营利的事业单位捐赠的用于公益事业的物资，依照法律、行政法规的规定减征或者免征进口关税和进口环节的增值税。

**第二十七条**　对于捐赠的工程项目，当地人民政府应当给予支持和优惠。

## 第五章　法律责任

**第二十八条**　受赠人未征得捐赠人的许可，擅自改变捐赠财产的性质、用途的，由县级以上人民政府有关部门责令改正，给予警告。拒不改正的，经征求捐赠人的意见，由县级以上人民政府将捐赠财产交由与其宗旨相同或者相似的公益性社会团体或者公益性非营利的事业单位管理。

**第二十九条**　挪用、侵占或者贪污捐赠款物的，由县级以上人民政府有关部门责令退还所用、所得款物，并处以罚款；对直接责任人员，由所在单位依照有关规定予以处理；构成犯罪的，依法追究刑事责任。依照前款追回、追缴的捐赠款物，应当用于原捐赠目的和用途。

**第三十条** 在捐赠活动中，有下列行为之一的，依照法律、法规的有关规定予以处罚；构成犯罪的，依法追究刑事责任：

（一）逃汇、骗购外汇的；

（二）偷税、逃税的；

（三）进行走私活动的；

（四）未经海关许可并且未补缴应缴税额，擅自将减税、免税进口的捐赠物资在境内销售、转让或者移作他用的。

**第三十一条** 受赠单位的工作人员，滥用职权，玩忽职守，徇私舞弊，致使捐赠财产造成重大损失的，由所在单位依照有关规定予以处理；构成犯罪的，依法追究刑事责任。

## 第六章　附　则

**第三十二条** 本法自1999年9月1日起施行。

# 后　记

《义工培训通识教程》是福建省同心慈善基金会及其义工服务中心等义工的培训教材，也是义工、志愿服务组织和社会工作服务机构义工管理培训的参考书。本书通过同心十几年的义工培训经验积累，并广泛吸收了近年来民政部以及相关部门对志愿服务工作管理要素，然后用通俗易懂的语言将理论、实务和社会政策进行了有机结合。以体验式教学为主要授课方法，并通过开放式、讨论式、案例分析式、角色扮演式及循环式的教学方法，帮助学员理顺思路，建立正确的义工价值观，掌握“爱心＋方法＋好心态”的义工服务技巧，掌握政府推动志愿服务的政策，不仅让义工服务充实个人生活，借由义工服务活出人性的价值与光辉，而且促进人与人之间的和谐相处，提升自我品质，扩大心量，开启智慧，真正体会助人为乐的至善之美，最终促进社会和谐与进步。

本书由福建省民政厅社工办主任、福建省社会工作联合会副会长兼秘书长、福建省民政学校副校长徐若兰和福建省同心慈善基金会会长广普法师负责全书的规划、统筹和编写工作。

由于编写水平有限，书中不足之处在所难免，欢迎读者提出宝贵意见。同时，对于参与本书审阅和修订工作的相关人员表示衷心的感谢！